ŒUVRES COMPLÈTES
DE
Alfred de Vigny

CINQ-MARS
OU
UNE CONJURATION SOUS LOUIS XIII

II

PARIS
ALPHONSE LEMERRE, ÉDITEUR
27-31, PASSAGE CHOISEUL, 27-31

M D CCC LXXXIII

ŒUVRES COMPLÈTES

DE

Alfred de Vigny

ŒUVRES COMPLÈTES
DE
Alfred de Vigny

CINQ-MARS

OU

UNE CONJURATION SOUS LOUIS XIII

II

PARIS
ALPHONSE LEMERRE, ÉDITEUR
27-31, PASSAGE CHOISEUL, 27-31

M D CCC LXXXIII

CHAPITRE XVI

LA CONFUSION

> Il faut, en France, beaucoup de fermeté et une grande étendue d'esprit pour se passer des charges et des emplois, et consentir ainsi à demeurer chez soi à ne rien faire. Personne, presque, n'a assez de mérite pour jouer ce rôle avec dignité, ni assez de fonds pour remplir le vide du temps, sans ce que le vulgaire appelle les *affaires*.
>
> Il ne manque cependant à l'oisiveté du sage qu'un meilleur nom, et que méditer, parler, lire et être tranquille, s'appelât travailler.
>
> La Bruyère.

ENDANT cette même matinée dont nous avons vu les effets divers chez Gaston d'Orléans et chez la Reine, le calme et le silence de l'étude régnaient dans un cabinet modeste d'une grande maison voisine du palais de Jus-

tice. Une lampe de cuivre d'une forme gothique y luttait avec le jour naissant, et jetait sa lumière rougeâtre sur un amas de papiers et de livres qui couvraient une grande table; elle éclairait le buste de L'Hospital, celui de Montaigne, du président de Thou l'historien, et du roi Louis XIII; une cheminée assez haute pour qu'un homme pût y entrer et même s'y asseoir était remplie par un grand feu brûlant sur d'énormes chenets de fer. Sur l'un de ces chenets était appuyé le pied du studieux de Thou, qui, déjà levé, examinait avec attention les œuvres nouvelles de Descartes et de Grotius; il écrivait, sur son genou, ses notes sur ces livres de philosophie et de politique qui faisaient alors le sujet de toutes les conversations; mais en ce moment les *Méditations métaphysiques* absorbaient toute son attention; le philosophe de la Touraine enchantait le jeune conseiller. Souvent, dans son enthousiasme, il frappait sur le livre en jetant des cris d'admiration; quelquefois il prenait une sphère placée près de lui, et, la tournant longtemps sous ses doigts, s'enfonçait dans les plus profondes rêveries de la science; puis, conduit par leur profondeur à une élévation plus grande, se jetait à genoux tout à coup devant le crucifix placé sur la cheminée, parce qu'aux bornes de l'esprit humain il avait rencontré Dieu. En d'autres instants, il s'enfonçait dans les bras de son grand fauteuil de manière à être presque assis sur le dos, et, mettant ses deux mains sur ses yeux, suivait dans sa tête la trace des raisonnements de René Descartes, depuis cette idée de la première méditation :

« Supposons que nous sommes endormis, et
« que toutes ces particularités, savoir : que
« nous ouvrons les yeux, remuons la tête, éten-
« dons les bras, ne sont que de fausses illu-
« sions... »

Jusqu'à cette sublime conclusion de la troisième :

« Il ne reste à dire qu'une chose : c'est que,
« semblable à l'idée de moi-même, celle de Dieu
« est née et produite avec moi dès lors que j'ai
« été créé. Et, certes, on ne doit pas trouver
« étrange que Dieu, en me créant, ait mis en
« moi cette idée pour être comme la marque de
« l'ouvrier empreinte sur son ouvrage. »

Ces pensées occupaient entièrement l'âme du jeune conseiller, lorsqu'un grand bruit se fit entendre sous ses fenêtres ; il crut que le feu d'une maison excitait ces cris prolongés, et se hâta de regarder vers l'aile du bâtiment occupé par sa mère et ses sœurs ; mais tout y paraissait dormir, et les cheminées ne laissaient même échapper aucune fumée qui attestât le réveil des habitants : il en bénit le ciel ; et, courant à une autre fenêtre, il vit le peuple dont nous connaissons les exploits se presser vers les rues étroites qui mènent au quai. Après avoir examiné cette cohue de femmes et d'enfants, l'enseigne ridicule qui les guidait, et les grossiers travestissements des hommes : « C'est quelque fête populaire ou quelque comédie de carnaval, » se dit-il ; et, s'étant placé de nouveau au coin de son feu, il prit un grand almanach sur la table et se mit à chercher avec beaucoup de soin quel saint on fêtait ce jour-là. Il regarda la colonne du mois de décembre, et, trouvant au quatrième jour de ce mois le nom de *sainte Barbe,* il se rappela qu'il venait de voir passer des espèces de petits canons et caissons, et, parfaitement satisfait de l'explication qu'il se donnait à lui-même, se hâta de chasser l'idée qui venait de le distraire, et se renfonça dans sa douce étude, se levant seulement quelquefois pour aller prendre un livre aux rayons de sa bibliothèque, et, après y avoir lu une phrase, une ligne ou seulement un mot, le jetait près de lui sur sa table ou sur le parquet, encombré ainsi de papiers qu'il se gardait bien de mettre à leur place, de crainte de rompre le fil de ses rêveries.

Tout à coup on annonça, en ouvrant brusquement la porte, un nom qu'il avait distingué parmi tous ceux du barreau, et un homme que ses relations dans la magistrature lui avaient fait connaître particulièrement.

— « Eh! par quel hasard, à cinq heures du matin, vois-je entrer M. Fournier? s'écria-t-il; y a-t-il quelques malheureux à défendre, quelques familles à nourrir des fruits de son talent? y a-t-il quelque erreur à détruire parmi nous, quelques vertus à réveiller dans nos cœurs? car ce sont là de ses œuvres accoutumées. Vous venez peut-être m'apprendre quelque nouvelle humiliation de notre parlement; hélas! les chambres secrètes de l'Arsenal sont plus puissantes que l'antique magistrature contemporaine de Clovis; le parlement s'est mis à genoux, tout est perdu, à moins qu'il ne se remplisse tout à coup d'hommes semblables à vous.

— Monsieur, je ne mérite pas vos éloges, dit l'avocat en entrant accompagné d'un homme grave et âgé, enveloppé comme lui d'un grand manteau; je mérite au contraire tout votre blâme, et j'en suis presque au repentir, ainsi que M. le comte du Lude, que voici. Nous venons vous demander asile pour la journée.

— Asile! et contre qui? dit de Thou en les faisant asseoir.

— Contre le plus bas peuple de Paris qui nous veut pour chefs, et que nous fuyons; il est odieux : la vue, l'odeur, l'ouïe et le contact surtout sont par trop blessés, dit M. du Lude avec une gravité comique : c'est trop fort.

— Ah! ah! vous dites donc que c'est trop fort? dit de Thou très étonné, mais ne voulant pas en faire semblant.

— Oui, reprit l'avocat; vraiment, entre nous, M. le Grand va trop loin.

— Oui, il pousse trop vite les choses ; il fera avorter nos projets, ajouta son compagnon.

— Ah! ah! vous dites donc qu'il va trop loin? » répondit, en se frottant le menton, de Thou toujours plus surpris.

Il y avait trois mois que son ami Cinq-Mars ne l'était venu voir, et lui, sans s'inquiéter beaucoup, le sachant à Saint-Germain, fort en faveur et ne quittant pas le Roi, était très reculé pour les nouvelles de la cour. Livré à ses graves études, il ne savait jamais les événements publics que lorsqu'on l'y obligeait à force de bruit; il n'était au courant de la vie qu'à la dernière extrémité, et donnait souvent un spectacle assez divertissant à ses amis intimes par ses étonnements naïfs, d'autant plus que, par un petit amour-propre mondain, il voulait avoir l'air de s'entendre aux choses publiques, et tentait de cacher la surprise qu'il éprouvait à chaque nouvelle. Cette fois il était encore dans ce cas, et à cet amour-propre se joignait celui de l'amitié : il ne voulait pas laisser croire que Cinq-Mars y eût manqué à son égard, et, pour l'honneur même de son ami, voulait paraître instruit de ses projets.

— « Vous savez bien où nous en sommes ? continua l'avocat.

— Oui, sans doute ; poursuivez.

— Lié comme vous l'êtes avec lui, vous n'ignorez pas que tout s'organise depuis un an...

— Certainement... tout s'organise... mais allez toujours...

— Vous conviendrez avec nous, monsieur, que M. le Grand est dans son tort...

— Ah ! ah ! c'est selon ; mais expliquez-vous, je verrai...

— Eh bien, vous savez de quoi on était convenu à la dernière conférence dont il vous a rendu compte ?

— Ah ! c'est-à-dire... pardonnez-moi, je vois bien à peu près ; mais remettez-moi sur la voie...

— C'est inutile ; vous n'avez pas oublié sans doute ce que lui-même nous recommanda chez Marion Delorme ?

— De n'ajouter personne à notre liste, dit M. du Lude.

— Ah ! oui, oui, j'entends, dit de Thou ; cela me semble raisonnable, fort raisonnable, en vérité.

— Eh bien, poursuivit Fournier, c'est lui-même qui a enfreint cette convention; car, ce matin, outre les drôles que ce furet de Gondi nous a amenés, on a vu je ne sais quel vagabond *capitan* qui, pendant la nuit, frappait à coups d'épée et de poignard des gentilshommes des deux partis en criant à tue-tête : « A moi, « d'Aubijoux ! tu m'as gagné trois mille ducats, « voilà trois coups d'épée. A moi, La Cha- « pelle ! j'aurai dix gouttes de ton sang en « échange de mes dix pistoles; » et je l'ai vu de mes yeux attaquer ces messieurs et plusieurs autres encore des deux partis, assez loyalement, il est vrai, car il ne les frappait qu'en face et bien en garde, mais avec beaucoup de bonheur et une impartialité révoltante.

— Oui, monsieur, et j'allais lui en dire mon avis, reprit du Lude, quand je l'ai vu s'évader dans la foule comme un écureuil, et riant beaucoup avec quelques inconnus à figures basanées; je ne doute pas cependant que M. de Cinq-Mars ne l'ait envoyé, car il donnait des ordres à cet Ambrosio, que vous devez connaître, ce prisonnier espagnol, ce vaurien qu'il a pris pour domestique. Ma foi, je suis dégoûté de cela, et je ne suis point fait pour être confondu avec cette canaille.

— Ceci, monsieur, reprit Fournier, est fort différent de l'affaire de Loudun. Le peuple ne fit que se soulever, sans se révolter réellement :

dans ce pays, c'était la partie saine et estimable de la population, indignée d'un assassinat, et non animée par le vin et l'argent. C'était un cri jeté contre un bourreau, cri dont on pouvait être l'organe honorablement, et non pas ces hurlements de l'hypocrisie factieuse et d'un amas de gens sans aveu, sortis de la boue de Paris et vomis par ses égouts. J'avoue que je suis très las de ce que je vois, et je suis venu aussi pour vous prier d'en parler à M. le Grand. »

De Thou était fort embarrassé pendant ces deux discours, et cherchait en vain à comprendre ce que Cinq-Mars pouvait avoir à démêler avec le peuple, qui lui avait semblé se réjouir : d'un autre côté, il persistait à ne pas vouloir faire l'aveu de son ignorance; elle était totale cependant, car, la dernière fois qu'il avait vu son ami, il ne parlait que des chevaux et des écuries du Roi, de la chasse au faucon et de l'importance du grand veneur dans les affaires de l'État, ce qui ne semblait pas annoncer de vastes projets où le peuple pût entrer. Enfin il se hasarda timidement à leur dire :

« Messieurs, je vous promets de faire votre commission ; en attendant, je vous offre ma table et des lits pour le temps que vous voudrez. Mais, pour vous dire mon avis dans cette occasion, cela m'est difficile. Ah çà, dites-moi un peu, on n'a donc pas fêté la Sainte-Barbe?

— La Sainte-Barbe! dit Fournier.

— La Sainte-Barbe! dit du Lude.

— Oui, oui, on a brûlé de la poudre; c'est ce que veut dire M. de Thou, reprit le premier en riant. Ah! c'est fort drôle! fort drôle! Oui, effectivement, je crois que c'est aujourd'hui la Sainte-Barbe. »

Cette fois de Thou fut confondu de leur étonnement et réduit au silence; pour eux, voyant qu'ils ne s'entendaient pas avec lui, ils prirent le parti de se taire de même.

Ils se taisaient encore, lorsque la porte s'ouvrit à l'ancien gouverneur de Cinq-Mars, l'abbé Quillet, qui entra en boitant un peu. Il avait l'air soucieux, et n'avait rien conservé de son ancienne gaieté dans son air et ses propos; seulement son regard était vif et sa parole très brusque.

— « Pardon, pardon, mon cher de Thou, si je vous trouble si tôt dans vos occupations; c'est étonnant, n'est-ce pas, de la part d'un goutteux? Ah! c'est que le temps s'avance; il y a deux ans, je ne boitais pas; j'étais, au contraire, fort ingambe lors de mon voyage en Italie; il est vrai que la peur donne des jambes. »

En disant cela, il se jeta au fond d'une croisée, et, faisant signe à de Thou d'y venir lui parler, il continua tout bas :

« Que je vous dise, mon ami, à vous qui êtes dans leurs secrets ; je les ai fiancés il y a quinze jours, comme ils vous l'ont raconté.

— Oui, vraiment ! dit le pauvre de Thou, tombant de Charybde en Scylla dans un autre étonnement.

— Allons, faites donc le surpris ? vous savez bien qui, continua l'abbé. Mais, ma foi, je crains d'avoir eu trop de complaisance pour eux, quoique ces deux enfants soient vraiment intéressants par leur amour. J'ai peur de lui plus que d'elle ; je crois qu'il fait des sottises, d'après l'émeute de ce matin. Nous devrions nous consulter là-dessus.

— Mais, dit de Thou très gravement, je ne sais pas, d'honneur, ce que vous voulez dire. Qui donc fait des sottises ?

— Allons donc, mon cher ! voulez-vous faire encore le mystérieux avec moi ? C'est injurieux, dit le bonhomme, commençant à se fâcher.

— Non, vraiment ! Mais qui avez-vous fiancé ?

— Encore ! fi donc, monsieur !

— Mais quelle est donc cette émeute de ce matin ?

— Vous vous jouez de moi. Je sors, dit l'abbé en se levant.

— Je vous jure que je ne comprends rien à tout ce qu'on me dit aujourd'hui. Est-ce M. de Cinq-Mars ?

— A la bonne heure, monsieur, vous me traitez en Cardinaliste ! eh bien, quittons-nous, » dit l'abbé Quillet, furieux.

Et il reprit sa canne à béquille et sortit très vite, sans écouter de Thou, qui le poursuivit jusqu'à sa voiture en cherchant à l'apaiser, mais sans y réussir, parce qu'il n'osait nommer son ami sur l'escalier devant ses gens et ne pouvait s'expliquer. Il eut le déplaisir de voir s'en aller son vieil abbé encore tout en colère, et lui cria : « A demain ! » pendant que le cocher partait, et sans qu'il y répondît.

Il lui fut utile, cependant, d'être descendu jusqu'au bas des degrés de sa maison, car il vit des groupes hideux de gens du peuple qui revenaient du Louvre, et fut à même alors de juger de l'importance de leur mouvement dans la matinée ; il entendit des voix grossières crier comme en triomphe :

« Elle a paru tout de même, la petite Reine ! — Vive le bon duc de Bouillon, qui nous arrive ! Il a cent mille hommes avec lui, qui viennent en radeau sur la Seine. Le vieux Cardinal de La Rochelle est mort. — Vive le Roi ! vive M. le Grand ! »

Les cris redoublèrent à l'arrivée d'une voiture à quatre chevaux dont les gens portaient la livrée du Roi, et qui s'arrêta devant la porte du conseiller. Il reconnut l'équipage de Cinq-

Mars, à qui Ambrosio descendit ouvrir les grands rideaux, comme les avaient les carrosses de cette époque. Le peuple s'était jeté entre le marchepied et les premiers degrés de la porte, de sorte qu'il lui fallut de véritables efforts pour descendre et se débarrasser des femmes de la halle, qui voulaient l'embrasser en criant :

« Te voilà donc, mon cœur, mon petit ami ! Tu arrives donc, mon mignon ! Voyez comme il est joli, c't amour avec sa grande collerette ! Ça ne vaut-il pas mieux que c't autre avec sa moustache blanche ? Viens, mon fils, apporte-nous du bon vin comme ce matin. »

Henri d'Effiat serra, en rougissant, la main de son ami, qui se hâta de faire fermer ses portes. « Cette faveur populaire est un calice qu'il faut boire, dit-il en entrant...

— Il me semble, répondit gravement de Thou, que vous le buvez jusqu'à la lie.

— Je vous expliquerai ce bruit, répondit Cinq-Mars un peu embarrassé. A présent, si vous m'aimez, habillez-vous pour m'accompagner à la toilette de la Reine.

— Je vous ai promis bien de l'aveuglement, dit le conseiller; cependant il ne peut se prolonger plus longtemps, en bonne foi...

— Encore une fois, je vous parlerai longuement en revenant de chez la Reine. Mais dépêchez-vous, il est dix heures bientôt.

— J'y vais avec vous, » dit de Thou en le faisant entrer dans son cabinet, où se trouvaient le comte du Lude et Fournier. Et il passa lui-même dans un autre appartement.

CHAPITRE XVII

LA TOILETTE

> Nous allons chercher, comme dans les abîmes, les anciennes prérogatives de cette noblesse qui, depuis onze siècles, est couverte de poussière, de sang et de sueur.
>
> MONTESQUIEU.

A voiture du grand-écuyer roulait rapidement vers le Louvre, lorsque, fermant les rideaux dont elle était garnie, il prit la main de son ami, et lui dit avec émotion :

« Cher de Thou, j'ai gardé de grands secrets sur mon cœur, et croyez qu'ils y ont été bien pesants ; mais deux craintes m'ont forcé au silence : celle de vos dangers, et, le dirai-je, celle de vos conseils.

— Vous savez cependant bien, dit de Thou, que je méprise les premiers, et je pensais que vous ne méprisiez pas les autres.

— Non; mais je les redoutais, je les crains encore ; je ne veux point être arrêté. Ne parlez pas, mon ami; pas un mot, je vous en conjure, avant d'avoir entendu et vu ce qui va se passer. Je vous ramène chez vous en sortant du Louvre; là, je vous écoute, et je pars pour continuer mon ouvrage, car rien ne m'ébranlera, je vous en avertis; je l'ai dit à ces messieurs chez vous tout à l'heure. »

Cinq-Mars n'avait rien dans son accent de la rudesse que supposeraient ces paroles : sa voix était caressante, son regard doux, amical et affectueux, son air tranquille et déterminé dès longtemps; rien n'annonçait le moindre effort sur soi-même. De Thou le remarqua et en gémit.

— « Hélas ! » dit-il en descendant de sa voiture avec lui.

Et il le suivit, en soupirant, dans le grand escalier du Louvre.

Lorsqu'ils entrèrent chez la Reine, annoncés par des huissiers vêtus de noir et portant une verge d'ébène, elle était assise à sa toilette. C'était une sorte de table d'un bois noir, plaquée d'écaille, de nacre et de cuivre incrustés, et formant une infinité de dessins d'assez mauvais goût, mais qui donnaient à tous les meubles un air de grandeur qu'on y admire encore; un miroir arrondi par le haut, et que les femmes du monde trouveraient aujourd'hui petit et mesquin, était seulement posé au milieu de la table; des bijoux et des colliers épars la couvraient. Anne d'Autriche, assise devant et placée sur un grand fauteuil de velours cramoisi à longues franges d'or, restait immobile et grave comme sur un trône, tandis que dona Stephania et Mme de Motteville donnaient de chaque côté quelques coups de peigne fort légers, comme pour achever la coiffure de la Reine, qui était cependant en fort bon état, et déjà entremêlée de perles tressées avec ses cheveux blonds. Sa longue chevelure avait des reflets d'une beauté singulière, qui annonçaient qu'elle devait avoir au toucher la finesse et la douceur de la soie. Le jour tombait sans voile sur son front; il ne devait point redouter cet éclat, et en jetait un presque égal par sa surprenante blancheur, qu'elle se plaisait à faire briller ainsi; ses yeux bleus mêlés de vert étaient grands et réguliers, et sa bouche, très fraîche, avait cette lèvre inférieure des princesses d'Autriche, un peu avancée et fendue légèrement en forme de cerise, que l'on peut remarquer encore dans tous les portraits de cette époque. Il semble que leurs peintres aient pris à tâche d'imiter la bouche de la Reine, pour plaire peut-être aux femmes de sa suite, dont la prétention devait être de lui ressembler. Les vêtements noirs, adoptés alors par la cour et dont la forme fut même fixée par un édit, relevaient encore l'ivoire de ses bras, découverts jusqu'au coude et ornés d'une profusion de dentelles qui sortaient de ses larges manches. De grosses perles pendaient à ses oreilles, et un bouquet d'autres perles plus grandes se balançait sur sa poitrine et se rattachait à sa ceinture. Tel était l'aspect de la Reine en ce moment. A ses pieds, sur deux coussins de velours, un enfant de quatre ans jouait avec un petit canon qu'il brisait : c'était le Dauphin, depuis Louis XIV. La duchesse Marie de Mantoue était assise à sa droite sur un tabouret, la princesse de Guémenée, la duchesse de Chevreuse et M{ lle } de Montbazon, M{ lles } de Guise, de Rohan et de Vendôme, toutes belles ou brillantes de jeunesse, étaient placées derrière la Reine, et debout. Dans l'embrasure d'une croisée, MONSIEUR, le chapeau sous le bras, causait à voix basse avec un homme d'une taille élevée, assez gros, rouge de visage et l'œil fixe et hardi : c'était le duc de Bouillon. Un officier, d'environ vingt-cinq ans, d'une tournure svelte et d'une figure agréable, venait de remettre plusieurs papiers au prince ; le duc de Bouillon paraissait les lui expliquer.

M. de Thou, après avoir salué la Reine, qui lui dit quelques mots, aborda la princesse de Guéménée et lui parla à demi-voix avec une intimité affectueuse ; mais, pendant cet aparté, attentif à surveiller tout ce qui touchait son ami, et tremblant en secret que sa destinée ne fût confiée à un être moins digne qu'il ne l'eût désiré, il examina la princesse Marie avec cette attention scrupuleuse, cet œil scrutateur d'une mère sur la jeune personne qu'elle choisirait pour compagne de son fils ; car il pensait qu'elle n'était pas étrangère aux entreprises de Cinq-Mars. Il vit avec mécontentement que sa parure, extrêmement brillante, semblait lui donner plus de vanité que cela n'eût dû être pour elle et dans un tel moment. Elle ne cessait de replacer sur son front et d'entremêler avec ses boucles de cheveux les rubis qui paraient sa tête, et n'égalaient pas l'éclat et les couleurs animées de son teint : elle regardait souvent Cinq-Mars, mais c'était plutôt le regard de la coquetterie que celui de l'amour, et souvent ses yeux étaient attirés vers les glaces de la toilette, où elle veillait à la symétrie de sa beauté. Ces observations du conseiller commencèrent à lui persuader qu'il s'était trompé en faisant tomber ses soupçons sur elle, et surtout quand il vit qu'elle semblait éprouver quelque plaisir à s'asseoir près de la Reine, tandis que les duchesses étaient debout derrière elle, et qu'elle les regardait souvent avec hauteur. « Dans ce cœur de dix-neuf ans, se dit-il, l'amour serait seul, et aujourd'hui surtout : donc... ce n'est pas elle. »

La Reine fit un signe de tête presque imperceptible à Mme de Guéménée après que les deux amis eurent parlé à voix basse un moment avec chacun; et, à ce signe, toutes les femmes, excepté Marie de Gonzague, sortirent de l'appartement sans parler, avec de profondes révérences, comme si c'eût été convenu d'avance. Alors la Reine, retournant son fauteuil elle-même, dit à MONSIEUR :

« Mon frère, je vous prie de vouloir bien venir vous asseoir près de moi. Nous allons nous consulter sur ce que je vous ai dit. La princesse Marie ne sera point de trop, je l'ai priée de rester. Nous n'aurons aucune interruption à redouter d'ailleurs. »

La Reine semblait plus libre dans ses manières et dans son langage; et, ne gardant plus sa sévère et cérémonieuse immobilité, elle fit aux autres assistants un geste qui les invitait à s'approcher d'elle.

Gaston d'Orléans, un peu inquiet de ce début

solennel, vint nonchalamment s'asseoir à sa droite, et dit avec un demi-sourire et un air négligent, jouant avec sa fraise et la chaîne du Saint-Esprit pendante à son cou :

« Je pense bien, madame, que nous ne fatiguerons pas les oreilles d'une si jeune personne par une longue conférence ; elle aimerait mieux entendre parler de danse et de mariage, d'un Électeur ou du roi de Pologne, par exemple. »

Marie prit un air dédaigneux ; Cinq-Mars fronça le sourcil.

— « Pardonnez-moi, répondit la Reine en la regardant, je vous assure que la politique du moment l'intéresse beaucoup. Ne cherchez pas à nous échapper, mon frère, ajouta-t-elle en souriant, je vous tiens aujourd'hui ! C'est bien la moindre chose que nous écoutions M. de Bouillon. »

Celui-ci s'approcha, tenant par la main le jeune officier dont nous avons parlé.

— « Je dois d'abord, dit-il, présenter à Votre Majesté le baron de Beauvau, qui arrive d'Espagne.

— D'Espagne ? dit la Reine avec émotion ; il y a du courage à cela. Vous avez vu ma famille ?

— Il vous en parlera, ainsi que du comte-duc d'Olivarès. Quant au courage, ce n'est pas la première fois qu'il en montre ; vous savez qu'il commandait les cuirassiers du comte de Soissons.

— Comment ! si jeune, monsieur ! vous aimez bien les guerres politiques !

— Au contraire, j'en demande pardon à Votre Majesté, répondit-il, car je servais avec les *princes de la Paix.* »

Anne d'Autriche se rappela le nom qu'avaient pris les vainqueurs de la Marfée, et sourit. Le duc de Bouillon, saisissant le moment d'entamer la grande question qu'il avait en vue, quitta Cinq-Mars, auquel il venait de donner la main avec une effusion d'amitié, et, s'approchant avec lui de la Reine : « Il est miraculeux, madame, lui dit-il, que cette époque fasse encore jaillir de son sein quelques grands caractères comme ceux-ci ; et il montra le grand-écuyer, le jeune Beauvau et M. de Thou : ce n'est qu'en eux que nous pouvons espérer désormais, ils sont à présent bien rares, car le grand niveleur a passé sur la France une longue faux.

— Est-ce du Temps que vous voulez parler, dit la Reine, ou d'un personnage réel ?

— Trop réel, trop vivant, trop longtemps vivant, madame, répondit le duc plus animé ; cette ambition démesurée, cet égoïsme colossal, ne peuvent plus se supporter. Tout ce qui porte un grand cœur s'indigne de ce joug, et dans ce moment, plus que jamais, on entrevoit toutes les infortunes de l'avenir. Il faut le dire, madame; oui, ce n'est plus le temps des ménagements : la maladie du Roi est très grave; le moment de penser et de résoudre est arrivé, car le temps d'agir n'est pas loin. »

Le ton sévère et brusque de M. de Bouillon ne surprit pas Anne d'Autriche; mais elle l'avait toujours trouvé plus calme, et fut un peu émue de l'inquiétude qu'il témoignait : aussi, quittant le ton de la plaisanterie qu'elle avait d'abord voulu prendre :

« Eh bien, quoi ? que craignez-vous, et que voulez-vous faire ?

— Je ne crains rien pour moi, madame, car l'armée d'Italie ou Sedan me mettront toujours à l'abri; mais je crains pour vous-même, et peut-être pour les princes vos fils.

— Pour mes enfants, monsieur le duc, pour les fils de France ? L'entendez-vous, mon frère, l'entendez-vous ? et vous ne paraissez pas étonné ? »

La Reine était fort agitée en parlant.

— « Non, madame, dit Gaston d'Orléans fort paisiblement; vous savez que je suis accoutumé à toutes les persécutions; je m'attends à tout de la part de cet homme; il est le maître, il faut se résigner...

— Il est le maître ! reprit la Reine; et de qui tient-il son pouvoir, si ce n'est du Roi ? et, après le Roi, quelle main le soutiendra, s'il vous plaît? qui l'empêchera de retomber dans le néant? sera-ce vous ou moi?

— Ce sera lui-même, interrompit M. de Bouillon, car il veut se faire nommer régent, et je sais qu'à l'heure qu'il est il médite de vous enlever vos enfants, et demande au Roi que leur garde lui soit confiée.

— Me les enlever! » s'écria la mère, saisissant involontairement le Dauphin et le prenant dans ses bras.

L'enfant, debout entre les genoux de la Reine, regarda les hommes qui l'entouraient avec une gravité singulière à cet âge, et, voyant sa mère tout en larmes, mit la main sur la petite épée qu'il portait.

— « Ah! monseigneur, dit le duc de Bouillon en se baissant à demi pour lui adresser ce qu'il voulait faire entendre à la princesse, ce n'est pas contre nous qu'il faut tirer votre épée, mais contre celui qui déracine votre trône ; il vous prépare une grande puissance, sans doute ; vous aurez un sceptre absolu ; mais il a rompu le faisceau d'armes qui le soutenait. Ce faisceau-là, c'était votre vieille Noblesse, qu'il a décimée. Quand vous serez roi, vous serez un grand roi, j'en ai le pressentiment ; mais vous n'aurez que des sujets et point d'amis, car l'amitié n'est que dans l'indépendance et une sorte d'égalité qui naît de la force. Vos ancêtres avaient leurs *pairs,* et vous n'aurez pas les vôtres. Que Dieu vous soutienne alors, monseigneur, car les hommes ne le pourront pas ainsi sans les institutions. Soyez grand ; mais surtout qu'après vous, grand homme, il en vienne toujours d'aussi forts ; car, en cet état de choses, si l'un d'eux trébuche, toute la monarchie s'écroulera. »

Le duc de Bouillon avait une chaleur d'expression et une assurance qui captivaient toujours ceux qui l'entendaient : sa valeur, son coup d'œil dans les combats, la profondeur de ses vues politiques, sa connaissance des affaires d'Europe, son caractère réfléchi et décidé tout à la fois le rendaient l'un des hommes les plus capables et les plus imposants de son temps, le seul même que redoutât réellement le Cardinal-Duc. La Reine l'écoutait toujours avec confiance, et lui laissait prendre une sorte d'empire sur elle. Cette fois elle fut plus fortement émue que jamais.

— « Ah ! plût à Dieu, s'écria-t-elle, que mon fils eût l'âme ouverte à vos discours et le bras assez fort pour en profiter ! Jusque-là pourtant j'entendrai, j'agirai pour lui ; c'est moi qui dois être et c'est moi qui serai régente, je n'abandonnerai ce droit qu'avec la vie : s'il faut faire une guerre, nous la ferons, car je veux tout, excepté la honte et l'effroi de livrer le futur Louis XIV à ce sujet couronné! Oui, dit-elle en rougissant et serrant fortement le bras du jeune Dauphin; oui, mon frère, et vous, messieurs, conseillez-moi: parlez, où en sommes-nous? Faut-il que je parte? dites-le ouvertement. Comme femme, comme épouse, j'étais prête à pleurer, tant ma situation était douloureuse; mais à présent, voyez, comme mère je ne pleure pas; je suis prête à vous donner des ordres s'il le faut!»

Jamais Anne d'Autriche n'avait semblé si belle qu'en ce moment, et cet enthousiasme qui paraissait en elle électrisa tous les assistants, qui ne demandaient qu'un mot de sa bouche pour parler. Le duc de Bouillon jeta un regard rapide sur MONSIEUR, qui se décida à prendre la parole:

« Ma foi, dit-il d'un air assez délibéré, si vous donnez des ordres, ma sœur, je veux être votre capitaine des gardes, sur mon honneur; car je suis las aussi des tourments que m'a causés ce misérable, qui ose encore me poursuivre pour rompre mon mariage, et tient toujours mes amis à la Bastille ou les fait assassiner de temps en temps; et d'ailleurs je suis indigné, dit-il en se reprenant et baissant les yeux d'un air solennel, je suis indigné de la misère du peuple.

— Mon frère, reprit vivement la princesse, je vous prends au mot, car il faut faire ainsi avec vous, et j'espère qu'à nous deux nous serons assez forts ; faites seulement comme M. le comte de Soissons, et ensuite survivez à votre victoire ; rangez-vous avec moi comme vous fîtes avec M. de Montmorency, mais sautez le fossé. »

Gaston sentit l'épigramme ; il se rappela son trait trop connu, lorsque l'infortuné révolté de Castelnaudary franchit presque seul un large fossé et trouva de l'autre côté dix-sept blessures, la prison et la mort, à la vue de MONSIEUR, immobile comme son armée. Dans la rapidité de la prononciation de la Reine, il n'eut pas le temps d'examiner si elle avait employé cette expression proverbialement ou avec intention ; mais dans tous les cas il prit le parti de ne pas la relever, et en fut empêché par elle-même, qui reprit en regardant Cinq-Mars :

« Mais, avant tout, pas de terreur panique : sachons bien où nous en sommes. Monsieur le Grand, vous quittez le Roi, avons-nous de telles craintes ? »

D'Effiat n'avait pas cessé d'observer Marie de Mantoue, dont la physionomie expressive peignait pour lui toutes ses idées plus rapidement et aussi sûrement que la parole ; il y lut le désir de l'entendre parler, l'intention de faire décider MONSIEUR et la Reine ; un mouvement d'impatience de son pied lui donna l'ordre d'en finir et de régler enfin toute la conjuration. Son front devint pâle et plus pensif ; il se recueillit un moment, car il sentait que là étaient toutes ses destinées. De Thou le regarda et frémit, parce qu'il le connaissait ; il eût voulu lui dire un mot, un seul mot ; mais Cinq-Mars avait déjà relevé la tête et parla ainsi :

« Je ne crois point, madame, que le Roi soit aussi malade qu'on vous l'a pu dire ; Dieu nous conservera longtemps encore ce prince, je l'espère, j'en suis certain même. Il souffre, il est vrai, il souffre beaucoup ; mais son âme surtout est malade, et d'un mal que rien ne peut guérir, d'un mal que l'on ne souhaiterait pas à son plus grand ennemi et qui le ferait plaindre de tout l'univers si on le connaissait. Cependant la fin de ses malheurs, je veux dire de sa vie, ne lui sera pas donnée encore de longtemps. Sa langueur est toute morale ; il se fait dans son cœur une grande révolution ; il voudrait l'accomplir et ne le peut pas : il a senti depuis longues années s'amasser en lui les germes d'une juste haine contre un homme auquel il croit devoir de la reconnaissance, et c'est ce combat intérieur entre sa bonté et sa colère qui le dévore. Chaque année qui s'est écoulée a déposé à ses pieds, d'un côté les travaux de cet homme, et de l'autre ses crimes. Voici qu'aujourd'hui ceux-ci l'emportent dans la balance ; le Roi voit et s'indigne : il veut punir ; mais tout à coup il s'arrête et le pleure d'avance. Si vous pouviez le contempler ainsi, madame, il vous ferait pitié. Je l'ai vu saisir la plume qui devait tracer son exil, la noircir d'une main hardie, et s'en servir pour quoi ? Pour le féliciter par une lettre. Alors il s'applaudit de sa bonté comme chrétien ; il se maudit comme juge souverain ; il se méprise comme Roi ; il cherche un refuge dans la prière et se plonge dans les méditations de l'avenir ; mais il se lève épouvanté, parce qu'il a entrevu les flammes que mérite cet homme, et que personne ne sait aussi bien que lui les secrets de sa damnation. Il faut l'entendre en cet instant s'accuser d'une coupable faiblesse et s'écrier qu'il sera puni lui-même de n'avoir pas su le punir ! On dirait quelquefois qu'il y a des ombres qui lui ordonnent de frapper, car son bras se lève en dormant. Enfin, madame, l'orage gronde dans son cœur, mais ne brûle que lui ; la foudre n'en peut pas sortir.

— Eh bien, qu'on la fasse donc éclater ! s'écria le duc de Bouillon.

— Celui qui la touchera peut en mourir, dit MONSIEUR.

— Mais quel beau devoûment ! dit la Reine.

— Que je l'admirerais ! dit Marie à demi-voix.

— Ce sera moi, dit Cinq-Mars.

— Ce sera nous, » dit M. de Thou à son oreille.

Le jeune Beauvau s'était rapproché du duc de Bouillon.

— « Monsieur, lui dit-il, oubliez-vous la suite ?

— Non, pardieu, je ne l'oublie pas ! » répondit tout bas celui-ci. Et s'adressant à la Reine : « Acceptez, madame, l'offre de M. le Grand ; il est à portée de décider le Roi plus que vous et nous ; mais tenez-vous prête à tout, car le Cardinal est trop habile pour s'endormir. Je ne crois pas à sa maladie ; je ne crois point à son silence et à son immobilité, qu'il veut nous persuader depuis deux ans ; je ne croirais point à sa mort même, que je n'eusse porté sa tête dans la mer, comme celle du géant de l'Arioste. Attendez-vous à tout, hâtons-nous sur toutes choses. J'ai fait montrer mes plans à MONSIEUR tout à l'heure ; je vais vous en faire l'abrégé : je vous offre Sedan, madame, pour vous et messeigneurs vos fils. L'armée d'Italie est à moi ; je la fais rentrer s'il le faut. M. le grand-écuyer est maître de la moitié du camp de Perpignan ; tous les vieux huguenots de la Rochelle et du Midi sont prêts au premier signe à le venir trouver : tout est organisé depuis un an par mes soins en cas d'événements.

— Je n'hésite point, dit la Reine, à me mettre dans vos mains pour sauver mes enfants s'il arrivait malheur au Roi. Mais dans ce plan général vous oubliez Paris.

— Il est à nous par tous les points : le peuple par l'archevêque sans qu'il s'en doute, et par M. de Beaufort, qui est son roi ; les troupes par vos gardes et ceux de MONSIEUR, qui commandera tout tout, s'il le veut bien.

— Moi! moi! oh! cela ne se peut pas absolument! je n'ai pas assez de monde, et il me faut une retraite plus forte que Sedan, dit Gaston.

— Mais elle suffit à la Reine, reprit M. de Bouillon.

— Ah! cela peut bien être, mais ma sœur ne risque pas autant qu'un homme qui tire l'épée. Savez-vous que c'est très hardi ce que nous faisons là?

— Quoi! même ayant le Roi pour nous? dit Anne d'Autriche.

— Oui, madame, oui, on ne sait pas combien cela peut durer : il faut prendre ses sûretés, et je ne fais rien sans le traité avec l'Espagne.

— Ne faites donc rien, dit la Reine en rougissant; car certes je n'en entendrai jamais parler.

— Ah! madame, ce serait pourtant plus sage, et MONSIEUR a raison, dit le duc de

Bouillon ; car le comte-duc de San-Lucar nous offre dix-sept mille hommes de vieilles troupes et cinq cent mille écus comptant.

— Quoi ! dit la Reine étonnée, on a osé aller jusque-là sans mon consentement ! déjà des accords avec l'étranger !

— L'étranger, ma sœur ! devions-nous supposer qu'une princesse d'Espagne se servirait de ce mot ? » répondit Gaston.

Anne d'Autriche se leva en prenant le dauphin par la main, et s'appuyant sur Marie :

« Oui, MONSIEUR, dit-elle, je suis Espagnole ; mais je suis petite-fille de Charles-Quint, et je sais que la patrie d'une reine est autour de son trône. Je vous quitte, messieurs ; poursuivez sans moi ; je ne sais plus rien désormais. »

Elle fit quelques pas pour sortir, et, voyant Marie tremblante et inondée de larmes, elle revint.

— « Je vous promets cependant solennellement un inviolable secret, mais rien de plus. »

Tous furent un peu déconcertés, hormis le duc de Bouillon, qui, ne voulant rien perdre de ses avantages, lui dit en s'inclinant avec respect :

« Nous sommes reconnaissants de cette promesse, madame, et nous n'en voulons pas plus, persuadés qu'après le succès vous serez tout à fait des nôtres. »

Ne voulant plus s'engager dans une guerre de mots, la Reine salua un peu sèchement, et sortit avec Marie, qui laissa tomber sur Cinq-Mars un de ces regards qui renferment à la fois toutes les émotions de l'âme. Il crut lire dans ses beaux yeux le dévouement éternel et malheureux d'une femme donnée pour toujours, et il sentit que, s'il avait jamais eu la pensée de reculer dans son entreprise, il se serait regardé comme le dernier des hommes. Sitôt qu'on quitta les deux princesses :

« Là, là, là, je vous l'avais bien dit, Bouillon, vous fâchez la Reine, dit MONSIEUR ; vous avez été trop loin aussi. On ne m'accusera certainement pas d'avoir faibli ce matin ; j'ai montré, au contraire, plus de résolution que je n'aurais dû.

— Je suis plein de joie et de reconnaissance pour Sa Majesté, répondit M. de Bouillon d'un air triomphant ; nous voilà sûrs de l'avenir. Qu'allez-vous faire à présent, monsieur de Cinq-Mars ?

— Je vous l'ai dit, monsieur, je ne recule jamais ; quelles qu'en puissent être les suites pour moi, je verrai le Roi ; je m'exposerai à tout pour arracher ses ordres.

— Et le traité d'Espagne !

— Oui, je le... »

De Thou saisit le bras de Cinq-Mars, et,

s'avançant tout à coup, dit d'un air solennel :

« Nous avons décidé que ce serait après l'entrevue avec le Roi qu'on le signerait; car, si la juste sévérité de Sa Majesté envers le Cardinal vous en dispense, il vaut mieux, avons-nous pensé, ne pas s'exposer à la découverte d'un si dangereux traité. »

M. de Bouillon fronça le sourcil.

— « Si je ne connaissais M. de Thou, dit-il, je prendrais ceci pour une défaite; mais de sa part...

— Monsieur, reprit le conseiller, je crois pouvoir m'engager sur l'honneur à faire ce que fera M. le Grand; nous sommes inséparables. »

Cinq-Mars regarda son ami, et s'étonna de voir sur sa figure douce l'expression d'un sombre désespoir; il en fut si frappé qu'il n'eut pas la force de le contredire.

— « Il a raison, messieurs, dit-il seulement avec un sourire froid, mais gracieux; le Roi nous épargnera peut-être bien des choses; on est très fort avec lui. Du reste, monseigneur, et vous, monsieur le duc, ajouta-t-il avec une inébranlable fermeté, ne craignez pas que jamais je recule; j'ai brûlé tous les ponts derrière moi : il faut que je marche en avant; la puissance du Cardinal tombera ou ce sera ma tête.

— C'est singulier! fort singulier! dit MONSIEUR; je remarque que tout le monde ici est plus avancé que je ne le croyais dans la conjuration.

— Point du tout, Monsieur, dit le duc de Bouillon; on n'a préparé que ce que vous voudrez accepter. Remarquez qu'il n'y a rien d'écrit, et que vous n'avez qu'à parler pour que rien n'existe et n'ait existé; selon votre ordre, tout ceci sera un rêve ou un volcan.

— Allons, allons, je suis content, puisqu'il en est ainsi, dit Gaston; occupons-nous de choses plus agréables. Grâce à Dieu, nous avons un peu de temps devant nous : moi j'avoue que je voudrais que tout fût déjà fini; je ne suis point né pour les émotions violentes, cela prend sur ma santé, ajouta-t-il, en s'emparant du bras de M. de Beauvau : dites-nous plutôt si les Espagnoles sont toujours jolies, jeune homme. On vous dit fort galant. Tudieu! je suis sûr qu'on a parlé de vous là-bas. On dit que les femmes portent des vertugadins énormes! Eh bien, je n'en suis pas ennemi du tout. En vérité cela fait paraître le pied plus petit et plus joli; je suis sûr que la femme de don Louis de Haro n'est pas plus belle que Mme de Guéménée, n'est-il pas vrai? Allons, soyez franc, on m'a dit qu'elle avait l'air d'une religieuse. Ah!... vous ne répondez pas, vous êtes embarrassé... elle vous a donné dans l'œil... ou bien vous craignez d'offenser notre ami M. de Thou en la comparant à la belle Guéménée. Eh bien, parlons des usages : le roi a un nain charmant n'est-ce pas ? on le met dans un pâté. Qu'il est heureux, le roi d'Espagne ! je n'en ai jamais pu trouver un comme cela. Et la Reine, on la sert à genoux toujours, n'est-il pas vrai ? oh ! c'est un bon usage ; nous l'avons perdu ; c'est malheureux, plus malheureux qu'on ne croit. »

Gaston d'Orléans eut le courage de parler sur ce ton près d'une demi-heure de suite à ce jeune homme, dont le caractère sérieux ne s'accommodait point de cette conversation, et qui, tout rempli encore de l'importance de la scène dont il venait d'être témoin et des grands intérêts qu'on avait traités, ne répondit rien à ce flux de paroles oiseuses : il regardait le duc de Bouillon d'un air étonné, comme pour lui demander si c'était bien là cet homme que l'on allait mettre à la tête de la plus audacieuse entreprise conçue depuis longtemps, tandis que le prince, sans vouloir s'apercevoir qu'il restait sans réponses, les faisait lui-même souvent, et parlait avec volubilité en se promenant et l'entraînant avec lui dans la chambre. Il craignait que l'un des assistants ne s'avisât de renouer la conversation terrible du traité ; mais aucun n'en était tenté, sinon le duc de Bouillon, qui, cependant, garda le silence de la mauvaise humeur. Pour Cinq-Mars, il fut entraîné par de Thou, qui lui fit faire sa retraite à l'abri de ce bavardage, sans que MONSIEUR eût l'air de l'avoir vu sortir.

CHAPITRE XVIII

LE SECRET

> Et prononcés ensemble, à l'amitié fidèle
> Nos deux noms fraternels serviront de modèle.
> A. Soumet, *Clytemnestre.*

E Thou était chez lui avec son ami, les portes de sa chambre refermées avec soin, et l'ordre donné de ne recevoir personne et de l'excuser auprès des deux réfugiés s'il les laissait partir sans les revoir; et les deux amis ne s'étaient encore adressé aucune parole.

Le conseiller était tombé dans son fauteuil et méditait profondément. Cinq-Mars, assis dans la cheminée haute, attendait d'un air sérieux et triste la fin de ce silence, lorsque de Thou, le regardant fixement et croisant les bras, lui dit d'une voix sombre :

« Voilà donc où vous en êtes venu ! voilà donc les conséquences de votre ambition ! Vous allez faire exiler, peut-être tuer un homme, et introduire en France une armée étrangère ; je vais donc vous voir assassin et traître à votre patrie ! Par quel chemin êtes-vous arrivé jusque-là ? par quels degrés êtes-vous descendu si bas ?

— Un autre que vous ne me parlerait pas ainsi deux fois, dit froidement Cinq-Mars ; mais je vous connais, et j'aime cette explication ; je la voulais et je l'ai provoquée. Vous verrez aujourd'hui mon âme tout entière, je le veux. J'avais eu d'abord une autre pensée, une pensée meilleure peut-être, plus digne de notre amitié, plus digne de l'amitié... l'amitié, qui est la seconde chose de la terre. »

Il élevait les yeux au ciel en parlant, comme s'il y eût cherché cette divinité.

— « Oui, cela eût mieux valu. Je ne voulais rien dire ; c'était une tâche pénible, mais jusqu'ici j'y avais réussi. Je voulais tout conduire sans vous, et ne vous montrer cette œuvre qu'achevée ; je voulais toujours vous tenir hors du cercle de mes dangers ; mais, vous avouerai-je ma faiblesse ? J'ai craint de mourir mal jugé par vous, si j'ai à mourir : à présent je supporte bien l'idée de la malédiction du monde, mais non celle de la vôtre ; c'est ce qui m'a décidé à vous avouer tout.

— Quoi ! et sans cette pensée vous auriez eu le courage de vous cacher toujours de moi ! Ah ! cher Henri, que vous ai-je fait pour prendre ce soin de mes jours ? Par quelle faute avais-je mérité de vous survivre, si vous mouriez ? Vous avez eu la force de me tromper durant deux années entières ; vous ne m'avez présenté de votre vie que ses fleurs ; vous n'êtes entré dans ma solitude qu'avec un visage riant, et chaque fois paré d'une faveur nouvelle ? ah ! il fallait que ce fût bien coupable ou bien vertueux !

— Ne voyez dans mon âme que ce qu'elle renferme. Oui, je vous ai trompé ; mais c'était la seule joie paisible que j'eusse au monde. Pardonnez-moi d'avoir dérobé ces moments à ma destinée, hélas ! si brillante. J'étais heureux du bonheur que vous me supposiez ; je faisais le vôtre avec ce songe ; et je ne suis coupable qu'aujourd'hui en venant le détruire et me montrer tel que j'étais. Écoutez-moi, je ne serai pas long : c'est toujours une histoire bien simple que celle d'un cœur passionné. Autrefois, je m'en souviens, c'était sous la tente, lorsque je fus blessé : mon secret fut près de m'échapper ; c'eût été un bonheur peut-être. Cependant, que m'auraient servi des conseils ? je ne les aurais pas suivis ; enfin, c'est Marie de Gonzague que j'aime.

— Quoi ! celle qui va être reine de Pologne ?

— Si elle est reine, ce ne peut être qu'après ma mort. Mais écoutez : pour elle je fus courtisan ; pour elle j'ai presque régné en France, et c'est pour elle que je vais succomber et peut-être mourir.

— Mourir ! succomber ! quand je vous reprochais votre triomphe ! quand je pleurais sur la tristesse de votre victoire !

— Ah ! que vous me connaissez mal si vous croyez que je sois dupe de la Fortune quand elle me sourit ; si vous croyez que je n'aie pas vu jusqu'au fond de mon destin ! Je lutte contre lui, mais il est le plus fort, je le sens ; j'ai entrepris une tâche au-dessus des forces humaines, je succomberai.

— Eh ! ne pouvez-vous vous arrêter ? A quoi sert l'esprit dans les affaires du monde ?

— A rien, si ce n'est pourtant à se perdre avec connaissance de cause, à tomber au jour qu'on avait prévu. Je ne puis reculer enfin. Lorsqu'on a en face un ennemi tel que ce Richelieu, il faut le renverser ou en être écrasé. Je vais frapper demain le dernier coup ; ne m'y suis-je pas engagé devant vous tout à l'heure ?

— Et c'est cet engagement même que je voulais combattre. Quelle confiance avez-vous dans ceux à qui vous livrez ainsi votre vie ? N'avez-vous pas lu leurs pensées secrètes ?

— Je les connais toutes ; j'ai lu leur espérance à travers leur feinte colère ; je sais qu'ils tremblent en menaçant : je sais qu'ils sont déjà prêts à faire leur paix en me livrant comme gage ; mais c'est à moi de les soutenir et de décider le Roi : il le faut, car Marie est ma fiancée, et ma mort est écrite à Narbonne.

C'est volontairement, c'est avec connaissance de tout mon sort que je me suis placé ainsi entre l'échafaud et le bonheur suprême. Il me faut l'arracher des mains de la Fortune, ou mourir. Je goûte en ce moment le plaisir d'avoir rompu toute incertitude ; eh quoi ! vous ne rougissez pas de m'avoir cru ambitieux par un vil égoïsme comme ce Cardinal ? ambitieux par le puéril désir d'un pouvoir qui n'est jamais satisfait ? Je le suis, ambitieux, mais parce que j'aime. Oui, j'aime, et tout est dans ce mot. Mais je vous accuse à tort ; vous avez embelli mes intentions secrètes, vous m'avez prêté de nobles desseins (je m'en souviens), de hautes conceptions politiques ; elles sont belles, elles sont vastes, peut-être ; mais, vous le dirai-je ? ces vagues projets du perfectionnement des sociétés corrompues me semblent ramper encore bien loin au-dessous du dévouement de l'amour. Quand l'âme vibre tout entière, pleine de cette unique pensée, elle n'a plus de place à donner aux plus beaux calculs des intérêts généraux ; car les hauteurs mêmes de la terre sont au-dessous du ciel. »

De Thou baissa la tête.

— « Que vous répondre ? dit-il. Je ne vous comprends pas ; vous raisonnez le désordre, vous pesez la flamme, vous calculez l'erreur.

— Oui, reprit Cinq-Mars, loin de détruire mes forces, ce feu intérieur les a développées ; vous l'avez dit, j'ai tout calculé ; une marche lente m'a conduit au but que je suis près d'atteindre. Marie me tenait par la main, aurais-je reculé ? Devant un monde je ne l'aurais pas fait. Tout était bien jusqu'ici ; mais une barrière invisible m'arrête ; il faut la rompre, cette barrière : c'est Richelieu. Je l'ai entrepris tout à l'heure devant vous ; mais peut-être me suis-je trop hâté : je le crois à présent. Qu'il se réjouisse ; il m'attendait. Sans doute il a prévu que ce serait le plus jeune qui manquerait de patience ; s'il en est ainsi, il a bien joué. Cependant, sans l'amour qui m'a précipité, j'aurais été plus fort que lui, quoique vertueux. »

Ici, un changement presque subit se fit sur les traits de Cinq-Mars ; il rougit et pâlit deux fois, et les veines de son front s'élevaient comme des lignes bleues tracées par une main invisible.

— « Oui, ajouta-t-il en se levant et tordant ses mains avec une force qui annonçait un violent désespoir concentré dans son cœur, tous les supplices dont l'amour peut torturer ses victimes, je les porte dans mon sein. Cette jeune enfant, pour qui je remuerais des empires, pour qui j'ai tout subi, jusqu'à la faveur d'un prince (et qui peut-être n'a pas senti tout ce que j'ai fait pour elle), ne peut encore être à moi. Elle m'appartient devant Dieu, et je lui parais étranger; que dis-je? il faut que j'entende discuter chaque jour, devant moi, lequel des trônes de l'Europe lui conviendra le mieux, dans des conversations où je ne peux même élever la voix pour avoir une opinion, tant on est loin de me mettre sur les rangs, et dans lesquelles on dédaigne pour elle les princes de sang royal qui marchent encore devant moi. Il faut que je me cache comme un coupable pour entendre à travers les grilles la voix de celle qui est ma femme; il faut qu'en public je m'incline devant elle! son amant et son mari dans l'ombre, son serviteur au grand jour. C'en est trop; je ne puis vivre ainsi; il faut faire le dernier pas, qu'il m'élève ou me précipite.

— Et, pour votre bonheur personnel, vous voulez renverser un État!

— Le bonheur de l'État s'accorde avec le mien. Je le fais en passant, si je détruis le tyran du Roi. L'horreur que m'inspire cet homme est passée dans mon sang. Autrefois, en venant le trouver, je rencontrai sur mes pas son plus grand crime, l'assassinat et la torture d'Urbain Grandier; il est le génie du mal pour le malheureux Roi, je le conjurerai : j'aurais pu devenir celui du bien pour Louis XIII ; c'était une des pensées de Marie, sa pensée la plus chère. Mais je crois que je ne triompherai pas dans l'âme tourmentée du Roi.

— Sur quoi comptez-vous donc ? dit de Thou.

— Sur un coup de dés. Si sa volonté peut cette fois durer quelques heures, j'ai gagné ; c'est un dernier calcul auquel est suspendue ma destinée.

— Et celle de votre Marie !

— L'avez-vous cru ? dit impétueusement Cinq-Mars. Non, non ! s'il m'abandonne, je signe le traité d'Espagne et la guerre.

— Ah ! quelle horreur ! dit le conseiller ; une guerre civile ! et l'alliance avec l'étranger !

— Oui, un crime, reprit froidement Cinq-Mars, eh ! vous ai-je prié d'y prendre part ?

— Cruel ! ingrat ! reprit son ami, pouvez-vous me parler ainsi ? Ne savez-vous pas, ne vous ai-je pas prouvé que l'amitié tenait dans mon cœur la place de toutes les passions ? Puis-je survivre non-seulement à votre mort, mais même au moindre de vos malheurs ?

Cependant laissez-moi vous fléchir et vous empêcher de frapper la France. O mon ami! mon seul ami! je vous en conjure à genoux, ne soyons pas ainsi parricides, n'assassinons pas notre patrie! Je dis nous, car jamais je ne me séparerai de vos actions; conservez-moi l'estime de moi-même, pour laquelle j'ai tant travaillé; ne souillez pas ma vie et ma mort que je vous ai vouées. »

De Thou était tombé aux genoux de son ami, et celui-ci, n'ayant plus la force de conserver sa froideur affectée, se jeta dans ses bras en le relevant, et, le serrant contre sa poitrine, lui dit d'une voix étouffée :

« Eh! pourquoi m'aimer autant aussi? Qu'avez-vous fait, ami? Pourquoi m'aimer? Vous qui êtes sage, pur et vertueux; vous que n'égarent pas une passion insensée et le désir de la vengeance; vous dont l'âme est nourrie seulement de religion et de science, pourquoi m'aimer? Que vous a donné mon amitié? que des inquiétudes et des peines. Faut-il à présent qu'elle fasse peser des dangers sur vous? Séparez-vous de moi, nous ne sommes plus de la même nature; vous le voyez, les cours m'ont corrompu : je n'ai plus de candeur, je n'ai plus de bonté : je médite le malheur d'un homme, je sais tromper un ami. Oubliez-moi, dédaignez-moi : je ne vaux plus une de vos pensées, comment serai-je digne de vos périls?

— En me jurant de ne pas trahir le Roi et la France, reprit de Thou. Savez-vous qu'il y va de partager votre patrie? savez-vous que si vous livrez nos places fortes, on ne vous les rendra jamais? savez-vous que votre nom sera l'horreur de la postérité? savez-vous que les mères françaises le maudiront, quand elles seront forcées d'enseigner à leurs enfants une langue étrangère? le savez-vous? Venez. »

Et il l'entraîna vers le buste de Louis XIII.

— « Jurez devant lui (et il est votre ami aussi!) jurez de ne jamais signer cet infâme traité. »

Cinq-Mars baissa les yeux, et, avec une inébranlable ténacité, répondit, quoique en rougissant :

« Je vous l'ai dit : si l'on m'y force, je signerai. »

De Thou pâlit et quitta sa main; il fit deux tours dans sa chambre, les bras croisés, dans une inexprimable angoisse. Enfin il s'avança solennellement vers le buste de son père, et ouvrit un grand livre placé au pied; il chercha une page déjà marquée et lut tout haut :

« *Je pense donc que M. de Lignebœuf fut juste-*
« *ment condamné à mort par le parlement de*
« *Rouen pour n'avoir point révélé la conjuration*
« *de Catteville contre l'État.* »

Puis, gardant le livre avec respect ouvert dans sa main et contemplant l'image du président de Thou, dont il tenait les Mémoires :

« Oui, mon père, continua-t-il, vous aviez bien pensé, je vais être criminel, je vais mériter la mort ; mais puis-je faire autrement ? Je ne dénoncerai pas ce traître, parce que ce serait aussi trahir, et qu'il est mon ami, et qu'il est malheureux. »

Puis, s'avançant vers Cinq-Mars en lui prenant de nouveau la main :

« Je fais beaucoup pour vous en cela, lui dit-il ; mais n'attendez rien de plus de ma part, monsieur, si vous signez ce traité. »

Cinq-Mars était ému jusqu'au fond du cœur de cette scène, parce qu'il sentait tout ce que devait souffrir son ami en le repoussant. Il prit cependant encore sur lui d'arrêter une larme qui s'échappait de ses yeux, et répondit en l'embrassant :

« Ah ! de Thou, je vous trouve toujours aussi parfait ; oui, vous me rendez service en vous éloignant de moi, car si votre sort eût été lié au mien, je n'aurais pas osé disposer de ma vie, et j'aurais hésité à la sacrifier s'il le faut ; mais je le ferai assurément à présent ; et, je vous le répète, si l'on m'y force, je signerai le traité avec l'Espagne. »

CHAPITRE XIX

LA PARTIE DE CHASSE

> On a bien des grâces à rendre à son étoile quand on peut quitter les hommes sans être obligé de leur faire du mal et de se déclarer leur ennemi.
>
> Ch. Nodier, *Jean Sbogar*.

EPENDANT la maladie du Roi jetait la France dans un trouble que ressentent toujours les États mal affermis aux approches de la mort des princes. Quoique Richelieu fût le centre de la monarchie, il ne régnait pourtant qu'au nom de Louis XIII, et comme enveloppé de l'éclat de ce nom qu'il avait agrandi. Tout absolu qu'il était sur son maître, il le craignait néanmoins; et cette crainte ras-

surait la nation contre ses désirs ambitieux, dont le Roi même était l'immuable barrière. Mais, ce prince mort, que ferait l'impérieux ministre? où s'arrêterait cet homme qui avait tant osé? Accoutumé à manier le sceptre, qui l'empêcherait de le porter toujours et d'inscrire son nom seul au bas des lois que seul il avait dictées? Ces terreurs agitaient tous les esprits. Le peuple cherchait en vain sur toute la surface du royaume ces colosses de la Noblesse aux pieds desquels il avait coutume de se mettre à l'abri dans les orages politiques, il ne voyait plus que leurs tombeaux récents; les Parlements étaient muets, et l'on sentait que rien ne s'opposerait au monstrueux accroissement de ce pouvoir usurpateur. Personne n'était déçu complètement par les souffrances affectées du ministre : nul n'était touché de cette hypocrite agonie, qui avait trop souvent trompé l'espoir public, et l'éloignement n'empêchait pas de sentir peser partout le doigt de l'effrayant parvenu.

L'amour du peuple se réveillait aussi pour le fils d'Henri IV; on courait dans les églises, on priait, et même on pleurait beaucoup. Les princes malheureux sont toujours aimés. La mélancolie de Louis et sa douleur mystérieuse intéressaient toute la France, et, vivant encore, on le regrettait déjà, comme si chacun eût désiré de recevoir la confidence de ses peines avant qu'il n'emportât avec lui le grand secret de ce que souffrent ces hommes placés si haut, qu'ils ne voient dans leur avenir que leur tombe.

Le Roi, voulant rassurer la nation entière, fit annoncer le rétablissement momentané de sa santé, et voulut que la cour se préparât à une grande partie de chasse donnée à Chambord, domaine royal où son frère, le duc d'Orléans, le priait de revenir.

Ce beau séjour était la retraite favorite du Roi, sans doute parce que, en harmonie avec sa personne, il unissait comme elle la grandeur à la tristesse. Souvent il y passait des mois entiers sans voir qui que ce fût, lisant et relisant sans cesse des papiers mystérieux, écrivant des choses inconnues, qu'il enfermait dans un coffre de fer dont lui seul avait le secret. Il se plaisait quelquefois à n'être servi que par un seul domestique, à s'oublier ainsi lui-même par l'absence de sa suite, et à vivre pendant plusieurs jours comme un homme pauvre ou comme un citoyen exilé, aimant à se figurer la misère ou la persécution pour respirer de la royauté. Un autre jour, changeant tout à coup de pensée, il voulait vivre dans une solitude plus absolue; et, lorsqu'il avait interdit son approche à tout être humain, revêtu de l'habit d'un moine, il courait s'enfermer dans la chapelle voûtée ; là, relisant la vie de Charles-Quint, il se croyait à Saint-Just, et chantait sur lui-même cette messe de la mort qui, dit-on, la fit descendre autrefois sur la tête de l'empereur espagnol. Mais, au milieu de ces chants et de ces méditations mêmes, son faible esprit était poursuivi par des images contraires. Jamais le monde et la vie ne lui avaient paru plus beaux que dans la solitude et près de la tombe. Entre ses yeux et les pages qu'il s'efforçait de lire, passaient de brillants cortèges, des armées victorieuses, des peuples transportés d'amour ; il se voyait puissant, combattant, triomphateur, adoré ; et, si un rayon du soleil, échappé des vitraux, venait à tomber sur lui, se levant tout à coup du pied de l'autel, il se sentait emporté par une soif du jour ou du grand air qui l'arrachait de ces lieux sombres et étouffés ; mais, revenu à la vie, il y retrouvait le dégoût et l'ennui, car les premiers hommes qu'il rencontrait lui rappelaient sa puissance par leurs respects. C'était alors qu'il croyait à l'amitié et l'appelait à ses côtés ; mais à peine était-il sûr de sa possession véritable, qu'un grand scrupule s'emparait tout à coup de son âme : c'était celui d'un attachement trop fort pour la créature qui le détournait de l'adoration divine, où, plus encore, le reproche secret de s'éloigner trop des affaires d'État; l'objet de son affection momentanée lui semblait alors un être despotique, dont la puissance l'arrachait à ses devoirs; il se créait une chaîne imaginaire et se plaignait intérieurement d'être opprimé; mais, pour le malheur de ses favoris, il n'avait pas la force de manifester contre eux ses ressentiments par une colère qui les eût avertis; et, continuant à les caresser, il attisait, par cette contrainte, le feu secret de son cœur, et le poussait jusqu'à la haine; il y avait des moments où il était capable de tout contre eux.

Cinq-Mars connaissait parfaitement la faiblesse de cet esprit, qui ne pouvait se tenir ferme dans aucune ligne, et la faiblesse de ce cœur, qui ne pouvait ni aimer ni haïr complètement; aussi la position du favori, enviée de la France entière, et l'objet de la jalousie même du grand ministre, était-elle si chancelante et si douloureuse, que, sans son amour pour Marie, il eût brisé sa chaîne d'or avec plus de joie qu'un forçat n'en ressent dans son cœur lorsqu'il voit tomber le dernier anneau qu'il a limé pendant deux années avec un ressort d'acier caché dans sa bouche. Cette impatience d'en finir avec le sort qu'il voyait de si près hâta l'explosion de cette mine patiemment creusée, comme il l'avait avoué à son ami; mais sa situation était alors celle d'un homme qui, placé à côté du livre de vie, verrait tout le jour y passer la main qui doit tracer sa damnation ou son salut. Il partit avec Louis XIII pour Chambord, décidé à saisir la première occasion favorable à son dessein. Elle se présenta.

Le matin même du jour fixé pour la chasse, le Roi lui fit dire qu'il l'attendait à l'escalier du Lis; il ne sera peut-être pas inutile de parler de cette étonnante construction.

A quatre lieues de Blois, à une heure de la Loire, dans une petite vallée fort basse, entre des marais fangeux et un bois de grands chênes, loin de toutes les routes, on rencontre tout à coup un château royal, ou plutôt magique. On dirait que, contraint par quelque lampe merveilleuse, un génie de l'Orient l'a enlevé pendant une des mille nuits, et l'a dérobé aux pays du soleil pour le cacher dans ceux du brouillard avec les amours d'un beau prince. Ce palais est enfoui comme un trésor; mais à ses dômes bleus, à ses élégants minarets, arrondis sur de larges murs ou élancés dans l'air, à ses longues terrasses qui dominent les bois, à ses flèches légères que le vent balance, à ses croissants entrelacés partout sur les colonnades, on se croirait dans les royaumes de Bagdad ou de Cachemire, si les murs noircis, leur tapis de mousse ou de lierre, et la couleur pâle et mélancolique du ciel, n'attestaient un pays pluvieux. Ce fut bien un génie qui éleva ces bâtiments ; mais il vint d'Italie et se nomma Le Primatice ; ce fut bien un beau prince dont les amours s'y cachèrent ; mais il était roi, et se nommait François Ier. Sa salamandre y jette ses flammes partout ; elle étincelle mille fois sur les voûtes, et y multiplie ses flammes comme les étoiles d'un ciel ; elle soutient les chapiteaux avec sa couronne ardente ; elle colore les vitraux de ses feux ; elle serpente avec les escaliers secrets, et partout semble dévorer de ses regards flamboyants les triples croissants d'une Diane mystérieuse, cette Diane de Poitiers, deux fois déesse et deux fois adorée dans ces bois voluptueux.

Mais la base de cet étrange monument est comme lui pleine d'élégance et de mystère : c'est un double escalier qui s'élève en deux spirales entrelacées depuis les fondements les plus lointains de l'édifice jusqu'au-dessus des plus hauts clochers, et se termine par une lanterne ou cabinet à jour, couronnée d'une fleur de lis colossale, aperçue de bien loin ; deux hommes peuvent y monter en même temps sans se voir.

Cet escalier lui seul semble un petit temple isolé ; comme nos églises, il est soutenu et protégé par les arcades de ses ailes minces, transparentes, et, pour ainsi dire, brodées à jour. On croirait que la pierre docile s'est ployée sous le doigt de l'architecte ; elle paraît, si l'on peut le dire, pétrie selon les caprices de son imagination. On conçoit à peine comment les plans en furent tracés, et dans quels termes les ordres furent expliqués aux ouvriers ; cela semble une pensée fugitive, une rêverie brillante qui aurait pris tout à coup un corps durable ; c'est un songe réalisé.

Cinq-Mars montait lentement les larges degrés qui devaient le conduire auprès du Roi, et s'arrêtait plus lentement sur chaque marche à mesure qu'il approchait, soit dégoût d'aborder ce prince, dont il avait à écouter les plaintes nouvelles tous les jours, soit pour rêver à ce qu'il allait faire, lorsque le son d'une guitare vint frapper son oreille. Il reconnut l'instrument chéri de Louis et sa voix triste, faible et tremblante, qui se prolongeait sous les voûtes ; il semblait essayer l'une de ces romances qu'il composait lui-même, et répétait plusieurs fois d'une main hésitante un refrain imparfait. On distinguait mal les paroles, et il n'arrivait à l'oreille que quelques mots d'*abandon*, d'*ennui du monde* et de *belle flamme*.

Le jeune favori haussa les épaules en écoutant :

« Quel nouveau chagrin te domine ? dit-il ; voyons, lisons encore une fois dans ce cœur glacé qui croit désirer quelque chose. »

Il entra dans l'étroit cabinet.

Vêtu de noir, à demi couché sur une chaise longue, et les coudes appuyés sur des oreillers, le prince touchait languissamment les cordes de sa guitare ; il cessa de fredonner en apercevant le grand-écuyer, et, levant ses grands yeux sur lui d'un air de reproche, balança longtemps sa tête avant de parler ; puis, d'un ton larmoyant et un peu emphatique :

« Qu'ai-je appris, Cinq-Mars ? lui dit-il ; qu'ai-je appris de votre conduite ? Que vous me faites de peine en oubliant tous mes conseils ! Vous avez noué une coupable intrigue ; était-ce de vous que je devais attendre de pareilles choses, vous dont la piété, la vertu, m'avaient tant attaché ! »

Plein de la pensée de ses projets politiques, Cinq-Mars se vit découvert et ne put se défendre d'un moment de trouble ; mais, parfaitement maître de lui-même, il répondit sans hésiter :

« Oui, Sire, et j'allais vous le déclarer ; je suis accoutumé à vous ouvrir mon âme.

— Me le déclarer ! s'écria Louis XIII en rougissant et pâlissant comme sous les frissons de la fièvre, vous auriez osé souiller mes oreilles de ces affreuses confidences, monsieur ! et vous êtes si calme en parlant de vos désordres ! Allez, vous mériteriez d'être condamné aux galères comme un Rondin ; c'est un crime de lèse-majesté que vous avez commis par votre manque de foi vis-à-vis de moi. J'aimerais mieux que vous fussiez faux-monnayeur comme le marquis de Coucy, ou à la tête des Croquants, que de faire ce que vous avez fait ; vous déshonorez votre famille et la mémoire du maréchal votre père. »

Cinq-Mars, se voyant perdu, fit la meilleure contenance qu'il put, et dit avec un air résigné :

« Eh bien, Sire, envoyez-moi donc juger et mettre à mort ; mais épargnez-moi vos reproches.

— Vous moquez-vous de moi, petit hobereau de province? reprit Louis ; je sais très bien que vous n'avez pas encouru la peine de mort devant les hommes, mais c'est au tribunal de Dieu, monsieur, que vous serez jugé.

— Ma foi, Sire, reprit l'impétueux jeune homme, que l'injure avait choqué, que ne me laissiez-vous retourner dans ma province que vous méprisez tant, comme j'en ai été tenté cent fois? Je vais y aller, je ne puis supporter la vie que je mène près de vous ; un ange n'y tiendrait pas. Encore une fois, faites-moi juger si je suis coupable, ou laissez-moi me cacher en Touraine. C'est vous qui m'avez perdu en m'attachant à votre personne ; si vous m'avez fait concevoir des espérances trop grandes, que vous renversiez ensuite, est-ce ma faute à moi ? Et pourquoi m'avez-vous fait grand-écuyer, si je ne devais pas aller plus loin ? Enfin, suis-je votre ami ou non ? et si je le suis, ne puis-je pas être duc, pair et même connétable, aussi bien que M. de Luynes, que vous avez tant aimé parce qu'il vous a dressé des faucons ? Pourquoi ne suis-je pas admis au conseil ? j'y parlerais aussi bien que toutes vos vieilles têtes à collerettes ; j'ai des idées neuves et un meilleur bras pour vous servir. C'est votre Cardinal qui vous a empêché de m'y appeler, et c'est parce qu'il vous éloigne de moi que je le déteste, continua Cinq-Mars en montrant le poing comme si Richelieu eût été devant lui ; oui, je le tuerais de ma main s'il le fallait ! »

D'Effiat avait les yeux enflammés de colère, frappait du pied en parlant, et tourna le dos au Roi comme un enfant qui boude, s'appuyant contre l'une des petites colonnes de la lanterne.

Louis, qui reculait devant toute résolution, et que l'irréparable épouvantait toujours, lui prit la main.

O faiblesse du pouvoir ! caprice du cœur humain ! c'était par ces emportements enfantins, par ces défauts de l'âge, que ce jeune homme gouvernait un roi de France à l'égal du premier politique du temps. Ce prince croyait, et avec quelque apparence de raison, qu'un caractère si emporté devait être sincère; et ses colères mêmes ne le fâchaient pas. Celle-ci, d'ailleurs, ne portait pas sur ces reproches véritables, et il lui pardonnait de haïr le Cardinal. L'idée même de la jalousie de son favori contre le ministre lui plaisait, parce qu'elle supposait de l'attachement, et qu'il ne craignait que son indifférence. Cinq-Mars le savait et avait voulu s'échapper par là, préparant ainsi le Roi à considérer tout ce qu'il avait fait comme un jeu d'enfant, comme la conséquence de son amitié pour lui; mais le danger n'était pas si grand; il respira quand le prince lui dit :

« Il ne s'agit point du Cardinal, et je ne ne l'aime pas plus que vous; mais c'est votre conduite scandaleuse que je vous reproche et que j'aurai bien de la peine à vous pardonner. Quoi! monsieur, j'apprends qu'au lieu de vous livrer aux exercices de piété auxquels je vous ai habitué, quand je vous crois au *Salut* ou à l'*Angelus*, vous partez de Saint-Germain, et vous allez passer une partie de la nuit... chez qui? oserai-je le dire sans péché? chez une femme perdue de réputation, qui ne peut avoir avec vous que des relations pernicieuses au salut de votre âme, et qui reçoit chez elle des esprits forts; Marion Delorme, enfin! Qu'avez-vous à répondre? Parlez. »

Laissant sa main dans celle du Roi, mais

toujours appuyé contre la colonne, Cinq-Mars répondit :

« Est-on donc si coupable de quitter des occupations graves pour d'autres plus graves encore ? Si je vais chez Marion Delorme, c'est pour entendre la conversation des savants qui s'y rassemblent. Rien n'est plus innocent que cette assemblée ; on y fait des lectures qui se prolongent quelquefois dans la nuit, il est vrai, mais qui ne peuvent qu'élever l'âme, bien loin de la corrompre. D'ailleurs, vous ne m'avez jamais ordonné de vous rendre compte de tout ; il y a longtemps que je vous l'aurais dit si vous l'aviez voulu.

— Ah ! Cinq-Mars, Cinq-Mars ! où est la confiance ? N'en sentez-vous pas le besoin ? C'est la première condition d'une amitié parfaite, comme doit être la nôtre, comme celle qu'il faut à mon cœur. »

La voix de Louis était plus affectueuse, et le favori, le regardant par dessus l'épaule, prit un air moins irrité, mais seulement ennuyé et résigné à l'écouter.

— « Que de fois vous m'avez trompé ! poursuivit le Roi ; puis-je me fier à vous ? Ne sont-ce pas des galants et des damerets que vous voyez chez cette femme ? N'y a-t-il pas d'autres courtisanes ?

— Eh ! mon Dieu, non, Sire ; j'y vais souvent avec un de mes amis, un gentilhomme de Touraine, nommé René Descartes.

— Descartes! je connais ce nom-là; oui, c'est un officier qui se distingua au siège de La Rochelle, et qui se mêle d'écrire; il a une bonne réputation de piété, mais il est lié avec Des Barreaux, qui est un esprit fort. Je suis sûr que vous trouvez là beaucoup de gens qui ne sont point de bonne compagnie pour vous; beaucoup de jeunes gens sans famille, sans naissance. Voyons, dites-moi, qu'y avez-vous vu la dernière fois?

— Mon Dieu! je me rappelle à peine leurs noms, dit Cinq-Mars en cherchant, les yeux en l'air; quelquefois, je ne les demande pas... C'était d'abord un certain monsieur, M. Groot, ou Grotius, un Hollandais.

— Je sais cela, un ami de Barneveldt; je lui fais une pension. Je l'aimais assez, mais le Card... mais on m'a dit qu'il était religionnaire exalté...

— Je vis aussi un Anglais, nommé John Milton; c'est un jeune homme qui revient d'Italie et retourne à Londres; il ne parle presque pas.

— Inconnu, parfaitement inconnu; mais je suis sûr que c'est encore quelque religionnaire. Et les Français, qui étaient-ils?

— Ce jeune homme qui a fait le *Cinna,* et

qu'on a refusé trois fois à l'*Académie éminente;* il était fâché que Du Ryer y fût à sa place. Il s'appelle Corneille...

— Eh bien, dit le Roi en croisant les bras et en le regardant d'un air de triomphe et de reproche, je vous le demande, quels sont ces gens-là? Est-ce dans un pareil cercle que l'on devrait vous voir?»

Cinq-Mars fut interdit à cette observation dont souffrait son amour-propre, et dit en s'approchant du Roi :

« Vous avez bien raison, Sire; mais, pour passer une heure ou deux à entendre d'assez bonnes choses, cela ne peut pas faire de tort; d'ailleurs, il y va des hommes de la cour, tels que le duc de Bouillon, M. d'Aubijoux, le comte de Brion, le cardinal de La Valette, MM. de Montrésor, Fontrailles; et des hommes illustres dans les sciences, comme Mairet, Colletet, Desmarets, auteur de l'*Ariane;* Faret, Doujat, Charpentier, qui a écrit la belle *Cyropédie;* Giry, Bessons et Baro, continuateur de l'*Astrée,* tous académiciens.

— Ah! à la bonne heure, voilà des hommes d'un vrai mérite, reprit Louis; à cela il n'y a rien à dire; on ne peut que gagner. Ce sont des réputations faites, des hommes de choix. Ça! raccommodons-nous, touchez là, enfant. Je vous permettrai d'y aller quelquefois, mais ne me trompez plus; vous voyez que je sais tout. Regardez ceci. »

En disant ces mots, le Roi tira d'un coffre de fer, placé contre le mur, d'énormes cahiers de papier barbouillé d'une écriture très fine. Sur l'un était écrit *Baradas,* sur l'autre *d'Hautefort,* sur un troisième *La Fayette,* et enfin *Cinq-Mars.* Il s'arrêta à celui-là, et poursuivit :

« Voyez combien de fois vous m'avez trompé ! Ce sont des fautes continuelles dont j'ai tenu registre moi-même depuis deux ans que je vous connais ; j'ai écrit jour par jour toutes nos conversations. Asseyez-vous. »

Cinq-Mars s'assit en soupirant, et eut la patience d'écouter pendant deux longues heures un abrégé de ce que son maître avait eu la patience d'écrire pendant deux années. Il mit plusieurs fois sa main devant sa bouche durant la lecture ; ce que nous ferions tous certainement s'il fallait rapporter ces dialogues, que l'on trouva parfaitement en ordre à la mort du Roi, à côté de son testament. Nous dirons seulement qu'il finit ainsi :

« Enfin, voici ce que vous avez fait le 7 décembre, il y a trois jours : je vous parlais du vol de l'émerillon et des connaissances de vénerie qui vous manquent ; je vous disais, d'après la *Chasse royale,* ouvrage du roi

Charles IX, qu'après que le veneur a accoutumé son chien à suivre une bête, il doit penser qu'il a envie de retourner au bois, et qu'il ne faut ni le tancer ni le frapper pour qu'il donne bien dans le trait ; et que, pour apprendre à un chien à bien se rabattre, il ne faut laisser passer ni couler de faux-fuyants, ni nulles sentes, sans y mettre le nez.

Voilà ce que vous m'avez répondu (et d'un ton d'humeur, remarquez bien cela) : « Ma « foi, Sire, donnez-moi plutôt des régiments à « conduire que des oiseaux et des chiens. Je « suis sûr qu'on se moquerait de vous et de « moi si on savait de quoi nous nous occu- « pons. » Et le 8... attendez, oui, le 8, tandis que nous chantions vêpres ensemble dans ma chambre, vous avez jeté votre livre dans le feu avec colère, ce qui était une impiété ; et ensuite vous m'avez dit que vous l'aviez laisser tomber : péché, péché mortel ; voyez, j'ai écrit dessous : *mensonge,* souligné. On ne me trompe jamais, je vous le disais bien.

— Mais, Sire...

— Un moment, un moment. Le soir vous avez dit du Cardinal qu'il avait fait brûler un homme injustement et par haine personnelle.

— Et je le répète, et je le soutiens, et je le prouverai, Sire ; c'est le plus grand crime de cet homme que vous hésitez à disgracier et qui vous rend malheureux. J'ai tout vu, tout entendu moi-même à Loudun : Urbain Grandier fut assassiné plutôt que jugé. Tenez, Sire, puisque vous avez là ces Mémoires de votre main, relisez toutes les preuves que je vous en donnai alors. »

Louis, cherchant la page indiquée et remontant au voyage de Perpignan à Paris, lut tout ce récit avec attention en s'écriant :

« Quelles horreurs ! comment avais-je oublié tout cela ? Cet homme me fascine, c'est certain. Tu es mon véritable ami, Cinq-Mars. Quelles horreurs ! mon règne en sera taché. Il a empêché toutes les lettres de la Noblesse et de tous les notables du pays d'arriver à moi. Brûler, brûler vivant ! sans preuves ! par vengeance ! Un homme, un peuple ont invoqué mon nom inutilement, une famille me maudit à présent ! Ah ! que les rois sont malheureux ! »

Le prince en finissant jeta ses papiers et pleura.

— « Ah ! Sire, elles sont bien belles les larmes que vous versez, s'écria Cinq-Mars avec une sincère admiration : que toute la France n'est-elle ici avec moi ! elle s'étonnerait à ce spectacle, qu'elle aurait peine à croire.

— S'étonnerait ! la France ne me connaît donc pas ?

— Non, Sire, dit d'Effiat avec franchise, personne ne vous connaît; et moi-même je vous accuse souvent de froideur et d'une indifférence générale contre tout le monde.

— De froideur! quand je meurs de chagrin; de froideur! quand je me suis immolé à leurs intérêts? Ingrate nation! je lui ai tout sacrifié, jusqu'à l'orgueil, jusqu'au bonheur de la guider moi-même, parce que j'ai craint pour elle ma vie chancelante; j'ai donné mon sceptre à porter à un homme que je hais, parce que j'ai cru sa main plus forte que la mienne; j'ai supporté le mal qu'il me faisait à moi-même, en songeant qu'il faisait du bien à mes peuples : j'ai dévoré mes larmes pour tarir les leurs; et je vois que mon sacrifice a été plus grand même que je ne le croyais, car ils ne l'ont pas aperçu; ils m'ont cru incapable parce que j'étais timide, et sans forces parce que je me défiais des miennes; mais n'importe, Dieu me voit et me connaît.

— Ah! Sire, montrez-vous à la France tel que vous êtes; reprenez votre pouvoir usurpé; elle fera par amour pour vous ce que la crainte n'arrachait pas d'elle; revenez à la vie et remontez sur le trône.

— Non, non, ma vie s'achève, cher ami; je ne suis plus capable des travaux du pouvoir suprême.

— Ah! Sire! cette persuasion seule vous

ôte vos forces. Il est temps enfin que l'on cesse de confondre le pouvoir avec le crime et d'appeler leur union génie. Que votre voix s'élève pour annoncer à la terre que le règne de la vertu va commencer avec votre règne ; et dès lors ces ennemis que le vice a tant de peine à réduire tomberont devant un mot sorti de votre cœur. On n'a pas encore calculé tout ce que la bonne foi d'un roi de France peut faire de son peuple, ce peuple que l'imagination et la chaleur de l'âme entraînent si vite vers tout ce qui est beau, et que tous les genres de dévouement trouvent prêt. Le Roi votre père nous conduisait par un sourire ; que ne ferait pas une de vos larmes ? il ne s'agit que de nous parler. »

Pendant ce discours, le Roi, surpris, rougit souvent, toussa et donna des signes d'un grand embarras, comme toutes les fois qu'on voulait lui arracher une décision ; il sentait aussi l'approche d'une conversation d'un ordre trop élevé, dans laquelle la timidité de son esprit l'empêchait de se hasarder ; et, mettant souvent la main sur sa poitrine en fronçant le sourcil, comme ressentant une vive douleur, il essaya de se tirer par la maladie de la gêne de répondre ; mais, soit emportement, soit résolution de jouer le dernier coup, Cinq-Mars poursuivit sans se troubler, avec une solennité qui en imposait à Louis. Celui-ci, forcé dans ses derniers retranchements, lui dit :

« Mais, Cinq-Mars, comment se défaire d'un ministre qui depuis dix-huit ans m'a entouré de ses créatures ?

— Il n'est pas si puissant, reprit le grand-écuyer ; et ses amis seront ses plus cruels adversaires, si vous faites un signe de tête. Toute l'ancienne ligue des *princes de la Paix* existe encore, Sire, et ce n'est que le respect dû au choix de Votre Majesté qui l'empêche d'éclater.

— Ah ! bon Dieu ! tu peux leur dire qu'ils ne s'arrêtent pas pour moi ; je ne les gêne point, ce n'est pas moi qu'on accusera d'être Cardinaliste. Si mon frère veut me donner le moyen de remplacer Richelieu, ce sera de tout mon cœur.

— Je crois, Sire, qu'il vous parlera aujourd'hui de M. le duc de Bouillon ; tous les Royalistes le demandent.

— Je ne le hais point, dit le Roi en arrangeant l'oreiller de son fauteuil, je ne le hais point du tout, quoique un peu factieux. Nous sommes parents, sais-tu, cher ami (et il mit à cette expression favorite plus d'abandon qu'à l'ordinaire) ? sais-tu qu'il descend de saint Louis de père en fils, par Charlotte de Bourbon, fille du duc de Montpensier ? sais-tu que sept princesses du sang sont entrées dans sa maison, et que huit de la sienne, dont l'une a été reine, ont été mariées à des princes du sang? Oh! je ne le hais point du tout; je n'ai jamais dit cela, jamais.

— Eh bien, Sire, dit Cinq-Mars avec confiance, MONSIEUR et lui vous expliqueront, pendant la chasse, comment tout est préparé, quels sont les hommes que l'on pourra mettre à la place de ses créatures, quels sont les mestres-de-camp et les colonels sur lesquels on peut compter contre Fabert et tous les Cardinalistes de Perpignan. Vous verrez que le ministre a bien peu de monde à lui. La Reine, MONSIEUR, la Noblesse et les Parlements sont de notre parti; et c'est une affaire faite dès que Votre Majesté ne s'oppose plus. On a proposé de faire disparaître Richelieu comme le maréchal d'Ancre, qui le méritait moins que lui.

— Comme Concini! dit le Roi. Oh! non, il ne le faut pas... je ne le veux vraiment pas... Il est prêtre et cardinal, nous serions excommuniés. Mais, s'il y a une autre manière, je le veux bien : tu peux en parler à tes amis, j'y songerai de mon côté. »

Une fois ce mot jeté, Louis s'abandonna à son ressentiment, comme s'il venait de le satisfaire et comme si le coup eût déjà été porté. Cinq-Mars en fut fâché, parce qu'il craignait que sa colère, se répandant ainsi, ne fût pas de longue durée. Cependant il crut à ses dernières paroles, surtout lorsque, après des plaintes interminables, Louis ajouta :

« Enfin, croirais-tu que depuis deux ans que je pleure ma mère, depuis ce jour où il me joua si cruellement devant toute ma cour en me demandant son rappel quand il savait sa mort, depuis ce jour, je ne puis obtenir qu'on la fasse inhumer en France avec mes pères ? Il a exilé jusqu'à sa cendre. »

En ce moment Cinq-Mars crut entendre du bruit sur l'escalier ; le Roi rougit un peu.

— « Va-t'en, dit-il, va vite te préparer pour la chasse ; tu seras à cheval près de mon carrosse ; va vite, je le veux, va. »

Et il poussa lui-même Cinq-Mars vers l'escalier et vers l'entrée qui l'avait introduit.

Le favori sortit ; mais le trouble de son maître ne lui était point échappé.

Il descendait lentement et en cherchait la cause en lui-même, lorsqu'il crut entendre le bruit de deux pieds qui montaient la double partie de l'escalier à vis, tandis qu'il descendait l'autre ; il s'arrêta ; il remonta, il lui sembla qu'on descendait ; il savait qu'on ne pouvait rien voir entre les jours de l'architecture, et se décida à sortir, impatienté de ce jeu, mais très inquiet. Il eût voulu pouvoir se tenir à la porte d'entrée pour voir qui paraîtrait. Mais à peine eut-il soulevé la tapisserie qui donnait sur la salle des gardes, qu'une foule de courtisans qui l'attendait l'entoura, et l'obligea de s'éloigner pour donner les ordres de sa charge ou de recevoir des respects, des confidences, des sollicitations, des présentations, des recommandations, des embrassades, et ce torrent de relations graduelles qui entourent un favori, et pour lesquelles il faut une attention présente et toujours soutenue, car une distraction peut causer de grands malheurs. Il oublia ainsi à peu près cette petite circonstance qui pouvait n'être qu'imaginaire, et, se livrant aux douceurs d'une sorte d'apothéose continuelle, monta à cheval dans la grande cour, servi par de nobles pages, et entouré des plus brillants gentilshommes.

Bientôt MONSIEUR arriva suivi des siens, et une heure ne s'était pas écoulée, que le Roi parut, pâle, languissant et appuyé sur quatre hommes. Cinq-Mars, mettant pied à terre, l'aida à monter dans une sorte de petite voiture fort basse, que l'on appelait *brouette,* et dont Louis XIII conduisait lui-même les chevaux très dociles et très paisibles. Les piqueurs, à pied aux portières, tenaient les chiens en laisse; au bruit du cor, des centaines de jeunes gens montèrent à cheval, et tout partit pour le rendez-vous de la chasse.

C'était à une ferme nommée l'Ormage que le Roi l'avait fixé, et toute la cour, accoutumée à ses usages, se répandit dans les allées du parc, tandis que le Roi suivait lentement un sentier isolé, ayant à sa portière le grand-écuyer et quatre personnages auxquels il avait fait signe de s'approcher.

L'aspect de cette partie de plaisir était sinistre : l'approche de l'hiver avait fait tomber presque toutes les feuilles des grands chênes du parc, et les branches noires se détachaient sur un ciel gris comme les branches de candélabres funèbres ; un léger brouillard semblait annoncer une pluie prochaine ; à travers le bois éclairci et les tristes rameaux, on voyait passer lentement les pesants carrosses de la cour, remplis de femmes vêtues de noir uniformément[1], et condamnées à attendre le résultat d'une chasse qu'elles ne voyaient pas ; les meutes donnaient des *voix* éloignées, et le cor se faisait entendre quelquefois comme un soupir ; un vent froid et piquant obligeait chacun à se couvrir ; et quelques femmes, mettant sur leur visage un voile ou un masque de velours noir pour se préserver de l'air que n'arrêtaient point les rideaux de leurs carrosses

---

1. Un édit de 1639 avait déterminé le costume de la cour. Il était simple et noir.

(car ils n'avaient point de glaces encore), semblaient porter le costume que nous appelons *domino*.

Tout était languissant et triste. Seulement quelques groupes de jeunes gens, emportés par la chasse, traversaient comme le vent l'extrémité d'une allée en jetant des cris ou donnant du cor; puis tout retombait dans le silence, comme, après la fusée du feu d'artifice, le ciel paraît plus sombre.

Dans un sentier parrallèle à celui que suivait lentement le Roi, s'étaient réunis quelques courtisans enveloppés dans leur manteau. Paraissant s'occuper fort peu du chevreuil, ils marchaient à cheval à la hauteur de la brouette du Roi, et ne la perdaient pas de vue. Ils parlaient à demi-voix.

— « C'est bien, Fontrailles, c'est bien; victoire! Le Roi lui prend le bras à tout moment. Voyez-vous comme il lui sourit? Voilà M. le Grand qui descend de cheval et monte sur le siège à côté de lui. Allons, allons, le vieux matois est perdu cette fois!

— Ah! ce n'est rien encore que cela! n'avez-vous pas vu comme le Roi a touché la main à MONSIEUR? Il vous a fait signe, Montrésor; Gondi, regardez donc.

— Eh! regardez! c'est bien aisé à dire; mais je n'y vois pas avec mes yeux, moi; je n'ai que ceux de la foi et les vôtres. Eh bien, qu'est-ce qu'ils font ? Je voudrais bien ne pas avoir la vue si basse. Racontez-moi cela, qu'est-ce qu'ils font ? »

Montrésor reprit :

« Voici le Roi qui se penche à l'oreille du duc de Bouillon et qui lui parle... Il parle encore, il gesticule, il ne cesse pas. Oh ! il va être ministre.

— Il sera ministre, dit Fontrailles.

— Il sera ministre, dit le comte du Lude.

— Ah ! ce n'est pas douteux, reprit Montrésor.

— J'espère que celui-là me donnera un régiment et que j'épouserai ma cousine ! » s'écria Olivier d'Entraigues d'un ton de page.

L'abbé de Gondi, en ricanant et regardant au ciel, se mit à chanter un air de chasse :

« Les étourneaux ont le vent bon,
Ton ton, ton, ton, ton taine ton ton.

. . . Je crois, messieurs, que vous y voyez plus trouble que moi, ou qu'il se fait des miracles dans l'an de grâce 1642 ; car M. de Bouillon n'est pas plus près d'être premier ministre que moi, quand le Roi l'embrasserait. Il a de grandes qualités, mais il ne parviendra pas, parce qu'il est tout d'une pièce ; cependant j'en fais grand cas pour sa vaste et sotte ville de Sedan ; c'est un foyer, c'est un bon foyer pour nous. »

Montrésor et les autres étaient trop attentifs à tous les gestes du prince pour répondre, et ils continuèrent :

« Voilà M. le Grand qui prend les rênes des chevaux et qui conduit. »

L'abbé reprit sur le même air :

> « Si vous conduisez ma brouette,
> Ne versez pas, beau postillon,
> Ton ton, ton ton, ton taine, ton ton.

— Ah ! l'abbé, vos chansons me rendront fou ! dit Fontrailles ; vous avez donc des airs pour tous les événements de la vie ?

— Je vous fournirai aussi des événements qui iront sur tous les airs, reprit Gondi.

— Ma foi, l'air de ceux-ci me plaît, répondit Fontrailles plus bas ; je ne serai pas obligé par MONSIEUR de porter à Madrid son diable de traité, et je n'en suis point fâché ; c'est une commission assez scabreuse : les Pyrénées ne se passent point aussi facilement qu'on le croit, et le Cardinal est sur la route.

— Ah ! ah ! ah ! s'écria Montrésor.

— Ah ! ah ! dit Olivier.

— Eh bien, quoi ? ah ! ah ! dit Gondi ; qu'avez-vous donc découvert de si beau ?

— Ma foi, pour le coup, le Roi a touché la

main de MONSIEUR ; Dieu soit loué, messieurs ! Nous voilà défaits du Cardinal : le vieux sanglier est forcé. Qui se chargera de l'expédier ? Il faut le jeter dans la mer.

— C'est trop beau pour lui, dit Olivier ; il faut le juger.

— Certainement, dit l'abbé ; comment donc ! nous ne manquerons pas de chefs d'accusation contre un insolent qui a osé congédier un page ; n'est-il pas vrai ? »

Puis, arrêtant son cheval et laissant marcher Olivier et Montrésor, il se pencha du côté de M. du Lude, qui parlait à deux personnages plus sérieux, et dit :

« En vérité, je suis tenté de mettre mon valet de chambre aussi dans le secret ; on n'a jamais vu traiter une conjuration aussi légèrement. Les grandes entreprises veulent du mystère ; celle-ci serait admirable si l'on s'en donnait la peine. Notre partie est plus belle qu'aucune que j'aie lue dans l'histoire ; il y aurait là de quoi renverser trois royaumes si l'on voulait, et les étourderies gâteront tout. C'est vraiment dommage ; j'en aurais un regret mortel. Par goût, je suis porté à ces sortes d'affaires, et je suis attaché de cœur à celle-ci, qui a de la grandeur ; vraiment, on ne peut pas le nier. N'est-ce pas, d'Ambijoux ? n'est-il pas vrai, Montmort ? »

Pendant ces discours, plusieurs grands et pesants carrosses, à six et quatre chevaux, suivaient la même allée à deux cents pas de ces messieurs ; les rideaux étaient ouverts du côté gauche pour voir le Roi. Dans le premier était la Reine : elle était seule dans le fond, vêtue de noir et voilée. Sur le devant était la maréchale d'Effiat, et aux pieds de la Reine était placée la princesse Marie. Assise de côté, sur un tabouret, sa robe et ses pieds sortaient de la voiture et étaient appuyés sur un marchepied doré, car il n'y avait point de portières, comme nous l'avons déjà dit ; elle cherchait à voir aussi, à travers les arbres, les gestes du Roi, et se penchait souvent, importunée du passage continuel des chevaux du prince Palatin et de sa suite.

Ce prince du Nord était envoyé par le roi de Pologne pour négocier de grandes affaires en apparence, mais, au fond, pour préparer la duchesse de Mantoue à épouser le vieux roi Uladislas VI, et il déployait à la cour de France tout le luxe de la sienne, appelée alors *barbare* et *scythe* à Paris, et justifiait ces noms par des costumes étranges et orientaux. Le Palatin de Posnanie était fort beau, et portait, ainsi que les gens de sa suite, une barbe longue, épaisse, la tête rasée à la turque, et couverte d'un bonnet fourré, une veste courte et enrichie de diamants et de rubis ; son cheval était peint en rouge et chargé de plumes. Il avait à sa suite une compagnie de gardes polonais habillés de rouge et de jaune, portant de grands manteaux à manches longues qu'ils laissaient pendre négligemment sur l'épaule. Les seigneurs polonais qui l'escortaient étaient vêtus de brocart d'or et d'argent, et l'on voyait flotter derrière leur tête rasée une seule mèche de cheveux qui leur donnait un aspect asiatique et tartare aussi inconnu de la cour de Louis XIII que celui des Moscovites. Les femmes trouvaient tout cela un peu sauvage et assez effrayant.

Marie de Gonzague était importunée des saluts profonds et des grâces orientales de cet étranger et de sa suite. Toutes les fois qu'il passait devant elle, il se croyait obligé de lui adresser un compliment à moitié français, où il mêlait gauchement quelques mots d'espérance et de royauté. Elle ne trouva d'autre moyen de s'en défaire que de porter plusieurs fois son mouchoir à son nez en disant assez haut à la Reine :

« En vérité, madame, ces messieurs ont une odeur sur eux qui fait mal au cœur.

— Il faut bien raffermir votre cœur, cependant, et vous accoutumer à eux, » répondit Anne d'Autriche un peu sèchement.

Puis tout à coup, craignant de l'avoir affligée :

« Vous vous y accoutumerez comme nous

continua-t-elle avec gaieté, et vous savez qu'en fait d'odeurs je suis fort difficile. M. Mazarin m'a dit l'autre jour que ma punition en purgatoire serait d'en respirer de mauvaises et de coucher dans des draps de toile de Hollande. »

Malgré quelques mots enjoués, la Reine fut cependant fort grave, et retomba dans le silence. S'enfonçant dans son carrosse, enveloppée de sa mante, et ne prenant en apparence aucun intérêt à tout ce qui se passait autour d'elle, elle se laissait aller au balancement de la voiture. Marie, toujours occupée du Roi, parlait à demi-voix à la maréchale d'Effiat ; toutes deux cherchaient à se donner des espérances qu'elles n'avaient pas, et se trompaient par amitié.

— « Madame, je vous félicite ; M. le Grand est assis près du Roi ; jamais on n'a été si loin ; » disait Marie.

Puis elle se taisait longtemps, et la voiture roulait tristement sur des feuilles mortes et desséchées.

— « Oui, je le vois avec une grande joie ; le Roi est si bon ! » répondait la maréchale.

Et elle soupirait profondément.

Un long et morne silence succéda encore; toutes deux se regardèrent et se trouvèrent mutuellement les yeux en larmes. Elles n'osèrent plus se parler, et Marie, baissant la tête, ne vit plus que la terre brune et humide qui fuyait sous les roues. Une triste rêverie occupait son âme ; et, quoiqu'elle eût sous les yeux le spectacle de la première cour de l'Europe aux pieds de celui qu'elle aimait, tout lui faisait peur, et de noirs pressentiments la troublaient involontairement.

Tout à coup un cheval passa devant elle comme le vent ; elle leva les yeux, et eut le temps de voir le visage de Cinq-Mars. Il ne la regardait pas ; il était pâle comme un cadavre, et ses yeux se cachaient sous ses sourcils froncés et l'ombre de son chapeau abaissé. Elle le suivit du regard en tremblant ; elle le vit s'arrêter au milieu du groupe des cavaliers qui précédaient les voitures, et qui le reçurent chapeau bas. Un moment après, il s'enfonça dans un taillis avec l'un d'entre eux, la regarda de loin, et la suivit des yeux jusqu'à ce que la voiture fût passée ; puis il lui sembla qu'il donnait à cet homme un rouleau de papiers en disparaissant dans le bois. Le brouillard qui tombait l'empêcha de le voir plus loin. C'était une de ces brumes si fréquentes aux bords de la Loire. Le soleil parut d'abord comme une petite lune sanglante, enveloppée dans un linceul déchiré, et se cacha en une demi-heure sous un voile si épais, que Marie distinguait à peine les premiers chevaux du carrosse, et que les hommes qui passaient à quelques pas de lui semblaient des ombres grisâtres. Cette vapeur glacée devint une pluie pénétrante et en même temps un nuage d'une odeur fétide. La Reine fit asseoir la belle princesse près d'elle et voulut rentrer; on retourna vers Chambord en silence et au pas. Bientôt on entendit les cors qui sonnaient le retour et rappelaient les meutes égarées; des chasseurs passaient rapidement près de la voiture, cherchant leur chemin dans le brouillard et s'appelant à haute voix. Marie ne voyait souvent que la tête d'un cheval ou un corps sombre sortant de la triste vapeur des bois, et cherchait en vain à distinguer quelques paroles. Cependant son cœur battit; on appelait M. de Cinq-Mars : « *Le Roi demande M. le Grand*, répétait-on; *où peut être allé M. le grand-écuyer ?* » Une voix dit en passant près d'elle : « *Il s'est perdu tout à l'heure.* » Et ces paroles bien simples la firent frissonner, car son esprit affligé leur donnait un sens terrible. Cette pensée la suivit jusqu'au château et dans ses appartements, où elle courut s'enfermer. Bientôt elle entendit le bruit de la rentrée du Roi et de MONSIEUR, puis, dans la forêt, quelques coups de fusil dont on ne voyait pas la lumière. Elle regardait en vain aux étroits vitraux; ils semblaient tendus au dehors d'un drap blanc qui ôtait le jour.

Cependant à l'extrémité de la forêt, vers

Montfrault, s'étaient égarés deux cavaliers ; fatigués de chercher la route du château dans la monotone similitude des arbres et des sentiers, ils allaient s'arrêter près d'un étang, lorsque huit ou dix hommes environ, sortant des taillis, se jetèrent sur eux, et, avant qu'ils eussent le temps de s'armer, se pendirent à leurs jambes, à leurs bras et à la bride de leurs chevaux, de manière à les tenir immobiles. En même temps une voix rauque, partant du brouillard, s'écria :

« Êtes-vous Royalistes ou Cardinalistes ? Criez : Vive M. le Grand ! ou vous êtes morts.

— Vils coquins ! répondit le premier cavalier en cherchant à ouvrir les fontes de ses pistolets, je vous ferai pendre pour abuser de mon nom !

— *Dios el Señor !* » cria la même voix.

Aussitôt tous ces hommes lâchèrent leur proie et s'enfuirent dans les bois ; un éclat de rire sauvage retentit, et un homme seul s'approcha de Cinq-Mars.

— « *Amigo,* ne me reconnaissez-vous pas ? C'est une plaisanterie de Jacques, le capitaine espagnol. »

Fontrailles se rapprocha et dit tout bas au grand-écuyer :

« Monsieur, voilà un gaillard entreprenant ; je vous conseille de l'employer ; il ne faut rien négliger.

— Écoutez-moi, reprit Jacques de Laubardemont, et parlons vite. Je ne suis pas un faiseur de phrases comme mon père, moi. Je me souviens que vous m'avez rendu quelques bons offices, et dernièrement encore vous m'avez été utile, comme vous l'êtes toujours, sans le savoir; car j'ai un peu réparé ma fortune dans vos petites émeutes. Si vous voulez, je puis vous rendre un important service; je commande quelques braves.

— Quels services? dit Cinq-Mars; nous verrons.

— Je commence par un avis. Ce matin, pendant que vous descendiez de chez le Roi par un côté de l'escalier, le père Joseph y montait par l'autre.

— O ciel! voilà donc le secret de son changement subit et inexplicable! Se peut-il? Un Roi de France! et il nous a laissés lui confier tous nos projets!

— Eh bien! voilà tout! vous ne me dites rien? Vous savez que j'ai une vieille affaire à démêler avec le capucin.

— Que m'importe?»

Et il baissa la tête, absorbé dans une rêverie profonde.

— « Cela vous importe beaucoup, puisque, si vous dites un mot, je vous déferai de lui avant trente-six heures d'ici, quoiqu'il soit à présent bien près de Paris. Nous pourrions y ajouter le Cardinal, si l'on voulait.

— Laissez-moi : je ne veux point de poignards, dit Cinq-Mars.

— Ah ! oui, je vous comprends, reprit Jacques, vous avez raison : vous aimez mieux qu'on le dépêche à coups d'épée. C'est juste, il en vaut la peine, on doit cela au rang. Il convient mieux que ce soient des grands seigneurs qui s'en chargent, et que celui qui l'expédiera soit en passe d'être maréchal. Moi je suis sans prétention ; il ne faut pas avoir trop d'orgueil, quelque mérite qu'on puisse avoir dans sa profession : je ne dois pas toucher au Cardinal, c'est un morceau de Roi.

— Ni à d'autres, dit le grand-écuyer.

— Ah ! laissez-nous le capucin, reprit en insistant le capitaine Jacques.

— Si vous refusez cette offre, vous avez tort, dit Fontrailles ; on n'en fait pas d'autres tous les jours. Vitry a commencé sur Concini, et on l'a fait maréchal. Nous voyons des gens fort bien en cour qui ont tué leurs ennemis de leur propre main dans les rues de Paris, et vous hésitez à vous défaire d'un misérable ! Richelieu a bien ses coquins, il faut que vous ayez les vôtres ; je ne conçois pas vos scrupules.

— Ne le tourmentez pas, lui dit Jacques brusquement ; je connais cela, j'ai pensé comme lui étant enfant, avant de raisonner. Je n'aurais pas tué seulement un moine ; mais je vais lui parler, moi. »

Puis, se tournant du côté de Cinq-Mars :

« Écoutez : quand on conspire, c'est qu'on veut la mort ou tout au moins la perte de quelqu'un... Hein ? »

Et il fit une pause.

— « Or, dans ce cas-là, on est brouillé avec le bon Dieu et d'accord avec le diable... Hein ?

Secundo, comme on dit à la Sorbonne, il n'en coûte pas plus, quand on est damné, de l'être pour beaucoup que pour peu... Hein ?

Ergo, il est indifférent d'en tuer mille ou d'en tuer un. Je vous défie de répondre à cela.

— On ne peut pas mieux dire, docteur en estoc, répondit Fontrailles en riant à demi, et je vois que vous serez un bon compagnon de voyage. Je vous mène avec moi en Espagne, si vous voulez.

— Je sais bien que vous y allez porter le traité, reprit Jacques, et je vous conduirai dans les Pyrénées par des chemins inconnus aux hommes ; mais je n'en aurai pas moins un chagrin mortel de n'avoir pas tordu le cou, avant de partir, à ce vieux bouc que nous laissons en arrière, comme un cavalier au milieu d'un jeu d'échecs. Encore une fois, monseigneur, continua-t-il d'un air de componction en s'adressant de nouveau à Cinq-Mars, si vous avez de la religion, ne vous y refusez plus ; et souvenez-vous des paroles de nos pères théologiens, Hurtado de Mendoza et Sanchez, qui ont prouvé qu'on peut tuer en cachette son ennemi, puisque l'on évite par ce moyen deux péchés : celui d'exposer sa vie, et celui de se battre en duel. C'est d'après ce grand principe consolateur que j'ai toujours agi.

— Laissez-moi, laissez-moi, dit encore Cinq-Mars d'une voix étouffée par la fureur ; je pense à d'autres choses.

— A quoi de plus important ? dit Fontrailles ; cela peut être d'un grand poids dans la balance de nos destins.

— Je cherche combien y pèse le cœur d'un Roi, reprit Cinq-Mars.

— Vous m'épouvantez moi-même, répondit le gentilhomme ; nous n'en demandons pas tant.

— Je n'en dis pas tant non plus que vous croyez, monsieur, continua d'Effiat d'une voix sévère ; ils se plaignent quand un sujet les trahit : c'est à quoi je songe. Eh bien, la guerre ! la guerre ! Guerres civiles, guerres étrangères, que vos fureurs s'allument ! puisque je tiens la flamme, je vais l'attacher aux mines. Périsse l'État, périssent vingt royaumes s'il le faut ! il ne doit pas arriver des malheurs ordinaires lorsque le Roi trahit le sujet. Écoutez-moi. »

Et il emmena Fontrailles à quelques pas.

— « Je ne vous avais chargé que de préparer notre retraite et nos secours en cas d'abandon de la part du Roi. Tout à l'heure je l'avais pressenti à cause de ses amitiés forcées, et je m'étais décidé à vous faire partir, parce qu'il a fini sa conversation par nous annoncer son départ pour Perpignan. Je craignais Narbonne; je vois à présent qu'il y va se rendre comme prisonnier au Cardinal. Partez, et partez sur-le-champ. J'ajoute aux lettres que je vous ai données le traité que voici; il est sous des noms supposés, mais voici la contre-lettre; elle est signée de MONSIEUR, du duc de Bouillon et de moi. Le comte-duc d'Olivarès ne désire que cela. Voici encore des *blancs* du duc d'Orléans que vous remplirez comme vous le voudrez. Partez; dans un mois je vous attends à Perpignan, et je ferai ouvrir Sedan aux dix-sept mille Espagnols sortis de Flandre. »

Puis marchant vers l'aventurier qui l'attendait :

« Pour vous, mon brave, puisque vous voulez faire le *capitan*, je vous charge d'escorter ce gentilhomme jusqu'à Madrid; vous en serez récompensé largement. »

Jacques, frisant sa moustache, lui répondit :

« Vous n'êtes pas dégoûté en m'employant! vous faites preuve de tact et de bon goût.

Savez-vous que la grande reine Christine de Suède m'a fait demander, et voulait m'avoir près d'elle en qualité d'homme de confiance? Elle a été élevée au son du canon par le *Lion du Nord,* Gustave-Adolphe, son père. Elle aime l'odeur de la poudre et les hommes courageux ; mais je n'ai pas voulu la servir parce qu'elle est huguenote et que j'ai de certains principes, moi, dont je ne m'écarte pas. Ainsi, par exemple, je vous jure ici, par saint Jacques, de faire passer monsieur par les ports des Pyrénées à Oloron aussi sûrement que dans ces bois, et de le défendre contre le diable s'il le faut, ainsi que vos papiers, que nous vous rapporterons sans une tache ni une déchirure. Pour les récompenses, je n'en veux point ; je les trouve toujours dans l'action même. D'ailleurs, je ne reçois jamais d'argent, car je suis gentilhomme. Les Laubardemont sont très anciens et très bons.

— Adieu donc, noble homme, dit Cinq-Mars, partez. »

Après avoir serré la main à Fontrailles, il s'enfonça en gémissant dans les bois pour retourner au château de Chambord.

CHAPITRE XX

LA LECTURE

> Les circonstances dévoilent pour ainsi dire la royauté du génie, dernière ressource des peuples éteints. Les grands écrivains... ces rois qui n'en ont pas le nom, mais qui règnent véritablement par la force du caractère et la grandeur des pensées, sont élus par les événements auxquels ils doivent commander. Sans ancêtres et sans postérité, seuls de leur race, leur mission remplie, ils disparaissent en laissant à l'avenir des ordres qu'il exécutera fidèlement.
>
> F. DE LAMENNAIS.

peu de temps de là, un soir, au coin de la place Royale, près d'une petite maison assez jolie, on vit s'arrêter beaucoup de carrosses et s'ouvrir souvent une petite porte où l'on montait par trois degrés de pierre. Les

voisins se mirent plusieurs fois à leurs fenêtres pour se plaindre du bruit qui se faisait encore à cette heure de la nuit, malgré la crainte des voleurs, et les gens du guet s'étonnèrent et s'arrêtèrent souvent, ne se retirant que lorsqu'ils voyaient auprès de chaque voiture dix ou douze valets de pied, armés de bâtons et portant des torches. Un jeune gentilhomme, suivi de trois laquais, entra en demandant mademoiselle Delorme; il portait une longue rapière ornée de rubans roses; d'énormes nœuds de la même couleur, placés sur ses souliers à talons hauts, cachaient presque entièrement ses pieds, qu'il tournait fort en dehors, selon la mode. Il retroussait souvent une petite moustache frisée, et peignait, avant d'entrer, sa barbe légère et pointue. Ce ne fut qu'un cri lorsqu'on l'annonça.

— « Enfin le voilà donc! s'écria une voix jeune et éclatante; il s'est bien fait attendre, cet aimable Desbarreaux. Allons, vite un siège, placez-vous près de cette table, et lisez. »

Celle qui parlait était une femme de vingt-quatre ans environ, grande, belle, malgré des cheveux noirs très crépus et un teint olivâtre. Elle avait dans les manières quelque chose de mâle qu'elle devait tenir de son cercle, composé d'hommes uniquement; elle leur prenait le bras assez brusquement en parlant avec une liberté qu'elle leur communiquait. Ses propos étaient animés plutôt qu'enjoués; souvent ils excitaient le rire autour d'elle, mais c'était à force d'esprit qu'elle faisait de la gaieté (si l'on peut s'exprimer ainsi); car sa figure, toute passionnée qu'elle était, semblait incapable de se ployer au sourire; et ses yeux grands et bleus, sous des cheveux de jais, lui donnaient d'abord un aspect étrange.

Desbarreaux lui baisa la main d'un air galant et cavalier; puis il fit avec elle, en lui parlant toujours, le tour d'un salon assez grand où étaient assemblés trente personnages à peu près: les uns assis sur de grands fauteuils, les autres debout sous la voûte de l'immense cheminée, d'autres causant dans l'embrasure des croisées, sous de larges tapisseries. Les uns étaient des hommes obscurs, fort illustres à présent; les autres, des hommes illustres, fort obscurs pour nous, postérité. Ainsi, parmi ces derniers, il salua profondément MM. d'Aubijoux, de Brion, de Montmort, et d'autres gentilshommes très brillants, qui se trouvaient là pour juger; serra la main tendrement et avec estime à MM. de Monteruel, de Sirmond, de Malleville, Baro, Gombauld, et d'autres savants, presque tous appelés grands hommes dans les annales de l'Académie, dont ils étaient fondateurs, et nommée elle-même alors tantôt l'*Académie des beaux esprits*, tantôt l'*Académie éminente*. Mais M. Desbarreaux fit à peine un signe de tête protecteur au jeune Corneille, qui parlait dans un coin avec un étranger et un adolescent qu'il présentait à la maîtresse de la maison sous le nom de M. Poquelin, fils du valet de chambre tapissier du Roi. L'un était Molière, et l'autre Milton [1].

Avant la lecture que l'on attendait du jeune sybarite, une grande contestation s'éleva entre lui et d'autres poètes ou prosateurs du temps ; ils parlaient entre eux avec beaucoup de facilité, échangeant de vives répliques, un langage inconcevable pour un honnête homme qui fût tombé tout à coup parmi eux sans être initié, se serrant vivement la main avec d'affectueux compliments et des allusions sans nombre à leurs ouvrages.

— « Ah ! vous voilà donc, illustre Baro ! s'écria le nouveau-venu ; j'ai lu votre dernier sixain. Ah ! quel sixain ! comme il est poussé dans le galant et le tendre !

— Que dites-vous du Tendre ? interrompit Marion Delorme. Avez-vous jamais connu ce pays ? Vous vous êtes arrêté au village de Grand-Esprit et à celui de Jolis-Vers, mais

---

1. Milton passa en cette année même à Paris, en s'en retournant d'Italie en Angleterre. (Voyez *Teland's Life of Milton*.)

vous n'avez pas été plus loin. Si monsieur le gouverneur de Notre-Dame de la Garde veut nous montrer sa nouvelle carte, je vous dirai où vous en êtes. »

Scudéry se leva d'un air fanfaron et pédantesque, et, déroulant sur la table une sorte de carte géographique ornée de rubans bleus, il démontra lui-même les lignes d'encre rose qu'il y avait tracées.

— « Voici le plus beau morceau de la *Clélie*, dit-il; on trouve généralement cette carte fort galante, mais ce n'est qu'un simple enjouement de l'esprit, pour plaire à notre petite *cabale* littéraire. Cependant, comme il y a d'étranges personnes par le monde, j'appréhende que tous ceux qui la verront n'aient pas l'esprit assez bien tourné pour l'entendre. Ceci est le chemin que l'on doit suivre pour aller de *Nouvelle-Amitié* à *Tendre*; et remarquez, messieurs, que comme on dit Cumes sur la mer d'Ionie, Cumes sur la mer Tyrrhène, on dira *Tendre-sur-Inclination*, *Tendre-sur-Estime* et *Tendre-sur-Reconnaissance*. Il faudra commencer par habiter les villages de *Grand-Cœur*, *Générosité*, *Exactitude*, *Petits-Soins*, *Billet-Galant*, puis *Billet-Doux!...*

— Oh! c'est du dernier ingénieux! criaient Vaugelas, Colletet et tous les autres.

— Et remarquez, poursuivait l'auteur, enflé

de ce succès, qu'il faut passer par *Complaisance* et *Sensibilité,* et que, si l'on ne prend cette route, on court le risque de s'égarer jusqu'à *Tiédeur, Oubli,* et l'on tombe dans le lac d'*Indifférence.*

— Délicieux! délicieux! galant *au suprême!* s'écriaient tous les auditeurs. On n'a pas plus de génie!

— Eh bien, madame, reprenait Scudéry, je le déclare chez vous : cet ouvrage, imprimé sous mon nom, est de ma sœur; c'est elle qui a traduit *Sapho* d'une manière si agréable. » Et, sans en être prié, il déclama d'un ton emphatique des vers qui finissaient par ceux-ci :

> L'amour est un mal agréable [1]
> Dont mon cœur ne saurait guérir ;
> Mais quand il serait guérissable,
> Il est bien plus doux d'en mourir.

— « Comment! cette Grecque avait tant d'esprit que cela ? Je ne puis le croire! s'écria Marion Delorme; combien Mlle de Scudéry lui est supérieure! Cette idée lui appartient; qu'elle les mette dans *Clélie,* je vous en prie, ces vers charmants ; que cela figurera bien dans cette histoire romaine !

— A merveille! c'est parfait, dirent tous les

---

1. Lisez la *Clélie,* t. I.

savants : Horace, Arunce et l'aimable Porsenna sont des amants si galants ! »

Ils étaient tous penchés sur la carte de Tendre, et leurs doigts se croisaient et se heurtaient en suivant tous les détours des fleuves amoureux. Le jeune Poquelin osa élever une voix timide et son regard mélancolique et fin, et leur dit :

« A quoi cela sert-il ? est-ce à donner du bonheur ou du plaisir ? Monsieur ne me semble pas bien heureux, et je ne me sens pas bien gai. »

Il n'obtint pour réponse que des regards de dédain, et se consola en méditant *les Précieuses ridicules.*

Desbarreaux se préparait à lire un sonnet pieux qu'il s'accusait d'avoir fait dans sa maladie ; il paraissait honteux d'avoir songé un moment à Dieu en voyant le tonnerre, et rougissait de cette faiblesse ; la maîtresse de la maison l'arrêta :

« Il n'est pas temps encore de dire vos beaux vers, vous seriez interrompu ; nous attendons M. le grand-écuyer et d'autres gentilshommes ; ce serait un meurtre que de laisser parler un grand esprit pendant ce bruit et ces dérangements. Mais voici un jeune Anglais qui vient de voyager en Italie et retourne à Londres. On m'a dit qu'il composait un poème, je ne sais lequel; il va nous en dire quelques vers. Beaucoup de ces messieurs de la Compagnie Éminente savent l'anglais; et, pour les autres, il a fait traduire, par un ancien secrétaire du duc de Buckingham, les passages qu'il nous lira, et en voici des copies en français sur cette table. »

En parlant ainsi, elle les prit et les distribua à tous ses érudits. On s'assit, et l'on fit silence. Il fallut quelque temps pour décider le jeune étranger à parler et à quitter l'embrasure de la croisée, où il semblait s'entendre fort bien avec Corneille. Il s'avança enfin jusqu'au fauteuil placé près de la table; il semblait d'une santé faible, et tomba sur ce siège plutôt qu'il ne s'y assit. Il appuya son coude sur la table, et de sa main couvrit ses yeux grands et beaux, mais à demi fermés et rougis par des veilles ou des larmes. Il dit ses fragments de mémoire; ses auditeurs défiants le regardaient d'un air de hauteur ou du moins de protection; d'autres parcouraient nonchalamment la traduction de ses vers.

Sa voix, d'abord étouffée, s'épura par le cours même de son harmonieux récit; le souffle de l'inspiration poétique l'enleva bientôt à lui-même, et son regard, élevé au ciel, devint sublime comme celui du jeune évangéliste qu'inventa Raphaël, car la lumière s'y réfléchissait encore. Il annonça, dans ses vers al première désobéissance de l'homme, et invoqua le Saint-Esprit, qui préfère à tous les temples un cœur simple et pur, qui sait tout, et qui assistait à la naissance du Temps.

Un profond silence accueillit ce début, et un léger murmure s'éleva après la dernière pensée. Il n'entendait pas, il ne voyait qu'à travers un nuage, il était dans le monde de sa création; il poursuivit.

Il dit l'esprit infernal attaché dans un feu vengeur par des chaînes de diamants; le Temps partageant neuf fois le jour et la nuit aux mortels pendant sa chute; l'obscurité visible des prisons éternelles et l'océan flamboyant où flottaient les anges déchus; sa voix tonnante commença le discours du prince des démons: « Es-tu, disait-il, es-tu celui qu'entourait une lumière éblouissante dans les royaumes fortunés du jour? Oh! combien tu es déchu!... Viens avec moi... Et qu'importe ce champ de nos célestes batailles?. tout est-il perdu? Une indomptable volonté, l'esprit immuable de la vengeance, une haine mortelle, un courage qui ne sera jamais ployé, conserver cela, n'est-ce pas une victoire? »

Ici un laquais annonça d'une voix éclatante MM. de Montrésor et d'Entraigues. Ils saluèrent, parlèrent, dérangèrent les fauteuils, et s'établirent enfin. Les auditeurs en profitèrent pour entamer dix conversations particulières ; on n'y entendait guère que des paroles de blâme et des reproches de mauvais goût ; quelques hommes d'esprit, engourdis par la routine, s'écriaient qu'ils ne comprenaient pas, que c'était au-dessus de leur intelligence (ne croyant pas dire si vrai), et par cette fausse humilité s'attiraient un compliment, et au poète une injure : double avantage. Quelques voix prononcèrent même le mot de *profanation*.

Le poète, interrompu, mit sa tête dans ses deux mains et ses coudes sur la table pour ne pas entendre tout ce bruit de politesses et de critiques. Trois hommes seuls se rapprochèrent de lui : c'étaient un officier, Poquelin et Corneille ; celui-ci dit à l'oreille de Milton :

« Changez de tableau, je vous le conseille ; vos auditeurs ne sont pas à la hauteur de celui-ci. »

L'officier serra la main du poète anglais, et lui dit :

« Je vous admire de toute la puissance de mon âme. »

L'Anglais, étonné, le regarda et vit un visage spirituel, passionné et malade.

Il lui fit un signe de tête, et chercha à se recueillir pour continuer. Sa voix reprit une expression très douce à l'oreille et un accent paisible ; il parlait du bonheur chaste des deux plus belles créatures ; il peignit leur majestueuse nudité, la candeur et l'autorité de leur regard, puis leur marche au milieu des tigres et des lions qui se jouaient encore à leurs pieds ; il dit aussi la pureté de leur prière matinale, leurs sourires enchanteurs, les folâtres abandons de leur jeunesse et l'amour de leurs propos si douloureux au prince des démons.

De douces larmes bien involontaires coulaient des yeux de la belle Marion Delorme : la nature avait saisi son cœur malgré son esprit ; la poésie la remplit de pensées graves et religieuses dont l'enivrement des plaisirs l'avait toujours détournée ; l'idée de l'amour dans la vertu lui apparut pour la première fois avec toute sa beauté, et elle demeura comme frappée d'une baguette magique et changée en une pâle et belle statue.

Corneille, son jeune ami et l'officier étaient pleins d'une silencieuse admiration qu'ils n'osaient exprimer, car des voix assez élevées couvrirent celle du poète surpris.

— « On n'y tient pas ! s'écriait Desbarreaux : c'est d'un fade à faire mal au cœur !

— Et quelle absence de gracieux, de galant et de belle flamme ! disait froidement Scudéry.

— Ce n'est pas là notre immortel d'Urfé ! disait Baro le continuateur.

— Où est l'*Ariane ?* où est l'*Astrée ?* » s'écriait en gémissant Godeau l'annotateur.

Toute l'assemblée se soulevait ainsi avec d'obligeantes remarques, mais faites de manière à n'être entendues du poète que comme un murmure dont le sens était incertain pour lui ; il comprit pourtant qu'il ne produisait pas d'enthousiasme, et se recueillit avant de toucher une autre corde de sa lyre.

En ce moment on annonça le conseiller de Thou, qui, saluant modestement, se glissa en silence derrière l'auteur, près de Corneille, de Poquelin et du jeune officier. Milton reprit ses chants.

Il raconta l'arrivée d'un hôte céleste dans les jardins d'Éden, comme une seconde aurore au milieu du jour ; secouant les plumes de ses ailes divines, il remplissait les airs d'une odeur ineffable, et venait révéler à l'homme l'histoire des cieux ; la révolte de Lucifer revêtu d'une armure de diamant, élevé sur un char brillant comme le soleil, gardé par d'étincelants chérubins, et marchant contre l'Éternel. Mais Emmanuel paraît sur le char vivant du Seigneur, et les deux mille tonnerres de sa main droite roulent jusqu'à l'enfer, avec un bruit épouvantable, l'armée maudite confondue sous les immenses décombres du ciel démantelé.

Cette fois on se leva, et tout fut interrompu,

car les scrupules religieux étaient venus se liguer avec le faux goût ; on n'entendait que des exclamations qui obligèrent la maîtresse de la maison à se lever aussi pour s'efforcer de les cacher à l'auteur. Ce ne fut pas difficile, car il était tout entier absorbé par la hauteur de ses pensées ; son génie n'avait plus rien de commun avec la terre dans ce moment ; et, quand il rouvrit ses yeux sur ceux qui l'entouraient, il trouva près de lui quatre admirateurs dont la voix se fit mieux entendre que celle de l'assemblée.

Corneille lui dit cependant :

« Écoutez-moi. Si vous voulez la gloire présente, ne l'espérez pas d'un aussi bel ouvrage. La poésie pure est sentie par bien peu d'âmes ; il faut, pour le vulgaire des hommes, qu'elle s'allie à l'intérêt presque physique du drame. J'avais été tenté de faire un poème de *Polyeucte ;* mais je couperai ce sujet : j'en retrancherai les cieux, et ce ne sera qu'une tragédie.

— Que m'importe la gloire du moment ! répondit Milton ; je ne songe point au succès : je chante parce que je me sens poète ; je vais où l'inspiration m'entraîne ; ce qu'elle produit est toujours bien. Quand on ne devrait lire ces vers que cent ans après ma mort, je les ferais toujours.

— Ah ! moi, je les admire avant qu'ils ne

soient écrits, dit le jeune officier; j'y vois le Dieu dont j'ai trouvé l'image innée dans mon cœur.

— Qui me parle donc d'une manière si affable? dit le poète.

— Je suis René Descartes, reprit doucement le militaire.

— Quoi! monsieur! s'écria de Thou, seriez-vous assez heureux pour appartenir à l'auteur des *Principes?*

— J'en suis l'auteur, dit-il.

— Vous, monsieur! mais... cependant... pardonnez-moi... mais... n'êtes-vous pas homme d'épée? dit le conseiller rempli d'étonnement.

— Eh! monsieur, qu'a de commun la pensée avec l'habit du corps? Oui, je porte l'épée, et j'étais au siège de La Rochelle; j'aime la profession des armes, parce qu'elle soutient l'âme dans une région d'idées nobles par le sentiment continuel du sacrifice de la vie; cependant elle n'occupe pas tout un homme; on ne peut pas y appliquer ses pensées continuellement : la paix les assoupit. D'ailleurs on a aussi à craindre de les voir interrompues par un coup obscur ou un accident ridicule et intempestif; et si l'homme est tué au milieu de l'exécution de son plan, la postérité conserve de lui l'idée qu'il n'en avait pas, ou en avait conçu un mauvais; et c'est désespérant. »

De Thou sourit de plaisir en entendant ce langage simple de l'homme supérieur, celui qu'il aimait le mieux après le langage du cœur; il serra la main du jeune sage de la Touraine, et l'entraîna dans un cabinet voisin avec Corneille, Milton et Molière, et là ils eurent de ces conversations qui font regarder comme perdu le temps qui les précéda et le temps qui doit les suivre.

Il y avait deux heures qu'ils s'enchantaient de leurs discours, lorsque le bruit de la musique, des guitares et des flûtes, qui jouaient des menuets, des sarabandes, des allemandes et des danses espagnoles que la jeune Reine avait mises à la mode, le passage continuel des groupes de jeunes femmes et leurs éclats de rire, tout annonça qu'un bal commençait. Une très jeune et belle personne, tenant un grand éventail comme un sceptre, et, entourée de dix jeunes gens, entra dans leur petit salon retiré, avec sa cour brillante, qu'elle dirigeait comme une reine, et acheva de mettre en déroute les studieux causeurs.

— « Adieu, messieurs, dit de Thou : je cède la place à Mlle de Lenclos et à ses mousquetaires.

— Vraiment, messieurs, dit la jeune Ninon, vous faisons-nous peur? vous ai-je troublés? vous avez l'air de conspirateurs!

— Nous le sommes peut-être plus que ces messieurs, tout en dansant! dit Olivier d'Entraigues qui lui donnait la main.

— Oh! votre conjuration est contre moi, monsieur le page, » répondit Ninon, tout en regardant un autre chevau-léger et abandonnant à un troisième le bras qui lui restait, tandis que les autres cherchaient à se placer sur le chemin des œillades errantes ; car elle promenait sur eux ses regards brillants comme la flamme légère que l'on voit courir sur l'extrémité des flambeaux qu'elle allume tour à tour.

De Thou s'esquiva sans que personne songeât à l'arrêter, et descendait le grand escalier, lorsqu'il y vit monter le petit abbé de Gondi, tout rouge, en sueur et essoufflé, qui l'arrêta brusquement avec un air animé et joyeux.

— « Eh bien! eh bien! où allez-vous donc? laissez aller les étrangers et les savants, vous êtes des nôtres. J'arrive un peu tard, mais notre belle Aspasie me pardonnera. Pourquoi donc vous en allez-vous? est-ce que tout est fini?

— Mais il paraît que oui ; puisque l'on danse, la lecture est faite.

— La lecture, oui ; mais les serments? dit tout bas l'abbé.

— Quels serments? dit de Thou.

— M. le Grand n'est-il pas venu?

— Je croyais le voir ; mais je pense qu'il n'est pas venu ou qu'il est parti.

— Non, non, venez avec moi, dit l'étourdi, vous êtes des nôtres, parbleu ! Il est impossible que vous n'en soyez pas, venez. »

De Thou, n'osant refuser et avoir l'air de renier ses amis, même pour des parties de plaisir qui lui déplaisaient, le suivit, ouvrit deux cabinets et descendit un petit escalier dérobé. A chaque pas qu'il faisait, il entendait plus distinctement des voix d'hommes assemblés. Gondi ouvrit la porte. Un spectacle inattendu s'offrit à ses yeux.

La chambre où il entrait, éclairée par un demi-jour mystérieux, semblait l'asile des plus voluptueux rendez-vous ; on voyait d'un côté un lit doré, chargé d'un dais de tapisseries, empanaché de plumes, couvert de dentelles et d'ornements ; tous les meubles, ciselés et dorés, étaient d'une soie grisâtre richement brodée; des carreaux de velours s'étendaient aux pieds de chaque fauteuil sur d'épais tapis. De petits miroirs, unis l'un à l'autre par des ornements d'argent, simulaient une glace entière, perfection alors inconnue, et multipliaient partout leurs facettes étincelantes. Nul bruit extérieur ne pouvait parvenir dans ce lieu de délices ; mais les gens qu'il rassemblait paraissaient bien éloignés des pensées qu'il pouvait donner. Une foule d'hommes, qu'il reconnut pour des personnages de la cour ou des armées, se pressaient à l'entrée de cette chambre et se répandaient dans un appartement voisin qui paraissait plus vaste; attentifs, ils dévoraient des yeux le spectacle qu'offrait le premier salon. Là, dix jeunes gens debout et tenant à la main leurs épées nues, dont la pointe était baissée vers la terre, étaient rangés autour d'une table : leurs visages tournés du côté de Cinq-Mars annonçaient qu'ils venaient de lui adresser leur serment; le grand-écuyer était seul, devant la cheminée, les bras croisés et l'air profondément absorbé dans ses réflexions. Debout, près de lui, Marion Delorme, grave, recueillie, semblait lui avoir présenté ces gentilshommes.

Dès que Cinq-Mars aperçut son ami, il se précipita vers la porte qu'il ouvrait, en jetant un regard irrité à Gondi, et saisit de Thou par les deux bras en l'arrêtant sur le dernier degré :

« Que faites-vous ici? lui dit-il d'une voix étouffée; qui vous amène? que me voulez-vous? vous êtes perdu si vous entrez.

— Que faites-vous vous-même? que vois-je dans cette maison?

— Les conséquences de ce que vous savez; retirez-vous, vous dis-je; cet air est empoisonné pour tous ceux qui sont ici.

— Il n'est plus temps, on m'a déjà vu ; que dirait-on si je me retirais ? je les découragerais, vous seriez perdu. »

Tout ce dialogue s'était dit à demi-voix et précipitamment ; au dernier mot, de Thou, poussant son ami, entra, et d'un pas ferme traversa l'appartement pour aller vers la cheminée.

Cinq-Mars, profondément blessé, vint reprendre sa place, baissa la tête, se recueillit, et, relevant bientôt un visage plus calme, continua un discours que l'entrée de son ami avait interrompu :

« Soyez donc des nôtres, messieurs ; mais il n'est plus besoin de tant de mystères ; souvenez-vous que lorsqu'un esprit ferme embrasse une idée, il doit la suivre dans toutes ses conséquences. Vos courages vont avoir un plus vaste champ que celui d'une intrigue de cour. Remerciez-moi : en échange d'une conjuration, je vous donne une guerre. M. de Bouillon est parti pour se mettre à la tête de son armée d'Italie ; dans deux jours, et avant le Roi, je quitte Paris pour Perpignan ; venez-y tous, les Royalistes de l'armée nous y attendent. »

Ici, il jeta autour de lui des regards confiants et calmes ; il vit des éclairs de joie et d'enthousiasme dans tous les yeux de ceux qui l'entouraient. Avant de laisser gagner son propre cœur par la contagieuse émotion qui précède les grandes entreprises, il voulut s'assurer d'eux encore, et répéta d'un air grave :

« Oui, la guerre, messieurs, songez-y, une guerre ouverte. La Rochelle et la Navarre se préparent au grand réveil de leurs religionnaires, l'armée d'Italie entrera d'un côté, le frère du Roi viendra nous joindre de l'autre : l'homme sera entouré, vaincu, écrasé. Les Parlements marcheront à notre arrière-garde, apportant leur supplique au Roi, arme aussi forte que nos épées ; et, après la victoire, nous nous jetterons aux pieds de Louis XIII, notre maître, pour qu'il nous fasse grâce et nous pardonne de l'avoir délivré d'un ambitieux sanguinaire et de hâter sa résolution. »

Ici, regardant autour de lui, il vit encore une assurance croissante dans les regards et l'attitude de ses complices.

— « Quoi ! reprit-il, croisant ses bras et contenant encore avec effort sa propre émotion, vous ne reculez pas devant cette résolution qui paraîtrait une révolte à d'autres hommes qu'à vous ? Ne pensez-vous pas que j'aie abusé des pouvoirs que vous m'aviez remis ? J'ai porté loin les choses ; mais il est des temps où les rois veulent être servis comme malgré eux. Tout est prévu, vous le savez. Sedan nous ouvrira ses portes, et nous sommes assurés de l'Espagne.

Douze mille hommes de vieilles troupes entreront avec nous jusqu'à Paris. Aucune place pourtant ne sera livrée à l'étranger ; elles auront toutes garnison française, et seront prises au nom du Roi.

— Vive le Roi ! vive l'Union ! la nouvelle Union, la sainte Ligue ! s'écrièrent tous les jeunes gens de l'assemblée.

— Le voici venu, s'écria Cinq-Mars avec enthousiasme, le voici, le plus beau jour de ma vie ! O jeunesse, jeunesse, toujours nommée imprévoyante et légère de siècle en siècle ! de quoi t'accuse-t-on aujourd'hui ? Avec un chef de vingt-deux ans s'est conçue, mûrie, et va s'exécuter la plus vaste, la plus juste, la plus salutaire des entreprises. Amis, qu'est-ce qu'une grande vie, sinon une pensée de la jeunesse exécutée par l'âge mûr ? La jeunesse regarde fixement l'avenir de son œil d'aigle, y trace un large plan, y jette une pierre fondamentale ; et tout ce que peut faire notre existence entière, c'est d'approcher de ce premier dessein. Ah ! quand pourraient naître les grands projets, sinon lorsque le cœur bat fortement dans la poitrine ? L'esprit n'y suffirait pas, il n'est rien qu'un instrument. »

Une nouvelle explosion de joie suivait ces paroles, lorsqu'un vieillard à barbe blanche sortit de la foule.

— « Allons, dit Gondi à demi-voix, voilà le vieux chevalier de Guise qui va radoter et nous refroidir. »

En effet, le vieillard, serrant la main de Cinq-Mars, dit lentement et péniblement, après s'être placé près de lui :

« Oui, mon enfant, et vous, mes enfants, je vois avec joie que mon vieil ami Bassompierre sera délivré par vous, et que vous allez venger le comte de Soissons et le jeune Montmorency... Mais il convient à la jeunesse, tout ardente qu'elle est, d'écouter ceux qui ont beaucoup vu. J'ai vu la Ligue, mes enfants, et je vous dis que vous ne pourrez pas prendre cette fois, comme on fit alors, le titre de *sainte Ligue, sainte Union,* de *Protecteurs de saint Pierre* et *Piliers de l'Église,* parce que je vois que vous comptez sur l'appui des *huguenots;* vous ne pourrez non plus mettre sur votre grand sceau de cire verte un trône vide, puisqu'il est occupé par un roi.

— Vous pouvez dire par deux, interrompit Gondi en riant.

— Il est pourtant d'une grande importance, poursuivait le vieux Guise au milieu de ces jeunes gens en tumulte, il est pourtant d'une grande importance de prendre un nom auquel s'attache le peuple ; celui de *Guerre du bien public* a été pris autrefois, *Princes de la paix* dernièrement ; il faudrait en trouver un...

— Eh bien, la *Guerre du Roi,* dit Cinq-Mars...

— Oui, c'est cela ! *Guerre du Roi,* dirent Gondi et tous les jeunes gens.

— Mais, reprit encore le vieux ligueur, il serait essentiel aussi de se faire approuver par la faculté théologique de Sorbonne, qui sanctionna autrefois même les *haut-gourdiers* et les *sorgueurs*[1], et remettre en vigueur sa deuxième proposition : qu'il est permis au peuple de désobéir aux magistrats et de les pendre.

— Hé ! chevalier, s'écria Gondi, il ne s'agit plus de cela ; laissez parler M. le Grand ; nous ne pensons pas plus à la Sorbonne à présent qu'à votre saint Jacques Clément. »

On rit, et Cinq-Mars reprit :

« J'ai voulu, messieurs, ne vous rien cacher des projets de MONSIEUR, de ceux du duc de Bouillon et des miens, parce qu'il est juste qu'un homme qui joue sa vie sache à quel jeu ; mais je vous ai mis sous les yeux les chances les plus malheureuses, et je ne vous ai pas détaillé nos forces, parce qu'il n'est pas un de vous qui n'en sache le secret. Est-ce à vous, messieurs de Montrésor et de Saint-Thibal, que j'apprendrai les richesses que MONSIEUR

---

1. Termes des ligueurs.

met à notre disposition ? Est-ce à vous, monsieur d'Aignan, monsieur de Mouy, que je dirai combien de jeunes gentilshommes ont voulu s'adjoindre à vos compagnies de gens d'armes et de chevau-légers, pour combattre les Cardinalistes? combien en Touraine et dans l'Auvergne, où sont les terres de la maison d'Effiat, et d'où vont sortir deux mille seigneurs avec leurs vassaux? Baron de Beauvau, vous ferai-je redire le zèle et la valeur des cuirassiers que vous donnâtes au malheureux comte de Soissons, dont la cause était la nôtre, et que vous vîtes assassiner au milieu de son triomphe par celui qu'il avait vaincu avec vous ? Dirai-je à ces messieurs la joie du Comte-Duc [1] à la nouvelle de nos dispositions, et les lettres du Cardinal-Infant au duc de Bouillon? Parlerai-je de Paris à l'abbé de Gondi, à d'Entraigues, et à vous, messieurs, qui voyez tous les jours son malheur, son indignation et son besoin d'éclater? Tandis que tous les royaumes étrangers demandent la paix, que le Cardinal de Richelieu détruit toujours par sa mauvaise foi (comme il l'a fait en rompant le traité de Ratisbonne), tous les ordres de l'État gémissent de ses violences et redoutent cette colossale ambition, qui ne tend pas moins

---

1. D'Olivarès, comte-duc de San-Lucar.

qu'au trône temporel et même spirituel de la France. »

Un murmure approbateur interrompit Cinq-Mars. On se tut un moment, et l'on entendit le son des instruments à vent et le trépignement mesuré du pied des danseurs.

Ce bruit causa un instant de distraction et quelques rires dans les plus jeunes gens de l'assemblée.

Cinq-Mars en profita, et levant les yeux :

« Plaisirs de la jeunesse, s'écria-t-il, amours, musique, danses joyeuses, que ne remplissez-vous seuls nos loisirs ! que n'êtes-vous nos seules ambitions ! Qu'il nous faut de ressentiments pour que nous venions faire entendre nos cris d'indignation à travers les éclats de la joie, nos redoutables confidences dans l'asile des entretiens du cœur, et nos serments de guerre et de mort au milieu de l'enivrement des fêtes de la vie !

« Malheur à celui qui attriste la jeunesse d'un peuple ! Quand les rides sillonnent le front de l'adolescent, on peut dire hardiment que le doigt d'un tyran les a creusées. Les autres peines du jeune âge lui donnent le désespoir, et non la consternation. Voyez passer en silence, chaque matin, ces étudiants tristes et mornes, dont le front est jauni, dont la démarche est lente et la voix basse ; on croirait qu'ils craignent de vivre et de faire un pas vers l'avenir. Qu'y a-t-il donc en France ? Un homme de trop.

« Oui, continua-t-il, j'ai suivi pendant deux années la marche insidieuse et profonde de son ambition. Ses étranges procédures, ses commissions secrètes, ses assassinats juridiques, vous sont connus : princes, pairs, maréchaux, tout a été écrasé par lui ; il n'y a pas une famille de France qui ne puisse montrer quelque trace douloureuse de son passage. S'il nous regarde tous comme ennemis de son autorité, c'est qu'il ne veut laisser en France que sa maison, qui ne tenait, il y a vingt ans, qu'un des plus petits fiefs du Poitou.

« Les Parlements humiliés n'ont plus de voix ; les présidents de Mesmes, de Novion, de Bellièvre, vous ont-ils révélé leur courageuse mais inutile résistance pour condamner à mort le duc de La Valette ?

« Les présidents et conseils des cours souveraines ont été emprisonnés, chassés, interdits chose inouïe ! lorsqu'ils ont parlé pour le Roi ou pour le public.

« Les premières charges de justice, qui les remplit ? des hommes infâmes et corrompus qui sucent le sang et l'or du pays. Paris et les villes maritimes taxées ; les campagnes ruinées et désolées par les soldats, sergents et gardes du scel; les paysans réduits à la nourriture et à la litière des animaux tués par la peste ou la faim, se sauvant en pays étranger : tel est l'ouvrage de cette nouvelle justice. Il est vrai que ces dignes agents ont fait battre monnaie à l'effigie du Cardinal-Duc. Voici de ses pièces royales. »

Ici le grand-écuyer jeta sur le tapis une vingtaine de doublons en or où Richelieu était représenté. Un nouveau murmure de haine pour le Cardinal s'éleva dans la salle.

— « Et croyez-vous le clergé moins avili et moins mécontent? Non. Les évêques ont été jugés contre les lois de l'État et le respect dû à leurs personnes sacrées. On a vu des corsaires d'Alger commandés par un archevêque. Des gens de néant ont été élevés au cardinalat. Le ministre même, dévorant les choses les plus saintes, s'est fait élire général des ordres de Cîteaux, Cluny, Prémontré, jetant dans les prisons les religieux qui lui refusaient leurs voix. Jésuites, Carmes, Cordeliers, Augustins, Jacobins ont été forcés d'élire en France des vicaires généraux pour ne plus communiquer à Rome avec leurs propres supérieurs, parce qu'il veut être patriarche en France et chef de l'église gallicane.

— C'est un schismatique, un monstre! s'écrièrent plusieurs voix.

« — Sa marche est donc visible, messieurs ; il est prêt à saisir le pouvoir temporel et spirituel ; il s'est cantonné, peu à peu, contre le Roi même, dans les plus fortes places de la France ; saisi des embouchures des principales rivières, des meilleurs ports de l'Océan, des salines et de toutes les sûretés du royame ; c'est donc le Roi qu'il faut délivrer de cette oppression. *Le Roi et la Paix* sera notre cri. Le reste à la Providence ! »

Cinq-Mars étonna beaucoup toute l'assemblée et de Thou lui-même par ce discours. Personne ne l'avait entendu jusque-là parler longtemps de suite, même dans les conversations familières ; et jamais il n'avait laissé entrevoir par un seul mot la moindre aptitude à connaître les affaires publiques ; il avait, au contraire, affecté une insouciance très grande aux yeux même de ceux qu'il disposait à servir ses projets, ne leur montrant qu'une indignation vertueuse contre les violences du ministre, mais affectant de ne mettre en avant aucune de ses propres idées, pour ne pas faire voir son ambition personnelle comme but de ses travaux. La confiance qu'on lui témoignait reposait sur sa faveur et sur sa bravoure. La surprise fut donc assez grande pour causer un moment de silence ; ce silence fut bientôt rompu par tous ces transports communs aux Français, jeunes ou vieux, lorsqu'on leur présente un avenir de combats, quel qu'il soit.

Parmi tous ceux qui vinrent serrer la main du jeune chef de parti, l'abbé de Gondi bondissait comme un chevreau.

— « J'ai déjà enrôlé mon régiment ! cria-t-il, j'ai des hommes superbes ! »

Puis, s'adressant à Marion Delorme :

« Parbleu, mademoiselle, je veux porter vos couleurs : votre ruban gris de lin et votre ordre de l'*Allumette*. La devise en est charmante :

Nous ne brûlons que pour brûler les autres,

et je voudrais que vous pussiez voir tout ce que nous ferons de beau, si par bonheur on en vient aux mains. »

La belle Marion, qui l'aimait peu, se mit à parler par-dessus sa tête à M. de Thou, mortification qui exaspérait toujours le petit abbé ; aussi la quitta-t-il brusquement en se redressant et relevant dédaigneusement sa moustache.

Tout à coup un mouvement de silence subit se fit dans l'assemblée : un papier roulé avait frappé le plafond et était venu tomber aux pieds de Cinq-Mars. Il le ramassa et le déplia, après avoir regardé vivement autour de lui ; on chercha en vain d'où il pouvait être venu ; tous ceux qui s'avancèrent n'avaient sur le visage que l'expression de l'étonnement et d'une grande curiosité.

— « Voici mon nom mal écrit, dit-il froidement.

A CINQ-MARCS

CENTURIE DE NOSTRADAMUS

Quand *bonnet rouge* passera par la fenêtre,
A *quarante onces* on coupera la tête,
  Et *tout* finira[1].

« Il y a un traître parmi nous, messieurs, ajouta-t-il en jetant ce papier. Mais que nous importe! Nous ne sommes pas gens à nous effrayer de ces sanglants jeux de mots.

— Il faut le chercher et le jeter par la fenêtre! » dirent les jeunes gens.

Cependant l'assemblée avait éprouvé une sensation fâcheuse, on ne se parlait plus qu'à l'oreille, et chacun regardait son voisin avec méfiance. Quelques personnes se retirèrent : la réunion s'éclaircit. Marion Delorme ne cessait de dire à chacun qu'elle chasserait ses gens, qui seuls devaient être soupçonnés. Malgré ses efforts, il régna dans cet instant quelque froideur dans la salle. Les premières phrases du

---

1. Cette sorte de prédiction en calembours fut publique trois mois avant la conjuration.

discours de Cinq-Mars laissaient aussi de l'incertitude sur les intentions du Roi, et cette franchise intempestive avait un peu ébranlé les caractères les moins fermes.

Gondi le fit remarquer à Cinq-Mars.

— « Écoutez, lui dit-il tout bas : croyez-moi, j'ai étudié avec soin les conspirations et les assemblées ; il y a des choses purement mécaniques qu'il faut savoir ; suivez mon avis ici : je suis vraiment devenu assez fort dans cette partie. Il leur faut encore un petit mot, et employez l'esprit de contradiction ; cela réussit toujours en France ; vous les réchaufferez ainsi. Ayez l'air de ne pas vouloir les retenir malgré eux, ils resteront. »

Le grand-écuyer trouva la recette bonne, et s'avançant vers ceux qu'il savait les plus engagés, leur dit :

« Du reste, messieurs, je ne veux forcer personne à me suivre ; assez de braves nous attendent à Perpignan, et la France entière est de notre opinion. Si quelqu'un veut s'assurer une retraite, qu'il parle ; nous lui donnerons les moyens de se mettre dès à présent en sûreté. »

Nul ne voulut entendre parler de cette proposition, et le mouvement qu'elle occasionna fit renouveler les serments de haine contre le Cardinal-Duc.

Cinq-Mars continua pourtant à interroger quelques personnes qu'il choisissait bien, car il finit par Montrésor, qui cria qu'il se passerait son épée à travers le corps s'il en avait eu la seule pensée, et par Gondi, qui, se dressant fièrement sur les talons, dit :

« Monsieur le grand-écuyer, ma retraite à moi, c'est l'archevêché de Paris et l'île Notre-Dame ; j'en ferai une place assez forte pour qu'on ne me l'enlève pas.

— La vôtre ? dit-il à de Thou.

— A vos côtés, répondit celui-ci doucement en baissant les yeux, ne voulant pas même donner de l'importance à sa résolution par la fermeté du regard.

— Vous le voulez ? eh bien, j'accepte, dit Cinq-Mars ; mon sacrifice est plus grand que le vôtre en cela. »

Puis, se retournant vers l'assemblée :

« Messieurs, dit-il, je vois en vous les derniers hommes de la France ; car, après les Montmorency et les Soissons, vous seuls osez encore lever une tête libre et digne de notre vieille franchise. Si Richelieu triomphe, les antiques monuments de la monarchie crouleront avec nous ; la cour régnera seule à la place des Parlements, antiques barrières et en même temps puissants appuis de l'autorité royale ; mais soyons vainqueurs, et la France nous devra la conservation de ses anciennes mœurs et de ses sûretés. Du reste, messieurs, il serait fâcheux de gâter un bal pour cela ; vous entendez la musique ; ces dames vous attendent ; allons danser.

— Le Cardinal payera les violons, » ajouta Gondi.

Les jeunes gens applaudirent en riant, et tous remontèrent vers la salle de danse comme ils auraient été se battre.

CHAPITRE XXI

LE CONFESSIONNAL

> C'est pour vous, beauté fatale, que je viens dans ce lieu terrible!
>
> LEWIS, *le Moine.*

'ÉTAIT le lendemain de l'assemblée qui avait eu lieu chez Marion Delorme. Une neige épaisse couvrait les toits de Paris, et fondait dans ses rues et dans ses larges ruisseaux, où elle s'élevait en monceaux grisâtres, sillonnés par les roues de quelques chariots.

Il était huit heures du soir et la nuit était

sombre; la ville du tumulte était silencieuse à cause de l'épais tapis que l'hiver y avait jeté. Il empêchait d'entendre le bruit des roues sur la pierre, et celui des pas du cheval ou de l'homme. Dans une rue étroite qui serpente autour de la vieille église de Saint-Eustache, un homme, enveloppé dans son manteau, se promenait lentement, et cherchait à distinguer si rien ne paraissait au détour de la place ; souvent il s'asseyait sur l'une des bornes de l'église, se mettant à l'abri de la fonte des neiges sous ces statues horizontales de saints qui sortent du toit de ce temple, et s'allongent presque de toute la largeur de la ruelle, comme des oiseaux de proie qui, prêts à s'abattre, ont reployé leurs ailes. Souvent ce vieillard, ouvrant son manteau, frappait ses bras contre sa poitrine en les croisant et les étendant rapidement pour se réchauffer, ou bien soufflait dans ses doigts, que garantissait mal du froid une paire de gants de buffle montant jusqu'au coude. Enfin, il aperçut une petite ombre qui se détachait sur la neige et glissait contre la muraille.

— « Ah ! santa Maria ! quels vilains pays que ceux du Nord ! dit une petite voix en tremblant. Ah ! le *duzé di* Mantoue ! que ze voudrais y être encore, mon vieux Grandchamp !

— Allons ! allons ! ne parlez pas si haut,

répondit le vieux domestique ; les murs de Paris ont des oreilles de cardinal, et surtout les églises. Votre maîtresse est-elle entrée ? Mon maître l'attendait à la porte.

— Oui, oui, elle est entrée dans l'église.

— Taisez-vous, dit Grandchamp, le son de l'horloge est fêlé, c'est mauvais signe.

— Cette horloge a sonné l'heure d'un rendez-vous.

— Pour moi, elle sonne une agonie. Mais, taisez-vous, Laura, voici trois manteaux qui passent. »

Ils laissèrent passer trois hommes. Grandchamp les suivit, s'assura du chemin qu'ils prenaient, et revint s'asseoir ; il soupira profondément.

— « La neige est froide, Laura, et je suis vieux. M. le Grand aurait bien pu choisir un autre de ses gens pour rester en sentinelle comme je fais pendant qu'il fait l'amour. C'est bon pour vous de porter des poulets et des petits rubans, et des portraits et autres fariboles pareilles ; pour moi, on devrait me traiter avec plus de considération, et M. le maréchal n'aurait pas fait cela. Les vieux domestiques font respecter une maison.

— Votre maître est-il arrivé depuis longtemps, *caro amico ?*

— Et *cara ! caro !* laissez-moi tranquille. Il

y avait une heure que nous gelions quand vous êtes arrivées toutes les deux ; j'aurais eu le temps de fumer trois pipes turques. Faites votre affaire, et allez voir aux autres entrées de l'église s'il rôde quelqu'un de suspect ; puisqu'il n'y a que deux vedettes, il faut qu'elles battent le champ.

— Ah ! *Signor Jesu !* n'avoir personne à qui dire une parole amicale quand il fait si froid ! Et ma pauvre maîtresse, venir à pied depuis l'hôtel de Nevers ! Ah ! *Amore qui regna, amore !*

— Allons ! Italienne, fais volte-face, te dis-je ; que je ne t'entende plus avec ta langue de musique.

— Ah ! Jésus ! la grosse voix, cher Grandchamp ! Vous étiez bien plus aimable à Chaumont, dans la *Turena,* quand vous me parliez de *miei occhi* noirs.

— Tais-toi, bavarde ! encore une fois, ton italien n'est bon qu'aux baladins et aux danseurs de corde, pour amuser les chiens savants.

— Ah ! *Italia mia !* Grandchamp, écoutez-moi, et vous entendrez le langage de la Divinité. Si vous étiez un galant *uomo,* comme celui qui a fait ceci pour une Laura comme moi...

Et elle se mit à chanter à demi-voix :

« Lieti fiori e felici, e ben nate erbe
Che Madona pensanda premer sole;
Piagga ch'ascolti su dolci parole
E del ben piede alcun vestigio serbe. » [1]

Le vieux soldat était peu accoutumé à la voix d'une jeune fille; et, en général, lorsqu'une femme lui parlait, le ton qu'il prenait en lui répondant était toujours flottant entre une politesse gauche et la mauvaise humeur. Cependant, cette fois, en faveur de la chanson italienne, il sembla s'attendrir, et retroussa sa moustache, ce qui était chez lui un signe d'embarras et de détresse; il fit entendre même un bruit rauque assez semblable au rire, et dit :

« C'est assez gentil, mordieu! cela me rappelle le siège de Casal; mais tais-toi, petite; je n'ai pas encore entendu venir l'abbé Quillet, cela m'inquiète; il faut qu'il soit arrivé avant nos deux jeunes gens, et depuis longtemps... »

Laura, qui avait peur d'être envoyée seule sur la place Saint-Eustache, lui dit qu'elle était

---

[1]. Rive où Laure égarait ses pas et ses pensées,
    Qui de sa voix touchante écoutais les accents;
    Fleurs qui de vos parfums lui présentiez l'encens,
    Que ses pieds délicats ont doucement pressées.

    Pétrarque, *Trad. de Saint-Geniez.*

bien sûre que l'abbé était entré tout à l'heure et continua :

« Ombrose selve, ove percote il sole
Che vi fa co' suoi reggi alte e superbe.

— Hon ! dit en grommelant le bonhomme, j'ai les pieds dans la neige et une gouttière dans l'oreille ; j'ai le froid sur la tête et la mort dans le cœur, et tu ne me chantes que des violettes, du soleil, des herbes et de l'amour : tais-toi ! »

Et, s'enfonçant davantage sous l'ogive du temple, il laissa tomber sa vieille tête et ses cheveux blanchis sur ses deux mains, pensif et immobile. Laura n'osa plus lui parler.

Mais pendant que sa femme de chambre était allée trouver Grandchamp, la jeune et tremblante Marie avait poussé, d'une main timide, la porte battante de l'église : elle avait rencontré là Cinq-Mars, debout, déguisé, et attendant avec inquiétude. A peine l'eut-elle reconnu qu'elle marcha d'un pas précipité dans le temple, tenant son masque de velours sur son visage, et courut se réfugier dans un confessionnal, tandis que Henri refermait avec soin la porte de l'église qu'elle avait franchie. Il s'assura qu'on ne pouvait l'ouvrir du dehors, et vint après elle s'agenouiller, comme d'habitude, dans le lieu de la pénitence. Arrivé une heure avant elle avec son vieux valet, il avait trouvé cette porte ouverte, signe certain et convenu que l'abbé Quillet, son gouverneur, l'attendait à sa place accoutumée. Le soin qu'il avait d'empêcher toute surprise le fit rester lui-même à garder cette entrée jusqu'à l'arrivée de Marie : heureux de voir l'exactitude du bon abbé, il ne voulut pourtant pas quitter son poste pour l'en aller remercier. C'était un second père pour lui, à cela près de l'autorité, et il agissait avec ce bon prêtre sans beaucoup de cérémonie.

La vieille paroisse de Saint-Eustache était obscure ; seulement, avec la lampe perpétuelle brûlaient quatre flambeaux de cire jaune qui, attachés au-dessus des bénitiers, contre les principaux piliers, jetaient une lueur rouge sur les marbres bleus et noirs de la basilique déserte. La lumière pénétrait à peine dans les niches enfoncées des ailes du pieux bâtiment. Dans l'une de ces chapelles, et la plus sombre, était ce confessionnal, dont une grille de fer assez élevée, et doublée de planches épaisses, ne laissait apercevoir que le petit dôme et la croix de bois. Là s'agenouillèrent, de chaque côté, Cinq-Mars et Marie de Mantoue ; ils ne se voyaient qu'à peine, et trouvèrent que, selon son usage, l'abbé Quillet, assis entre eux, les avait entendus depuis longtemps. Ils pouvaient entrevoir, entre les petits grillages, l'ombre de son camail. Henri d'Effiat s'était approché lentement ; il venait arrêter et régler, pour ainsi dire, le reste de sa destinée. Ce n'était plus devant son Roi qu'il allait paraître, mais devant une souveraine plus puissante, devant celle pour laquelle il avait entrepris son immense ouvrage. Il allait éprouver sa foi et tremblait.

Il frémit surtout lorsque sa jeune fiancée fut agenouillée en face de lui ; il frémit parce qu'il ne put s'empêcher, à l'aspect de cet ange, de sentir tout le bonheur qu'il pourrait perdre ; il n'osa parler le premier, et demeura encore un instant à contempler sa tête dans l'ombre, cette jeune tête sur laquelle reposaient toutes ses espérances. Malgré son amour, toutes les fois qu'il la voyait, il ne pouvait se garantir de quelque effroi d'avoir tant entrepris pour une enfant dont la passion n'était qu'un faible reflet de la sienne, et qui n'avait peut-être pas apprécié tous les sacrifices qu'il avait faits, son caractère ployé pour elle aux complaisances d'un courtisan condamné aux intrigues et aux souffrances de l'ambition, livré aux combinaisons profondes, aux criminelles méditations, aux sombres et violents travaux d'un conspirateur. Jusque-là, dans leurs secrètes et chastes entrevues, elle avait toujours reçu chaque nouvelle de ses progrès dans sa carrière avec les transports de plaisir d'un enfant, mais sans apprécier la fatigue de chacun de ces pas si pesants que l'on fait vers les honneurs, et lui demandant toujours avec naïveté quand il serait Connétable enfin, et quand ils se marieraient, comme si elle eût demandé quand il viendrait au Carrousel, et si le temps était serein. Jusque-là, il avait souri de ces questions et de cette ignorance, pardonnable à dix-huit ans dans une jeune fille née sur un trône et accoutumée à des grandeurs pour ainsi dire naturelles et trouvées autour d'elle en venant à la vie; mais à cette heure, il fit de plus sérieuses réflexions sur ce caractère, et lorsque, sortant presque de l'assemblée imposante des conspirateurs, représentants de tous les ordres du royaume, son oreille, où résonnaient encore les voix mâles qui avaient juré d'entreprendre une vaste guerre, fut frappée des premières paroles de celle pour qui elle était commencée, il craignit, pour la première fois, que cette sorte d'innocence ne fût de la légèreté et ne s'étendît jusqu'au cœur : il résolut de l'approfondir.

— « Dieu ! que j'ai peur, Henri ! dit-elle en entrant dans le confessionnal; vous me faites venir sans gardes, sans carrosses; je tremble toujours d'être vue de mes gens en sortant de l'hôtel de Nevers. Faudra-t-il donc me cacher encore longtemps comme une coupable ? La

Reine n'a pas été contente lorsque je le lui ai avoué ; si elle m'en parle encore, ce sera avec son air sévère que vous connaissez, et qui me fait toujours pleurer : j'ai bien peur. »

Elle se tut, et Cinq-Mars ne répondit que par un profond soupir.

— « Quoi ! vous ne me parlez pas ? dit-elle.

— Sont-ce bien là toutes vos terreurs ? dit Cinq-Mars avec amertume.

— Dois-je en avoir de plus grandes ? O mon ami ! de quel ton, avec quelle voix me parlez-vous ? êtes-vous fâché parce que je suis venue trop tard ?

— Trop tôt, madame, beaucoup trop tôt, pour les choses que vous devez entendre, car je vous en vois bien éloignée. »

Marie, affligée de l'accent sombre et amer de sa voix, se prit à pleurer.

— « Hélas ! mon Dieu ! qu'ai-je donc fait, dit-elle, pour que vous m'appeliez madame et me traitiez si durement ?

— Ah ! rassurez-vous, reprit Cinq-Mars, mais toujours avec ironie. En effet, vous n'êtes pas coupable ; mais je le suis, je suis seul à l'être ; ce n'est pas envers vous, mais pour vous.

— Avez-vous donc fait du mal ? Avez-vous ordonné la mort de quelqu'un ? Oh ! non, j'en suis bien sûre, vous êtes si bon !

— Eh quoi ! dit Cinq-Mars, n'êtes-vous pour

rien dans mes projets ? ai-je mal compris votre pensée lorsque vous me regardiez chez la Reine ? ne sais-je plus lire dans vos yeux ? le feu qui les animait, était-ce un grand amour pour Richelieu ? cette admiration que vous promettiez à celui qui oserait tout dire au Roi, qu'est-elle devenue ? Est-ce un mensonge que tout cela ? »

Marie fondait en larmes.

— « Vous me parlez toujours d'un air contraint, dit-elle : je ne l'ai point mérité. Si je ne vous dis rien de cette conjuration effrayante, croyez-vous que je l'oublie ? ne me trouvez-vous pas assez malheureuse ? avez-vous besoin de voir mes pleurs ? les voilà. J'en verse assez en secret, Henri ; croyez que si j'ai évité, dans nos dernières entrevues, ce terrible sujet, c'était de crainte d'en trop apprendre : ai-je une autre pensée que celle de vos dangers ? ne sais-je pas bien que c'est pour moi que vous les courez ? Hélas ! si vous combattez pour moi, n'ai-je pas aussi à soutenir des attaques non moins cruelles ? Plus heureux que moi, vous n'avez à combattre que la haine, tandis que je lutte contre l'amitié : le Cardinal vous opposera des hommes et des armes ; mais la Reine, la douce Anne d'Autriche, n'emploie que de tendres conseils, des caresses, et quelquefois des larmes.

— Touchante et invincible contrainte, dit

Cinq-Mars avec amertume, pour vous faire accepter un trône. Je conçois que vous ayez besoin de quelques efforts contre de telles séductions ; mais avant tout, madame, il importe de vous délier de vos serments.

— Hélas ! grand Dieu ? qu'y a-t-il contre nous ?

— Il y a Dieu sur nous, et contre nous, reprit Henri d'une voix sévère ; le Roi m'a trompé. »

L'abbé s'agita dans le confessionnal. Marie s'écria :

« Voilà ce que je pressentais ; voilà le malheur que j'entrevoyais. Est-ce moi qui l'ai causé ?

— Il m'a trompé en me serrant la main, poursuivit Cinq-Mars ; il m'a trahi par le vil Joseph qu'on m'offre de poignarder. »

L'abbé fit un mouvement d'horreur qui ouvrit à demi la porte du confessionnal.

— « Ah ! mon père, ne craignez rien, continua Henri d'Effiat ; votre élève ne frappera jamais de tels coups. Ils s'entendront de loin, ceux que je prépare, et le grand jour les éclairera ; mais il me reste un devoir à remplir, un devoir sacré : voyez votre enfant s'immoler devant vous. Hélas ! je n'ai pas vécu longtemps pour le bonheur : je viens le détruire peut-être, par votre main, la même qui l'avait consacré. »

Il ouvrit, en parlant ainsi, le léger grillage qui le séparait de son vieux gouverneur; celui-ci, gardant toujours un silence surprenant, avança le camail sur son front.

— « Rendez, dit Cinq-Mars d'une voix moins ferme, rendez cet anneau nuptial à la duchesse de Mantoue; je ne puis le garder qu'elle ne me le donne une seconde fois, car je ne suis plus le même qu'elle promit d'épouser. »

Le prêtre saisit brusquement la bague et la passa au travers des losanges du grillage opposé; cette marque d'indifférence étonna Cinq-Mars.

— « Eh quoi ! mon père, dit-il, êtes-vous aussi changé ? »

Cependant Marie ne pleurait plus; mais élevant sa voix angélique qui éveilla un faible écho le long des ogives du temple, comme le plus doux soupir de l'orgue, elle dit :

« O mon ami ! ne soyez plus en colère, je ne vous comprends pas; pouvons-nous rompre ce que Dieu vient d'unir, et pourrais-je vous quitter quand je vous sais malheureux? Si le Roi ne vous aime plus, du moins vous êtes assuré qu'il ne viendra pas vous faire du mal, puisqu'il n'en a pas fait au Cardinal, qu'il n'a jamais aimé. Vous croyez-vous perdu parce qu'il n'aura pas voulu peut-être se séparer de son vieux serviteur? Eh bien, attendons le retour de son amitié ; oubliez ces conspirateurs qui m'effrayent. S'ils n'ont plus d'espoir, j'en remercie Dieu, je ne tremblerai plus pour vous. Qu'avez-vous donc, mon ami, et pourquoi nous affliger inutilement ? La Reine nous aime, et nous sommes tous deux bien jeunes, attendons. L'avenir est beau, puisque nous sommes unis et sûrs de nous-mêmes. Racontez-moi ce que le Roi vous disait à Chambord. Je vous ai suivi longtemps des yeux. Dieu ! que cette partie de chasse fût triste pour moi !

— Il m'a trahi ! vous dis-je, répondit Cinq-Mars ; et qui l'aurait pu croire, lorsque vous l'avez vu nous serrant la main, passant de son frère à moi et au duc de Bouillon, qu'il se faisait instruire des moindres détails de la conjuration, du jour même où l'on arrêterait Richelieu à Lyon, fixait le lieu de son exil (car ils voulaient sa mort ; mais le souvenir de mon père me fit demander sa vie) ? Le Roi disait que lui-même dirigerait tout à Perpignan ; et cependant Joseph, cet impur espion, sortait du cabinet des Lis ! O Marie ! vous l'avouerai-je ? au moment où je l'ai appris, mon âme a été bouleversée ; j'ai douté de tout, et il m'a semblé que le centre du monde chancelait en voyant la vérité quitter le cœur d'un roi. Je voyais s'écrouler tout notre édifice : une heure encore, et la conjuration s'évanouissait ; je vous perdais pour toujours ; un moyen me restait, je l'ai employé.

— Lequel? dit Marie.

— Le traité d'Espagne était dans ma main, je l'ai signé.

— O ciel! déchirez-le.

— Il est parti. .

— Qui le porte?

— Fontrailles.

— Rappelez-le.

— Il doit avoir déjà dépassé les défilés d'Oloron, dit Cinq-Mars, se levant debout. Tout est prêt à Madrid ; tout à Sedan ; des armées m'attendent, Marie ; des armées! et Richelieu est au milieu d'elles! Il chancelle, il ne faut plus qu'un seul coup pour le renverser, et vous êtes à moi pour toujours, à Cinq-Mars triomphant!

— A Cinq-Mars rebelle, dit-elle en gémissant.

— Eh bien, oui, rebelle, mais non plus favori! Rebelle, criminel, digne de l'échafaud, je le sais! s'écria ce jeune homme passionné en retombant à genoux ; mais rebelle par amour, rebelle pour vous, que mon épée va conquérir enfin tout entière.

— Hélas! l'épée que l'on trempe dans le sang des siens n'est-elle pas un poignard?

— Arrêtez, par pitié, Marie! Que des rois m'abandonnent, que des guerriers me délaissent, j'en serai plus ferme encore ; mais je serai vaincu par un mot de vous, et encore une fois le temps de réfléchir est passé pour moi ; oui, je suis criminel, c'est pourquoi j'hésite à me croire encore digne de vous. Abandonnez-moi, Marie, reprenez cet anneau.

— Je ne le puis, dit-elle, car je suis votre femme, quel que vous soyez.

— Vous l'entendez, mon père, dit Cinq-Mars, transporté de bonheur ; bénissez cette seconde union, c'est celle du dévouement, plus belle encore que celle de l'amour. Qu'elle soit à moi tant que je vivrai ! »

Sans répondre, l'abbé ouvrit la porte du confessionnal, sortit brusquement, et fut hors de l'église avant que Cinq-Mars eût le temps de se lever pour le suivre.

— « Où allez-vous ? qu'avez-vous ? » s'écria-t-il.

Mais personne ne paraissait et ne se faisait entendre.

— « Ne criez pas, au nom du ciel ! dit Marie, ou je suis perdue ! il a sans doute entendu quelqu'un dans l'église. »

Mais, troublé et sans lui répondre, d'Effiat, s'élançant sous les arcades et cherchant en vain son gouverneur, courut à une porte qu'il trouva fermée ; tirant son épée, il fit le tour de l'église, et, arrivant à l'entrée que devait garder Grandchamp, il l'appela et écouta.

— « Lâchez-le à présent, dit une voix au coin de la rue. »

Et des chevaux partirent au galop.

— « Grandchamp, répondras-tu ? cria Cinq-Mars.

— A mon secours, Henri, mon cher enfant ! répondit la voix de l'abbé Quillet.

— Eh ! d'où venez-vous donc ? Vous m'exposez ! » dit le grand-écuyer s'approchant de lui. Mais il s'aperçut que son pauvre gouverneur, sans chapeau, sous la neige qui tombait, n'était pas en état de lui répondre.

— « Ils m'ont arrêté, dépouillé, criait-il, les scélérats ! les assassins ! ils m'ont empêché d'appeler, ils m'ont serré les lèvres avec un mouchoir. »

A ce bruit Grandchamp survint enfin, se frottant les yeux comme un homme qui se réveille. Laura, épouvantée, courut dans l'église près de sa maîtresse ; tous rentrèrent précipitamment pour rassurer Marie, et entourèrent le vieil abbé.

— « Les scélérats ! ils m'ont attaché les mains comme vous voyez, ils étaient plus de vingt ; ils m'ont pris la clef de cette porte de l'église.

— Quoi ! tout à l'heure ? dit Cinq-Mars ; et pourquoi nous quittiez-vous ?

— Vous quitter ! Il y a plus de deux heures qu'ils me tiennent !

— Deux heures! s'écria Henri effrayé.

— Ah! malheureux vieillard que je suis! cria Grandchamp, j'ai dormi pendant le danger de mon maître! c'est la première fois!

— Vous n'étiez donc pas avec nous dans le confessionnal? poursuivit Cinq-Mars avec anxiété, tandis que Marie tremblante se pressait contre son bras.

— Eh quoi! dit l'abbé, n'avez-vous pas vu le scélérat à qui ils ont donné ma clef?

— Non! qui? dirent-ils tous à la fois.

— Le père Joseph! répondit le bon prêtre.

— Fuyez! vous êtes perdu!» s'écria Marie.

CHAPITRE XXII

L'ORAGE

Blow, blow, thou winter wind
Thou art not so unkina
As man's ingratitude :
Thy touth is not so keen,
Because thou art not seen.
Altho thy breath be rude,
Heig-ho! sing, heig-ho! unto the green holly.
Most friendship is feigning; most loving mere fouy.

SHAKESPEARE.

Souffle, souffle, vent d'hiver,
Tu n'es pas si cruel
Que l'ingratitude de l'homme ;
Ta dent n'est pas si pénétrante,
Car tu es invisible.
Quoique ton souffle soit rude,
Hé, ho, hé ! chante ; hé, ho, hé ! dans le houx vert.
La plupart des amis sont faux, les amants fous.

U milieu de cette longue et superbe chaîne des Pyrénées qui forme l'isthme crénelé de la Péninsule, au centre de ces pyramides bleues chargées de neige, de forêts et de gazons, s'ouvre un étroit défilé, un sentier taillé

dans le lit desséché d'un torrent perpendiculaire ; il circule parmi les rocs, se glisse sous les ponts de neige épaissie, serpente au bord des précipices inondés, pour escalader les montagnes voisines d'Urdoz et d'Oloron, et, s'élevant enfin sur leur dos inégal, laboure leur cime nébuleuse; pays nouveau qui a encore ses monts et ses profondeurs, tourne à droite, quitte la France et descend en Espagne. Jamais le fer relevé de la mule n'a laissé sa trace dans ces détours : l'homme peut à peine s'y tenir debout, il lui faut la chaussure de corde qui ne peut pas glisser, et le trèfle du bâton ferré qui s'enfonce dans les fentes des rochers.

Dans les beaux mois de l'été, le *pastour*, vêtu de sa cape brune, et le bélier noir à la longue barbe, y conduisent des troupeaux dont la laine tombante balaye le gazon. On n'entend plus dans ces lieux escarpés que le bruit des grosses clochettes que portent les moutons, et dont les tintements inégaux produisent des accords imprévus, des gammes fortuites, qui étonnent le voyageur et réjouissent leur berger sauvage et silencieux. Mais, lorsque vient le long mois de septembre, un linceul de neige se déroule de la cime des monts jusqu'à leur base, et ne respecte que ce sentier profondément creusé, quelques gorges ouvertes par les torrents, et quelques rocs de granit qui allongent leur forme bizarre comme les ossements d'un monde enseveli.

C'est alors qu'on voit accourir de légers troupeaux d'isards qui, renversant sur leur dos leurs cornes recourbées, s'élancent de rocher en rocher, comme si le vent les faisait bondir devant lui, et prennent possession de leur désert aérien ; des volées de corbeaux et de corneilles tournent sans cesse dans les gouffres et les puits naturels, qu'elles transforment en ténébreux colombiers, tandis que l'ours brun, suivi de sa famille velue qui se joue et se roule autour de lui sur la neige, descend avec lenteur de sa retraite envahie par les frimas. Mais ce ne sont là ni les plus sauvages ni les plus cruels habitants que ramène l'hiver dans ces montagnes ; le contrebandier rassuré se hasarde jusqu'à se construire une demeure de bois sur la barrière même de la nature et de la politique ; là des traités inconnus, des échanges occultes, se font entre les deux Navarres, au milieu des brouillards et des vents.

Ce fut dans cet étroit sentier, sur le *versant* de la France, qu'environ deux mois après les scènes que nous avons vues se passer à Paris, deux voyageurs venant d'Espagne s'arrêtèrent à minuit, fatigués et pleins d'épouvante. On entendait des coups de fusil dans la montagne.

— « Les coquins ! comme ils nous ont poursuivis! dit l'un d'eux; je n'en puis plus! sans vous j'étais pris.

— Et vous le serez encore, ainsi que ce damné papier, si vous perdez votre temps en paroles; voilà un second coup de feu sur le roc de Saint-Pierre de l'Aigle; ils nous croient partis par la côte du Limaçon; mais, en bas, ils s'apercevront du contraire. Descendez. C'est une ronde, sans doute, qui chasse les contrebandiers. Descendez!

— Eh! comment? je n'y vois pas.

— Descendez toujours, et prenez-moi le bras.

— Soutenez-moi; je glisse avec mes bottes, dit le premier voyageur, s'accrochant aux pointes du roc pour s'assurer de la solidité du terrain avant d'y mettre le pied.

— Allez donc, allez donc! lui dit l'autre en le poussant; voilà un de ces drôles qui passe sur notre tête.»

En effet, l'ombre d'un homme armé d'un long fusil se dessina sur la neige. Les deux aventuriers se tinrent immobiles. Il passa; ils continuèrent à descendre.

— « Ils nous prendront! dit celui qui soutenait l'autre, nous sommes tournés. Donnez-moi votre diable de parchemin; je porte l'habit des contrebandiers, et je me ferai passer pour tel en cherchant asile chez eux; mais vous n'auriez pas de ressource avec votre habit galonné.

— Vous avez raison, » dit son compagnon en s'arrêtant sur une pointe de roc.

Et, restant suspendu au milieu de la pente, il lui donna un rouleau de bois creux.

Un coup de fusil partit, et une balle vint s'enterrer en sifflant et en frissonnant dans la neige à leurs pieds.

— « Averti ! dit le premier. Roulez en bas ; si vous n'êtes pas mort, vous suivrez la route. A gauche du Gave est Sainte-Marie ; mais tournez à droite, traversez Oloron, et vous êtes sur le chemin de Pau et sauvé. Allons, roulez ! »

En parlant, il poussa son camarade, et, sans daigner le regarder, ne voulant ni monter ni descendre, se mit à suivre horizontalement le front du mont, en s'accrochant aux pierres, aux branches, aux plantes même, avec une adresse de chat sauvage, et bientôt se trouva sur un tertre solide, devant une petite case de planches à jour, à travers lesquelles on voyait une lumière. L'aventurier tourna tout autour comme un loup affamé autour d'un parc, et, appliquant son œil à l'une des ouvertures, vit des choses qui le décidèrent apparemment, car, sans hésiter, il poussa la porte chancelante, que ne fermait pas même un faible loquet. La case entière s'ébranla au coup de poing qu'il avait donné ; il vit alors qu'elle était divisée en deux cellules par une cloison. Un grand flambeau de cire jaune éclairait la première ; là, une jeune fille pâle et d'une effroyable maigreur, était accroupie dans un coin sur la terre humide où coulait la neige fondue sous les planches de la chaumière. Des cheveux noirs, mêlés et couverts de poussière, mais très longs, tombaient en désordre sur son vêtement de bure brune ; le capuchon rouge des Pyrénées couvrait sa tête et ses épaules ; elle baissait les yeux et filait une petite quenouille attachée à sa ceinture. L'entrée d'un homme ne la troubla pas.

— « Eh ! eh ! *la moza*,[1] lève-toi et donne-moi à boire ; je suis las et j'ai soif. »

La jeune fille ne répondit pas, et, sans lever les yeux, continua de filer avec application.

— « Entends-tu ? dit l'étranger la poussant avec le pied ; va dire au patron, que j'ai vu là, qu'un ami vient le voir, et donne-moi à boire avant. Je coucherai ici. »

Elle répondit d'une voix enrouée en filant toujours :

« Je bois la neige qui fond sur le rocher, ou l'écume verte qui nage sur l'eau des marais ; mais, quand j'ai bien filé, on me donne l'eau de la source de fer.

« Quand je dors, le lézard froid passe sur mon visage ; mais lorsque j'ai bien lavé une mule, on

---

1. La fille.

jette le foin ; le foin est chaud ; le foin est bon et chaud ; je le mets sur mes pieds de marbre.

— Quelle histoire me fais-tu là ? dit Jacques ; je ne parle pas de toi. »

Elle poursuivit :

« On me fait tenir un homme pendant qu'on le tue. Oh ! que j'ai eu du sang sur les mains ! Que Dieu leur pardonne si cela se peut. Ils m'ont fait tenir sa tête et le baquet rempli d'une eau rouge. O ciel ! moi qui étais l'épouse de Dieu ! On jette leurs corps dans l'abîme de neige ; mais le vautour les trouve ; il tapisse son nid avec leurs cheveux. Je te vois à présent plein de vie, je te verrai sanglant, pâle et mort. »

L'aventurier, haussant les épaules, se mit à siffler en entrant, et poussa la seconde porte ; il trouva l'homme qu'il avait vu par les fentes de la cabane ; il portait le *berret*[1] bleu des Basques sur l'oreille, et, couvert d'un ample manteau, assis sur un bât de mulet, courbé sur un large brasier de fonte, fumait un cigare et vidait une outre placée à son côté. La lueur de la braise éclairait son visage gras et jaune, ainsi que la chambre où étaient rangées des selles de mulet autour du *brasero* comme des sièges. Il souleva la tête sans se déranger.

---

1. Petit bonnet de laine.

— « Ah ! ah ! c'est toi, Jacques ? dit-il, c'est bien toi ? Quoiqu'il y ait quatre ans que je ne t'aie vu, je te reconnais, tu n'es pas changé, brigand ; c'est toujours ta grande face de vaurien. Mets-toi là et buvons un coup.

— Oui, me voilà encore ici ; mais comment diable y es-tu, toi ? Je te croyais juge, Houmain !

— Et moi, donc, je te croyais bien capitaine espagnol, Jacques !

— Ah ! je l'ai été quelque temps, c'est vrai, et puis prisonnier ; mais je m'en suis tiré assez joliment, et j'ai repris l'ancien état, l'état libre, la bonne vieille contrebande.

— Viva ! viva ! *jaleo!* s'écria Houmain ; nous autres braves, nous sommes bons à tout. Ah çà ! mais... tu as donc toujours passé par les autres *ports?*[1] car je ne t'ai pas revu depuis que j'ai repris le métier.

— Oui, oui, j'ai passé par où tu ne passeras pas, va ! dit Jacques.

— Et qu'apportes-tu ?

— Une marchandise inconnue ; mes mules viendront demain.

— Sont-ce les ceintures de soie, les cigares ou la laine ?

---

1. Noms des chemins qui mènent d'Espagne en France par les Pyrénées.

— Tu le sauras plus tard, amigo, dit le spadassin ; donne-moi l'outre, j'ai soif.

— Tiens, bois, c'est du vrai valdepenas ! Nous sommes si heureux ici, nous autres bandoleros ! Aï ! *jaleo ! jaleo !* [1] bois donc, les amis vont venir.

— Quels amis ? dit Jacques laissant retomber l'outre.

— Ne t'inquiète pas, bois toujours ; je vais te conter ça, et puis nous chanterons la Tirana [2] andalouse ! »

L'aventurier prit l'outre et fit semblant de boire tranquillement.

— « Quelle est donc cette grande diablesse que j'ai vue à ta porte ? reprit-il ; elle a l'air à moitié morte.

— Non, non ; elle n'est que folle ; bois toujours, je te conterai ça. »

Et, prenant à sa ceinture rouge le long poignard dentelé de chaque côté en manière de scie, Houmain s'en servit pour retourner et enflammer la braise, et dit d'un air grave :

« Tu sauras d'abord, si tu ne le sais pas, que là-bas (il montrait le côté de la France), ce vieux loup de Richelieu les mène tambour battant.

— Ah ! ah ! dit Jacques.

---

1. Exclamation et jurement habituel et intraduisible.
2. Sorte de ballade.

— Oui ; on l'appelle le *roi du Roi*. Tu sais ? Cependant, il y a un petit jeune homme qui est à peu près aussi fort que lui, et qu'on appelle M. le Grand. Ce petit bonhomme commande presque toute l'armée de Perpignan dans ce moment-ci, et il est arrivé il y a un mois ; mais le vieux est toujours à Narbonne, et il est bien fin. Pour le Roi, il est tantôt comme ci, tantôt comme ça (en parlant, Houmain retournait sa main sur le dos et du côté de la paume) ; oui, entre le zist et le zest. Mais en attendant qu'il se décide, moi je suis pour le zist, c'est-à-dire Cardinaliste, et j'ai toujours fait les affaires de monseigneur, depuis la première qu'il me donna il y a bientôt trois ans. Je vais te la conter.

Il avait besoin de gens de caractère et d'esprit pour une petite expédition, et me fit chercher pour être lieutenant criminel.

— Ah ! ah ! c'est un joli poste, on me l'a dit.

— Oui, c'est un trafic comme le nôtre, où l'on vend la corde au lieu du fil ; c'est moins honnête, car on tue plus souvent, mais aussi c'est plus solide : chaque chose a son prix.

— C'est juste, dit Jacques.

— Me voilà donc en robe rouge ; je servis à en donner une jaune en soufre à un grand beau garçon qui était curé à Loudun, et qui était dans un couvent de nonnes comme un loup dans la bergerie ; aussi il lui en cuit.

— Ah! ah! ah! c'est fort drôle! s'écria Jacques en riant.

— Bois toujours, continua Houmain. Oui, je t'assure, Jago, que je l'ai vu, après l'affaire, réduit en petits tas noirs comme ce charbon, tiens, ce charbon-là au bout de mon poignard. Ce que c'est de nous! voilà comme nous serons chez le diable.

— Oh! pas de ces plaisanteries-là! dit l'autre très gravement; vous savez bien que moi j'ai de la religion.

— Ah! je ne dis pas non; cela peut être, reprit Houmain du même ton, Richelieu est bien Cardinal! mais, enfin, n'importe. Tu sauras que, comme j'étais rapporteur, cela me rapporta...

— Ah! de l'esprit, coquin!

— Oui, toujours un peu! Je dis donc que cela me rapporta cinq cents piastres; car Armand Duplessis paye bien son monde; il n'y a rien à dire, si ce n'est que l'argent n'est pas à à lui; mais nous faisons tous comme cela. Alors, ma foi, j'ai voulu placer cet argent dans notre ancien négoce; je suis revenu ici. Le métier va bien, heureusement : il y a peine de mort contre nous, et la marchandise renchérit.

— Qu'est-ce que je vois là? s'écria Jacques; un éclair dans ce mois-ci!

— Oui, les orages vont commencer; il y en a déjà eu deux. Nous sommes dans le nuage;

entends-tu les roulements? Mais ce n'est rien; va, bois toujours. Il est une heure du matin à peu près; nous achèverons l'outre et la nuit ensemble. Je te disais donc que je fis connaissance avec notre président, un grand drôle nommé Laubardemont. Je ne sais pas si tu le connais.

— Oui, oui, un peu, dit Jacques; c'est un fier avare, mais c'est égal, parle.

— Eh bien! comme nous n'avions rien de caché l'un pour l'autre, je lui dis mes petits projets de commerce, et lui recommandai, quand l'occasion des bonnes affaires se présenterait, de penser à son camarade du tribunal. Il n'y a pas manqué; je n'ai pas à me plaindre.

— Ah! ah! dit Jacques. Et qu'a-t-il fait?

— D'abord il y a deux ans qu'il m'a amené lui-même, en croupe, sa nièce, que tu as vue à la porte.

— Sa nièce! dit Jacques en se levant, et tu la traites comme une esclave! *Demonio!*

— Bois toujours, continua Houmain en attisant doucement la braise avec son poignard; c'est lui-même qui l'a désiré. Rassieds-toi.»

Jacques se rassit.

— « Je crois, poursuivit le contrebandier, qu'il n'aurait pas même été fâché de la savoir... tu m'entends. Il aurait mieux aimé la savoir sous la neige que dessus, mais il ne voulait pas l'y mettre lui-même, parce qu'il est bon parent, comme il le dit.

— Et comme je le sais, dit le nouveau-venu, mais va...

— On conçoit qu'un homme comme lui, qui vit à la cour, n'aime pas avoir une nièce folle chez lui. C'est tout simple. Si j'avais continué aussi mon rôle d'homme de robe, j'en aurais fait autant en pareil cas. Mais ici nous ne représentons pas, comme tu vois, et je l'ai prise pour *criada*;[1] elle a montré plus de bon sens que je n'aurais cru, quoiqu'elle n'ait presque jamais dit qu'un seul mot, et qu'elle ait fait la délicate d'abord. A présent, elle brosse un mulet comme un garçon. Elle a un peu de fièvre depuis quelques jours cependant ; mais ça finira de manière ou d'autre. Ah çà ! ne va pas dire à Laubardemont qu'elle vit encore : il croirait que c'est par économie que je l'ai gardée pour servante.

— Comment ! est-ce qu'il est ici ? s'écria Jacques.

— Bois toujours, reprit le flegmatique Houmain, qui donnait lui-même un grand exemple de cette leçon, sa phrase favorite, et commençait à fermer à demi les yeux d'un air tendre. C'est, vois-tu, la seconde affaire que j'ai avec

1. Servante.

ce petit bon Lombard dimon, démon, des monts, comme tu voudrais. Je l'aime comme mes yeux, et je veux que nous buvions à sa santé ce petit vin de Jurançon que voici; c'est le vin d'un luron, du feu roi Henri. Que nous sommes heureux ici! L'Espagne dans la main droite, la France dans la gauche, entre l'outre et la bouteille! La bouteille! j'ai quitté tout pour elle ! »

Et il fit sauter le goulot d'une bouteille de vin blanc. Après en avoir pris de longues gorgées, il continua, tandis que l'étranger le dévorait des yeux :

« Oui, il est ici, et il doit avoir froid aux pieds, car il court la montagne depuis la fin du jour avec des gardes à lui et nos camarades, tu sais, nos *bandoleros,* les vrais *contrabandistas*

— Et pourquoi courent-ils ? dit Jacques.

— Ah! voilà le plaisant de l'affaire! dit l'ivrogne. C'est pour arrêter deux coquins qui veulent apporter ici soixante mille soldats espagnols en papier dans leur poche. Tu ne comprends pas peut-être à demi-mot, croquant! hein? eh bien! c'est pourtant comme je te dis, dans leur propre poche!

— Si, si, je comprends! dit Jacques en tâtant son poignard dans sa ceinture et regardant la porte.

— Eh bien! enfant du diable, chantons la

Tirana ; prends ta bouteille, jette ton cigare, et chante. »

A ces mots, l'hôte chancelant se mit à chanter en espagnol, entrecoupant ses chants de rasades qu'il jetait dans son gosier en se renversant, tandis que Jacques, toujours assis, le regardait d'un œil sombre à la lueur du brasier, et méditait ce qu'il allait faire.

« Moi qui suis contrebandier et qui n'ai peur de
« rien, me voilà. Je les défie tous, je veille sur
« moi-même et on me respecte.[1]

« *Ai, ai, ai, jaleo!* Jeunes filles, jeunes filles,
« qui veut m'acheter du fil noir ? »

La lueur d'un éclair entra par une petite lucarne, et remplit la chambre d'une odeur de

---

1. Aucune expression française ne peut représenter la précision énergique de cette romance espagnole. Il faut l'entendre chanter par la voix nasillarde et éclatante, dure et molle, vive et nonchalante tour à tour de quelque Andalous qui caresse de l'extrémité des doigts les cordes d'une petite guitare. Le mouvement est celui d'une danse, et les pensées celles d'un chant de guerre.

> Yo que soy contrabandista
> Y campo por mi respeto,
> A todos los desafio.
> Pues a nadie tengo miedo.
>
> Ay jaleo ! Muchachas,
> Qüien me marca un hilo negro ?
> Mi caballo esta cansado,
> Y yo me marcho corriendo.

soufre ; une effroyable détonation le suivit de près : la cabane trembla, et une poutre tomba en dehors.

— « Oh! eh! la maison! s'écria le buveur; le diable est chez nous! les amis ne viennent donc pas?

— Chantons, » dit Jacques en rapprochant le bât sur lequel il était assis de celui de Houmain.

Celui-ci but pour se raffermir, et reprit :

« *Jaleo! jaleo!* mon cheval est fatigué! et moi
« je marche en courant près de lui.

« *Aï! aï! aï!* la ronde vient et la fusillade
« s'élève dans la montagne.

« *Aï! aï! aï!* mon petit cheval, tire-moi de ce
« danger.

« Vive! vive mon cheval! mon cheval qui a le
« chanfrein blanc!

« Jeunes filles, *jaleo!* jeunes filles, achetez-moi
« du fil noir! »[1]

En achevant, il sentit son siège vaciller, et tomba à la renverse; Jacques, après s'en être

---

[1] Ay! ay! que viene la ronda
Y se mueve el tiroteo;
Ay! ay! cavallito mio,
Ay! saca me deste apriete.

Viva, viva mi cavallo,
Cavallo mio carreto :
Ay! jaleo! Muchachas, ay! jaleo ..

débarrassé ainsi, s'élançait vers la porte, lorsqu'elle s'ouvrit, et son visage se heurta contre la figure pâle et glacée de la folle. Il recula.

— « Le juge ! » dit-elle en entrant.

Et elle tomba étendue sur la terre froide.

Jacques avait déjà passé un pied par-dessus elle ; mais une autre figure apparut, livide et surprise, celle d'un homme de grande taille, couvert d'un manteau ruisselant de neige. Il recula encore, et rit d'horreur et de rage. C'était Laubardemont, suivi d'hommes armés ; ils se regardèrent.

— « Eh ! eh ! ca...a...ma...ra...de coquin ! dit Houmain, se relevant avec peine, serais-tu royaliste, par hasard ? »

Mais lorsqu'il vit ces deux hommes qui semblaient pétrifiés l'un par l'autre, il se tut comme eux, ayant la conscience de son ivresse, et s'approcha en trébuchant pour relever la folle, toujours étendue entre le juge et le capitaine. Le premier prit la parole :

« N'êtes-vous pas celui que nous poursuivions tout à l'heure ?

— C'est lui, dirent les gens de sa suite tout d'une voix ; l'autre est échappé. »

Jacques recula jusqu'aux planches fendues qui formaient le mur chancelant de la case ; s'enveloppant dans son manteau comme un ours acculé contre un arbre par une meute nombreuse, et voulant faire diversion et s'assurer un moment de réflexion, il répondit avec une voix forte et sombre :

« Le premier qui passera ce brasier et le corps de cette fille est un homme mort! »

Et il tira un long poignard de son manteau. En ce moment, Houmain, agenouillé, retourna la tête de la jeune femme; les yeux en étaient fermés; il l'approcha du brasier, dont la lueur l'éclaira.

— « Ah! grand Dieu! s'écria Laubardemont s'oubliant par effroi, Jeanne encore!

— Soyez tranquille, mon... on... seigneur, dit Houmain en essayant de soulever les longues paupières noires qui retombaient, et la tête qui se renversait comme un lin mouillé; soi...yez tranquille; ne... e... vou... ous fâchez pas, elle est bien morte, très morte. »

Jacques posa le pied sur ce corps comme sur une barrière, et, se courbant avec un rire féroce sous le visage de Laubardemont, lui dit à demi-voix :

« Laisse-moi passer, et je ne te compromettrai pas, courtisan; je ne dirai pas qu'elle fut ta nièce et que je suis ton fils. »

Laubardemont se recueillit, regarda ses gens qui se pressaient autour de lui avec des carabines avancées, et, leur faisant signe de se retirer à quelques pas, il répondit d'une voix très basse :

« Livre-moi le traité, et tu passeras.

— Le voilà dans ma ceinture ; mais, si l'on y touche, je t'appellerai mon père tout haut. Que dira ton maître ?

— Donne-le-moi, et je te pardonnerai ta vie.

— Laisse-moi passer, et je te pardonnerai de me l'avoir donnée.

— Toujours le même, brigand ?

— Oui, assassin !

— Que t'importe un enfant qui conspire ? dit le juge.

— Que t'importe un vieillard qui règne ? répondit l'autre.

— Donne-moi ce papier ; j'ai fait serment de l'avoir.

— Laisse-le-moi ; j'ai juré de le reporter.

— Quel peut être ton serment et ton Dieu ? dit Laubardemont.

— Et le tien, reprit Jacques, est-ce le crucifix de fer rouge ? »

Mais, se levant entre eux, Houmain, riant et chancelant, dit au juge en lui frappant sur l'épaule :

« Vous êtes bien longtemps à vous expliquer, l'...ami ; est-ce que vous le connaîtriez d'ancienne date ? C'est...est un bon garçon.

— Moi ? non ! s'écria Laubardemont à haute voix, je ne l'ai jamais vu. »

Pendant cet instant, Jacques, que protégeaient l'ivrogne et la petitesse de la chambre embarrassée, s'élança avec violence contre les faibles planches qui formaient le mur, d'un coup de talon en jeta deux dehors et passa par l'espace qu'elles avaient laissé. Tout ce côté de la cabane fut brisé, elle chancela tout entière ; le vent y entra avec violence.

— « Eh ! eh ! Demonio ! santo Demonio ! où vas-tu ? s'écria le contrebandier ; tu casses ma maison ! et c'est le côté du Gave. »

Tous s'approchèrent avec précaution, arrachèrent les planches qui restaient, et se penchèrent sur l'abîme. Ils contemplèrent un spectacle étrange : l'orage était dans toute sa force, et c'était un orage des Pyrénées ; d'immenses éclairs partaient ensemble des quatre points de l'horizon, et leurs feux se succédaient si vite qu'on n'en voyait pas l'intervalle, et qu'ils paraissaient immobiles et durables ; seulement la voûte flamboyante s'éteignait quelquefois tout à coup, puis reprenait ses lueurs constantes. Ce n'était plus la flamme qui semblait étrangère à cette nuit, c'était l'obscurité. L'on eût dit que, dans ce ciel naturellement lumineux, il se faisait des éclipses d'un moment : tant les éclairs étaient longs et tant leurs absences étaient rapides ! Les pics allongés et les rochers blanchis se détachaient sur ce fond rouge comme des blocs de marbre sur une coupole d'airain brûlant et simulant au milieu des frimas les prodiges du volcan ; les eaux jaillissaient comme des flammes, les neiges s'écoulaient comme une lave éblouissante.

Dans leur amas mouvant se débattait un homme, et ses efforts le faisaient entrer plus avant dans le gouffre tournoyant et liquide ; ses genoux ne se voyaient déjà plus ; en vain il tenait embrassé un énorme glaçon pyramidal et transparent, que les éclairs faisaient briller comme un rocher de cristal ; ce glaçon même fondait par sa base et glissait lentement sur la pente du rocher. On entendait sous la nappe de neige le bruit des quartiers de granit qui se heurtaient, en tombant, à des profondeurs immenses. Cependant on aurait pu le sauver encore ; l'espace de quatre pieds à peine le séparait de Laubardemont.

— « J'enfonce ! s'écria-t-il ! tends-moi quelque chose et tu auras le traité.

— Donne-le-moi, et je te tendrai ce mousquet, dit le juge.

— Le voilà, dit le spadassin, puisque le diable est pour Richelieu. »

Et, lâchant d'une main son glissant appui, il jeta un rouleau de bois dans la cabane. Laubardemont y rentra, se précipitant sur le traité comme un loup sur sa proie. Jacques avait en vain étendu son bras ; on le vit glisser lentement avec le bloc énorme et dégelé qui croulait sur lui, et s'enfoncer sans bruit dans les neiges.

— « Ah! misérable! tu m'as trompé! s'écria-t-il; mais on ne m'a pas pris le traité... je te l'ai donné... entends-tu... mon père! »

Il disparut sous la couche épaisse et blanche de la neige; on ne vit plus à sa place que cette nappe éblouissante que sillonnait la foudre en s'y éteignant; on n'entendit plus que les roulements du tonnerre et le sifflement des eaux qui tourbillonnaient contre les rochers; car les hommes groupés autour d'un cadavre et d'un scélérat, dans la chambre à demi brisée, se taisaient glacés par l'horreur, et craignaient que Dieu ne vînt à diriger la foudre.[1]

---

[1]. « Il vécut et mourut avec des brigands. Ne voilà-t-il pas une punition divine dans la famille de ce juge, pour expier en quelque façon la mort cruelle et impitoyable de ce pauvre *Grandier*, dont le sang crie vengeance. »

G. PATIN, lettre LXV, du 22 décembre 1631.

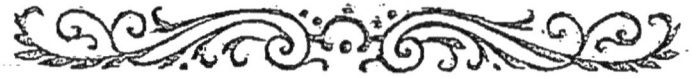

CHAPITRE XXIII

L'ABSENCE

L'absence est le plus grand des maux,
Non pas pour vous, cruelle !

LA FONTAINE.

UI de nous n'a trouvé du charme à suivre des yeux les nuages du ciel ? Qui ne leur a envié la liberté de leurs voyages au milieu des airs, soit lorsque, roulés en masse par les vents et colorés par le soleil, ils s'avancent paisiblement comme une flotte de sombres navires dont la proue serait dorée ; soit lorsque, parsemés en légers groupes, ils glissent

avec vitesse, sveltes et allongés comme des oiseaux de passage, transparents comme de vastes opales détachées du trésor des cieux, ou bien éblouissants de blancheur comme les neiges des monts que les vents emportent sur leurs ailes? L'homme est un lent voyageur qui envie ces passagers rapides, rapides moins encore que son imagination; ils ont vu pourtant, en un seul jour, tous les lieux qu'il aime par le souvenir ou l'espérance, ceux qui furent témoins de son bonheur ou de ses peines, et ces pays si beaux que l'on ne connaît pas, et où l'on croit tout rencontrer à la fois. Il n'est pas un endroit de la terre, sans doute, un rocher sauvage, une plaine aride où nous passons avec indifférence, qui n'ait été consacré dans la vie d'un homme et ne se peigne dans ses souvenirs; car, pareils à des vaisseaux délabrés, avant de trouver l'infaillible naufrage, nous laissons un débris de nous-mêmes sur tous les écueils.

Où vont-ils les nuages bleus et sombres de cet orage des Pyrénées? C'est le vent d'Afrique qui les pousse devant lui avec une haleine enflammée; ils volent, ils roulent sur eux-mêmes en grondant, jettent des éclairs devant eux, comme leurs flambeaux, et laissent pendre à leur suite une longue traînée de pluie comme une robe vaporeuse. Dégagés avec efforts des défilés de rochers qui avaient un moment arrêté leur course, ils arrosent, dans le Béarn, le pittoresque patrimoine d'Henri IV ; en Guienne, les conquêtes de Charles VII ; dans la Saintonge, le Poitou, la Touraine, celles de Charles V et de Philippe-Auguste, et, se ralentissant enfin au-dessus du vieux domaine de Hugues Capet, s'arrêtent en murmurant sur les tours de Saint-Germain.

— « Oh ! madame, disait Marie de Mantoue à la Reine, voyez-vous quel orage vient du Midi ?

— Vous regardez souvent de ce côté, ma chère, répondit Anne d'Autriche, appuyée sur le balcon.

— C'est le côté du soleil, madame.

— Et des tempêtes, dit la Reine, vous le voyez ; croyez-en mon amitié, mon enfant, ces nuages ne peuvent avoir rien vu d'heureux pour vous. J'aimerais mieux vous voir tourner les yeux vers le côté de la Pologne. Regardez à quel beau peuple vous pourriez commander. »

En ce moment, pour éviter la pluie qui commençait, le prince Palatin passait rapidement sous les fenêtres de la Reine avec une suite nombreuse de jeunes Polonais à cheval ; leurs vestes turques, couvertes de boutons de diamants, d'émeraudes et de rubis, leurs manteaux verts et gris de lin, les hautes plumes de leurs chapeaux et leur air d'aventure les faisaient briller d'un singulier éclat auquel la cour s'était habituée sans peine. Ils s'arrêtèrent un moment, et le prince salua deux fois, pendant que le léger animal qu'il montait marchait de côté, tournant toujours le front vers les princesses; se cabrant et hennissant, il agitait les crins de son cou et semblait saluer en mettant sa tête entre ses jambes; toute sa suite répéta cette même évolution en passant. La princesse Marie s'était d'abord jetée en arrière, de peur que l'on ne distinguât les larmes de ses yeux; mais ce spectacle brillant et flatteur la fit revenir sur le balcon, et elle ne put s'empêcher de s'écrier :

« Que le Palatin monte avec grâce ce joli cheval! Il semble n'y pas songer. »

La Reine sourit :

« Il songe à celle qui serait sa reine demain si elle voulait faire un signe de tête et laisser tomber sur ce trône un regard de ses grands yeux noirs en amande, au lieu d'accueillir toujours ces pauvres étrangers avec ce petit air boudeur, et en faisant la moue comme à présent. »

Anne d'Autriche donnait en parlant un petit coup d'éventail sur les lèvres de Marie, qui ne put s'empêcher de sourire aussi; mais à l'instant elle baissa la tête en se le reprochant, et se recueillit pour reprendre sa tristesse qui commençait à lui échapper. Elle eut même besoin de contempler encore les gros nuages qui planaient sur le château.

— « Pauvre enfant ! continua la Reine, tu fais tout ce que tu peux pour être bien fidèle et te bien maintenir dans la mélancolie de ton roman; tu te fais mal en ne dormant plus pour pleurer et en cessant de manger à table; tu passes la nuit à rêver ou à écrire; mais, je t'en avertis, tu ne réussiras à rien, si ce n'est à maigrir, à être moins belle et à n'être pas reine. Ton Cinq-Mars est un petit ambitieux qui s'est perdu. »

Voyant Marie cacher sa tête dans son mouchoir pour pleurer encore, Anne d'Autriche rentra un moment dans sa chambre en la laissant au balcon, et feignit de s'occuper à chercher des bijoux dans sa toilette; elle revint bientôt lentement et gravement se remettre à la fenêtre; Marie était plus calme, et regardait tristement la campagne, les collines de l'horizon, et l'orage qui s'étendait peu à peu.

La Reine reprit avec un ton plus grave :

« Dieu a eu plus de bonté pour vous que vos imprudences ne le méritaient peut-être, Marie ; il vous a sauvée d'un grand péril ; vous aviez voulu faire de grands sacrifices, mais heureusement ils ne se sont pas accomplis comme vous l'aviez cru. L'innocence vous a sauvée de l'amour ; vous êtes comme une personne qui, croyant se donner un poison mortel, n'aurait pris qu'une eau pure et sans danger.

— Hélas ! madame, que voulez-vous me dire ? Ne suis-je pas assez malheureuse ?

— Ne m'interrompez pas, dit la Reine ; vous allez voir avec d'autres yeux votre position présente. Je ne veux point vous accuser d'ingratitude envers le Cardinal ; j'ai trop de raisons de ne pas l'aimer ! j'ai moi-même vu naître la conjuration. Cependant vous pourriez, ma chère, vous rappeler qu'il fut le seul en France à vouloir, contre l'avis de la Reine-mère et de la cour, la guerre du duché de Mantoue, qu'il arracha à l'Empire et à l'Espagne et rendit au duc de Nevers votre père ; ici, dans ce château même de Saint-Germain, fut signé le traité qui renversait le duc de Guastalla.[1] Vous étiez bien jeune alors... On a dû vous l'apprendre pourtant. Voici toutefois que, par amour uniquement (je veux le croire comme vous), un jeune homme de vingt-deux ans est prêt à le faire assassiner...

— Oh ! madame, il en est incapable. Je vous jure qu'il l'a refusé...

— Je vous ai priée, Marie, de me laisser parler. Je sais qu'il est généreux et loyal ; je veux croire que, contre l'usage de notre temps,

---

1. Le 19 mai 1632.

il ait assez de modération pour ne pas aller jusque-là, et le tuer froidement, comme le chevalier de Guise a tué le vieux baron de Luz, dans la rue. Mais sera-t-il le maître de l'empêcher s'il le fait prendre à force ouverte? C'est ce que nous ne pouvons savoir plus que lui! Dieu seul sait l'avenir. Du moins est-il sûr que pour vous il l'attaque, et, pour le renverser, prépare la guerre civile, qui éclate peut-être à l'heure même où nous parlons, une guerre sans succès! De quelque manière qu'elle tourne, il ne peut réussir qu'à faire du mal, car MONSIEUR va abandonner la conjuration.

— Quoi! madame...

— Ecoutez-moi, vous dis-je, j'en suis certaine, je n'ai pas besoin de m'expliquer davantage. Que fera le grand-écuyer? Le Roi, il l'a bien jugé, est allé consulter le cardinal. Le consulter, c'est lui céder; mais le traité d'Espagne a été signé : s'il est découvert, que fera seul M. de Cinq-Mars? Ne tremblez pas ainsi, nous le sauverons, nous sauverons ses jours, je vous le promets; il en est temps... j'espère...

— Ah! madame! vous espérez! je suis perdue! s'écria Marie affaiblie et s'évanouissant à moitié.

— Asseyons-nous, » dit la Reine.

Et, se plaçant près de Marie, à l'entrée de la chambre, elle poursuivit :

« Sans doute Monsieur traitera pour tous les conjurés en traitant pour lui, mais l'exil sera leur moindre peine, l'exil perpétuel. Voilà donc la duchesse de Nevers et de Mantoue, la princesse Marie de Gonzague, femme de M. Henri d'Effiat, marquis de Cinq-Mars, exilé !

— Eh bien, madame ! je le suivrai dans l'exil : c'est mon devoir, je suis sa femme !... s'écria Marie en sanglotant ; je voudrais déjà l'y savoir en sûreté.

— Rêves de dix-huit ans ! dit la Reine en soutenant Marie. Réveillez-vous, enfant, réveillez-vous, il le faut ; je ne veux nier aucune des qualités de M. de Cinq-Mars. Il a un grand caractère, un esprit vaste, un grand courage ; mais il ne peut plus être rien pour vous, et heureusement vous n'êtes ni sa femme ni même sa fiancée.

— Je suis à lui, madame, à lui seul...

— Mais sans bénédiction, reprit Anne d'Autriche, sans mariage enfin : aucun prêtre ne l'eût osé ; le vôtre même ne l'a pas fait, et me l'a dit. Taisez-vous, ajouta-t-elle en posant ses deux belles mains sur la bouche de Marie, taisez-vous ! Vous allez me dire que Dieu a entendu vos serments, que vous ne pouvez vivre sans lui, que vos destinées sont inséparables, que la mort seule peut briser votre union : propos de votre âge, délicieuses chimères d'un moment dont vous sourirez un jour, heureuse de ne pas avoir à les pleurer toute votre vie. De toutes ces jeunes femmes si brillantes que vous voyez autour de moi, à la cour, il n'en est pas une qui n'ait eu, à votre âge, quelque beau songe d'amour comme le vôtre, qui n'ait formé de ces liens que l'on croit indissolubles, et n'ait fait en secret d'éternels serments. Eh bien, ces songes sont évanouis, ces nœuds rompus, ces serments oubliés; et pourtant vous les voyez femmes et mères heureuses, entourées des honneurs de leur rang; elles viennent rire et danser tous les soirs... Je devine encore ce que vous voulez me dire... Elles n'aimaient pas autant que vous, n'est-ce pas? Eh bien, vous vous trompez, ma chère enfant; elles aimaient autant et ne pleuraient pas moins. Mais c'est ici que je dois vous apprendre à connaître ce grand mystère qui fait votre désespoir, parce que vous ignorez le mal qui vous dévore. Notre existence est double, mon amie : notre vie intérieure, celle de nos sentiments, nous travaille avec violence, tandis que la vie extérieure nous domine malgré nous. On n'est jamais indépendante des hommes, et surtout dans une condition élevée. Seule, on se croit maîtresse de sa destinée; mais la vue de trois personnes qui surviennent nous rend toutes nos chaînes en nous rappelant notre rang et notre entourage. Que dis-je ? soyez enfermée et livrée à tout ce que les passions vous feront naître de résolutions courageuses et extraordinaires, vous suggéreront de sacrifices merveilleux, il suffira d'un laquais qui viendra vous demander vos ordres pour rompre le charme et vous rappeler votre existence réelle. C'est ce combat entre vos projets et votre position qui vous tue ; vous vous en voulez intérieurement, vous vous faites d'amers reproches. »

Marie détourna la tête.

— « Oui, vous vous croyez bien criminelle. Pardonnez-vous, Marie : tous les hommes sont des êtres tellement relatifs et dépendants les uns des autres, que je ne sais si les grandes retraites du monde, que nous voyons quelquefois, ne sont pas faites pour le monde même : le désespoir a sa recherche et la solitude sa coquetterie. On prétend que les plus sombres ermites n'ont pu se retenir de s'informer de ce qu'on disait d'eux. Ce besoin de l'opinion générale est un bien, en ce qu'il combat presque toujours victorieusement ce qu'il y a de déréglé dans notre imagination, et vient à l'aide des devoirs que l'on oublie trop aisément. On éprouve, vous le sentirez, j'espère, en reprenant son sort tel qu'il doit être, après le sacrifice de ce qui détournait de la raison, la satisfaction d'un exilé qui rentre dans sa famille; d'un malade qui revoit le jour et le soleil après une nuit troublée par le cauchemar. C'est ce sentiment d'un être revenu, pour ainsi dire, à son état naturel, qui donne le calme que vous voyez dans bien des yeux qui ont eu leurs larmes aussi ; car il est peu de femmes qui n'aient connu les vôtres. Vous vous trouveriez parjure en renonçant à Cinq-Mars ? Mais rien ne vous lie ; vous vous êtes plus qu'acquittée envers lui en refusant, durant plus de deux années, les mains royales qui vous étaient présentées. Eh ! qu'a-t-il fait, après tout, cet amant si passionné ? Il s'est élevé pour vous atteindre ; mais l'ambition, qui vous semble ici avoir aidé l'amour, ne pourrait-elle pas s'être aidée de lui ? Ce jeune homme me semble être bien profond, bien calme dans ses ruses politiques, bien indépendant dans ses vastes résolutions, dans ses monstrueuses entreprises, pour que je le croie uniquement occupé de sa tendresse. Si vous n'aviez été qu'un moyen au lieu d'un but, que diriez-vous ?

— Je l'aimerais encore, répondit Marie. Tant qu'il vivra, je lui appartiendrai, Madame.

— Mais tant que je vivrai, moi, dit la Reine avec fermeté, je m'y opposerai. »

A ces derniers mots, la pluie et la grêle tombèrent sur le balcon avec violence ; la Reine en profita pour quitter brusquement la porte et rentrer dans les appartements, où la duchesse de Chevreuse, Mazarin, Mme de Guéménée et le prince Palatin attendaient depuis un moment. La Reine marcha au-devant d'eux. Marie se plaça dans l'ombre près d'un rideau, afin qu'on ne vît pas la rougeur de ses yeux. Elle ne voulut point d'abord se mêler à la conversation trop enjouée; cependant quelques mots attirèrent son attention. La Reine montrait à la princesse de Guéménée des diamants qu'elle venait de recevoir de Paris.

— « Quant à cette couronne, elle ne m'appartient pas, le Roi a voulu la faire préparer pour la future Reine de Pologne; on ne sait qui ce sera. »

Puis, se tournant vers le prince Palatin :

« Nous vous avons vu passer, prince; chez qui donc alliez-vous?

— Chez Mlle la duchesse de Rohan, » répondit le Polonais.

L'insinuant Mazarin, qui profitait de tout pour chercher à deviner les secrets et à se rendre nécessaire par des confidences arrachées, dit en s'approchant de la Reine:

« Cela vient à propos quand nous parlions de la couronne de Pologne. »

Marie, qui écoutait, ne put soutenir ce mot devant elle, et dit à Mme de Guéménée, qui était à ses côtés :

« Est-ce que M. de Chabot est roi de Pologne ? »

La Reine entendit ce mot, et se réjouit de ce léger mouvement d'orgueil. Pour en développer le germe, elle affecta une attention approbative pour la conversation qui suivit et qu'elle encourageait.

La princesse de Guéménée se récriait :

« Conçoit-on un semblable mariage ? on ne peut le lui ôter de la tête. Enfin, cette même Mlle de Rohan, que nous vîmes toutes si fière, après avoir refusé le comte de Soissons, le duc de Weymar et le duc de Nemours, n'épouser qu'un gentilhomme ! cela fait pitié, en vérité ! Où allons-nous ? on ne sait ce que cela deviendra. »

Mazarin ajoutait d'un ton équivoque :

« Eh quoi ! est-ce bien vrai ? aimer ! à la cour ! un amour véritable, profond ! cela peut-il se croire ? »

Pendant ceci, la Reine continuait à fermer et rouvrir, en jouant, la nouvelle couronne.

— « Les diamants ne vont bien qu'aux cheveux noirs, dit-elle ; voyons, donnez votre front, Marie...

« Mais elle va à ravir, continua-t-elle.

— On la croirait faite pour madame la princesse, dit le Cardinal.

— Je donnerais tout mon sang pour qu'elle

demeurât sur ce front, » dit le prince Palatin.

Marie laissa voir, à travers les larmes qu'elle avait encore sur les joues, un sourire enfantin et involontaire, comme un rayon de soleil à travers la pluie ; puis, tout à coup, devenant d'une excessive rougeur, elle se sauva en courant dans les appartements.

On riait. La Reine la suivit des yeux, sourit, donna sa main à baiser à l'ambassadeur polonais, et se retira pour écrire une lettre.

CHAPITRE XXIV

LE TRAVAIL

> Peu d'esperance doiuent auoir les pauures et menues gens au fait de ce monde, puisque si grand Roy a tant souffert et tant trauaillé.
>
> PHILIPPE DE COMINES.

N soir, devant Perpignan, il se passa une chose inaccoutumée. Il était dix heures, et tout dormait. Les opérations lentes et presque suspendues du siège avaient engourdi le camp et la ville. Chez les Espagnols on s'occupait peu des Français, toutes les communications étant libres vers la Catalogne, comme en temps de paix, et dans l'armée

française tous les esprits étaient travaillés par cette secrète inquiétude qui annonce les grands événements. Cependant tout était calme en apparence; on n'entendait que le bruit des pas mesurés des sentinelles. On ne voyait, dans la nuit sombre, que la petite lumière rouge de la mèche toujours fumante de leurs fusils, lorsque tout à coup les trompettes des Mousquetaires, des Chevau-légers et des Gens d'armes sonnèrent presque en même temps le *boute-selle* et *à cheval*. Tous les factionnaires crièrent aux armes, et on vit les sergents de bataille, portant des flambeaux, aller de tente en tente, une longue pique à la main, pour réveiller les soldats, les ranger en ligne et les compter. De longs pelotons marchaient dans un sombre silence, circulaient dans les rues du camp et venaient prendre leur place de bataille; on entendait le choc des bottes pesantes et le bruit du trot des escadrons, annonçant que la cavalerie faisait les mêmes dispositions. Après une demi-heure de mouvements les bruits cessèrent, les flambeaux s'éteignirent, et tout rentra dans le calme; seulement l'armée était debout.

Des flambeaux intérieurs faisaient briller comme une étoile l'une des dernières tentes du camp; on distinguait, en approchant, cette petite pyramide blanche et transparente; sur sa toile se dessinaient deux ombres qui allaient et venaient. Dehors, plusieurs hommes à cheval attendaient ; dedans étaient de Thou et Cinq-Mars.

A voir ainsi levé et armé à cette heure le pieux et sage de Thou, on l'aurait pris pour l'un des chefs de la révolte. Mais en examinant de plus près sa contenance sévère et ses regards mornes, on aurait compris bientôt qu'il la blâmait et s'y laissait conduire et compromettre par une résolution extraordinaire qui l'aidait à surmonter l'horreur qu'il avait de l'entreprise en elle-même. Depuis le jour où Henri d'Effiat lui avait ouvert son cœur et confié tout son secret, il avait vu clairement que toute remontrance était inutile auprès d'un jeune homme aussi fortement résolu. Il avait même compris plus que M. de Cinq-Mars ne lui en avait dit, il avait vu dans l'union secrète de son ami avec la princesse Marie un de ces liens d'amour dont les fautes mystérieuses et fréquentes, les abandons voluptueux et involontaires, ne peuvent être trop tôt épurés par les publiques bénédictions. Il avait compris ce supplice impossible à supporter plus longtemps d'un amant, maître adoré de cette jeune personne, et qui chaque jour était condamné à paraître devant elle en étranger et à recevoir les confidences politiques des mariages que l'on préparait pour elle. Le jour où il avait reçu son entière confession, il avait tout tenté pour empêcher Cinq-Mars d'aller dans ses projets jusqu'à l'alliance étrangère. Il avait évoqué les plus graves souvenirs et les meilleurs sentiments, sans autre résultat que de rendre plus rude vis-à-vis de lui la résolution invincible de son ami. Cinq-Mars, on s'en souvient, lui avait dit durement : *Eh ! vous ai-je prié de prendre part à la conjuration ?* et lui, il n'avait voulu promettre que de ne pas le dénoncer, et il avait rassemblé toutes ses forces contre l'amitié pour dire : *N'attendez rien de plus de ma part si vous signez ce traité.* Cependant Cinq-Mars avait signé le traité, et de Thou était encore là, près de lui.

L'habitude de discuter familièrement les projets de son ami les lui avait peut-être rendus moins odieux ; son mépris pour les vices du Cardinal-Duc, son indignation de l'asservissement des Parlements, auxquels tenait sa famille, et de la corruption de la justice ; les noms puissants et surtout les nobles caractères des personnages qui dirigeaient l'entreprise, tout avait contribué à adoucir sa première et douloureuse impression. Ayant une fois promis le secret à M. de Cinq-Mars, il se considérait comme pouvant accepter en détail toutes les confidences secondaires ; et, depuis l'événement fortuit qui l'avait compromis chez Marion

Delorme parmi les conjurés, il se regardait comme lié par l'honneur avec eux, et engagé à un silence inviolable. Depuis ce temps il avait vu MONSIEUR, le duc de Bouillon et Fontrailles; ils s'étaient accoutumés à parler devant lui sans crainte, et lui à les entendre sans colère. A présent les dangers de son ami l'entraînaient dans leur tourbillon comme un aimant invincible. Il souffrait dans sa conscience; mais il suivait Cinq-Mars partout où il allait, sans vouloir par délicatesse excessive, hasarder désormais une seule réflexion qui eût pu ressembler à une crainte personnelle. Il avait donné sa vie tacitement, et eût jugé indigne de tous deux de faire signe de la vouloir reprendre.

Le grand-écuyer était couvert de sa cuirasse, armé, et chaussé de larges bottes. Un énorme pistolet était posé sur sa table, entre deux flambeaux, avec sa mèche allumée; une montre pesante dans sa boîte de cuivre devant le pistolet. De Thou, couvert d'un manteau noir, se tenait immobile, les bras croisés; Cinq-Mars se promenait les bras derrière le dos, regardant de temps à autre l'aiguille trop lente à son gré; il entr'ouvrit sa tente et regarda le ciel, puis revint :

« Je ne vois pas mon étoile en haut, dit-il, mais n'importe! elle est là, dans mon cœur.

— Le temps est sombre, dit de Thou.

— Dites que le temps s'avance. Il marche, mon ami, il marche; encore vingt minutes, et tout sera fait. L'armée attend le coup de pistolet pour commencer. »

De Thou tenait à la main un crucifix d'ivoire, et portait ses regards tantôt sur la croix, tantôt au ciel.

— « Voici l'heure, disait-il, d'accomplir le sacrifice; je ne me repens pas, mais que la coupe du péché a d'amertume pour mes lèvres! J'avais voué mes jours à l'innocence et aux travaux de l'esprit, et me voici prêt à commettre le crime et à saisir l'épée. »

Mais, prenant avec force la main de Cinq-Mars:

« C'est pour vous, c'est pour vous, ajouta-t-il avec l'élan d'un cœur aveuglément dévoué; je m'applaudis de mes erreurs si elles tournent à votre gloire, je ne vois que votre bonheur dans ma faute. Pardonnez-moi un moment de retour vers les idées habituelles de toute ma vie. »

Cinq-Mars le regardait fixement, et une larme coulait lentement sur sa joue.

— « Vertueux ami, dit-il, puisse votre faute ne retomber que sur ma tête! Mais espérons que Dieu, qui pardonne à ceux qui aiment, sera pour nous; car nous sommes criminels : moi par amour, et vous par amitié. »

Mais tout à coup, regardant la montre, il prit le long pistolet dans ses mains, et considéra la mèche fumante d'un air farouche. Ses longs cheveux tombaient sur son visage comme la crinière d'un jeune lion.

— « Ne te consume pas, s'écria-t-il, brûle lentement! Tu vas allumer un incendie que toutes les vagues de l'Océan ne sauraient éteindre; la flamme va bientôt éclairer la moitié d'un monde, et il se peut qu'on aille jusqu'au bois des trônes. Brûle lentement, flamme précieuse, les vents qui t'agiteront sont violents et redoutables : l'amour et la haine. Conserve-toi, ton explosion va retentir au loin, et trouvera des échos dans la chaumière du pauvre et dans le palais du roi. Brûle, brûle, flamme chétive tu es pour moi le sceptre et la foudre.»

De Thou, tenant toujours la petite croix d'ivoire, disait à voix basse :

« Seigneur, pardonnez-nous le sang qui sera versé ; nous combattrons le méchant et l'impie!»

Puis élevant la voix :

« Mon ami, la cause de la vertu triomphera, dit-il, elle triomphera seule. C'est Dieu qui a permis que le traité coupable ne nous parvînt pas : ce qui faisait le crime est anéanti, sans doute ; nous combattrons sans l'étranger, et peut-être même ne combattrons-nous pas ; Dieu changera le cœur du roi.

— Voici l'heure, voici l'heure! dit Cinq-Mars les yeux attachés sur la montre avec une sorte de rage joyeuse : encore quelques minutes, et les Cardinalistes du camp seront écrasés; nous marcherons sur Narbonne, il est là... Donnez ce pistolet. »

A ces mots, il ouvrit brusquement sa tente et prit la mèche du pistolet.

— « Courrier de Paris! courrier de la cour! » cria une voix au dehors.

Et un homme couvert de sueur, haletant de fatigue, se jeta en bas de son cheval, entra, et remit une petite lettre à Cinq-Mars.

— « De la Reine, Monseigneur, » dit-il.

Cinq-Mars pâlit, et lut :

« MONSIEUR LE MARQUIS
DE CINQ-MARS,

« Je vous fais cette lettre pour vous conjurer
« et prier de rendre à ses devoirs notre bien-
« aimée fille adoptive et amie, la princesse
« Marie de Gonzague, que votre affection dé-
« tourne seule du royaume de Pologne à elle
« offert. J'ai sondé son âme; elle est bien jeune
« encore, et *j'ai lieu de croire* qu'elle accepte-
« rait la couronne avec *moins d'efforts et de*
« *douleur que vous ne le pensez peut-être.*

« C'est pour elle que vous avez entrepris

« une guerre qui va mettre à feu et à sang
« mon beau et cher pays de France ; je vous
« conjure et supplie d'agir en gentilhomme, et
« de délier noblement la duchesse de Mantoue
« des promesses qu'elle aura pu vous faire.
« Rendez ainsi le repos à son âme et la paix
« à notre cher pays.

« La reine, qui se jette à vos pieds, s'il le
« faut.

« ANNE. »

Cinq-Mars remit avec calme le pistolet sur la table ; son premier mouvement avait fait tourner le canon contre lui-même ! Cependant il le remit, et, saisissant vite un crayon, écrivit sur le revers de la même lettre :

MADAME,

« Marie de Gonzague étant ma femme ne
« peut être reine de Pologne qu'après ma
« mort ; je meurs.

« CINQ-MARS. »

Et comme s'il n'eût pas voulu se donner un instant de réflexion, la mettant de force dans la main du courrier :

« A cheval ! à cheval ! lui dit-il d'un ton

furieux : si tu demeures un instant de plus, tu es mort. »

Il le vit partir et rentra.

Seul avec son ami, il resta un instant debout, mais pâle, l'œil fixe et regardant la terre comme un insensé. Il se sentit chanceler.

— « De Thou ! s'écria-t-il.

— Que voulez-vous, ami, cher ami ? Je suis près de vous. Vous venez d'être grand, bien grand ! sublime !

— De Thou ! » cria-t-il encore d'une voix étouffée.

Et il tomba la face contre terre, comme tombe un arbre déraciné.

Les vastes tempêtes prennent différents aspects, selon les climats où elles passent ; celles qui avaient une étendue terrible dans les pays du Nord se rassemblent, dit-on, en un seul nuage sous la zone torride, d'autant plus redoutables qu'elles laissent à l'horizon toute sa pureté, et que les vagues en fureur réfléchissent encore l'azur du ciel en se teignant du sang de l'homme. Il en est de même des grandes passions : elles prennent d'étranges aspects, selon nos caractères ; mais qu'elles sont terribles dans les cœurs vigoureux qui ont conservé leur force sous le voile des formes sociales ! Quand la jeunesse et le désespoir viennent à se réunir, on ne peut dire à quelles fureurs ils se porteront, ou quelle sera leur résignation subite ; on ne sait si le volcan va faire éclater la montagne, ou s'il s'éteindra tout à coup dans ses entrailles.

De Thou épouvanté releva son ami ; le sang ruisselait par ses narines et ses oreilles ; il l'aurait cru mort si des torrents de larmes n'eussent coulé de ses yeux ; c'était le seul signe de sa vie : mais tout à coup il rouvrit ses paupières, regarda autour de lui, et, avec une force de tête extraordinaire, reprit toutes ses pensées et la puissance de sa volonté.

— « Je suis en présence des hommes, dit-il, il faut en finir avec eux. Mon ami, il est onze heures et demie ; l'heure du signal est passée ; donnez pour moi l'ordre de rentrer dans les quartiers ; c'était une fausse alerte que j'expliquerai ce soir même. »

De Thou avait déjà senti toute l'importance de cet ordre : il sortit et revint sur-le-champ ; il retrouva Cinq-Mars assis, calme et cherchant à faire disparaître le sang de son visage.

— « De Thou, dit-il en le regardant fixement, retirez-vous, vous me gênez.

— Je ne vous quitte pas, répondit celui-ci.

— Fuyez, vous dis-je, les Pyrénées ne sont pas loin. Je ne sais plus parler longtemps, même pour vous ; mais si vous restez avec moi vous mourrez, je vous en avertis.

— Je reste, dit encore de Thou.

— Que Dieu vous préserve donc! reprit Cinq-Mars, car je n'y pourrai rien, ce moment passé. Je vous laisse ici. Appelez Fontrailles et tous les conjurés, distribuez-leur ces passe-ports, qu'ils s'enfuient sur-le-champ ; dites-leur que tout est manqué et que je les remercie. Pour vous, encore une fois, partez avec eux, je vous le demande ; mais, quoi que vous fassiez, sur votre vie, ne me suivez pas. Je vous jure de ne point me frapper moi-même.»

A ces mots, serrant la main de son ami sans le regarder, il s'élança brusquement hors de sa tente.

Cependant à quelques lieues de là se tenaient d'autres discours. A Narbonne, dans le même cabinet où nous vîmes autrefois Richelieu régler avec Joseph les intérêts de l'État, étaient encore assis ces deux hommes, à peu près les mêmes ; le ministre, cependant, fort vieilli par trois ans de souffrances, et le capucin aussi effrayé du résultat de ses voyages que son maître était tranquille.

Le Cardinal, assis dans sa chaise longue et les jambes liées et entourées d'étoffes chaudes et fourrées, tenait sur ses genoux trois jeunes chats qui se roulaient et se culbutaient sur sa robe rouge ; de temps en temps il en prenait un et le plaçait sur les autres pour perpétuer leurs jeux; il riait en les regardant; sur ses pieds était couchée leur mère, comme un énorme manchon et une fourrure vivante.

Joseph, assis près de lui, renouvelait le récit de tout ce qu'il avait entendu dans le confessionnal; pâlissant encore du danger qu'il avait couru d'être découvert ou tué par Jacques, il finit par ces paroles :

« Enfin, monseigneur, je ne puis m'empêcher d'être troublé jusqu'au fond du cœur lorsque je me rappelle les périls qui menaçaient et menacent encore Votre Éminence. Des spadassins s'offraient pour vous poignarder; je vois en France toute la cour soulevée contre vous, la moitié de l'armée et deux provinces; à l'étranger, l'Espagne et l'Autriche prêtes à fournir des troupes; partout des pièges ou des combats, des poignards ou des canons !... »

Le Cardinal bâilla trois fois sans cesser son jeu, et dit :

« C'est un bien joli animal qu'un chat ! c'est un tigre de salon : quelle souplesse ! quelle finesse extraordinaire ! Voyez ce petit jaune qui fait semblant de dormir pour que l'autre rayé ne prenne pas garde à lui, et tombe sur son frère ; et celui-là, comme il le déchire ! voyez comme il lui enfonce ses griffes dans le côté ! Il le tuerait, je crois, il le mangerait, s'il était plus fort ! C'est très plaisant ! Quels jolis animaux ! »

Il toussa, éternua assez longtemps, puis reprit :

« Messire Joseph, je vous ai fait dire de ne me parler d'affaires qu'après mon souper ; j'ai faim maintenant, et ce n'est pas mon heure ; mon médecin Chicot m'a recommandé la régularité, et j'ai ma douleur au côté. Voici quelle sera ma soirée, ajouta-t-il en regardant l'horloge : à neuf heures, nous réglerons les affaires de M. le Grand ; à dix, je me ferai porter autour du jardin pour prendre l'air au clair de la lune ; ensuite je dormirai une heure ou deux ; à minuit, le Roi viendra, et à quatre heures vous pourrez repasser pour prendre les divers ordres d'arrestations, condamnations ou autres que j'aurai à vous donner pour les provinces, Paris ou les armées de Sa Majesté. »

Richelieu dit tout ceci avec le même son de voix et une prononciation uniforme, altérée seulement par l'affaiblissement de sa poitrine et la perte de plusieurs dents.

Il était sept heures du soir ; le capucin se retira. Le Cardinal soupa avec la plus grande tranquillité, et, quand l'horloge frappa huit heures et demie, il fit appeler Joseph, et lui dit lorsqu'il fut assis près de la table :

« Voilà donc tout ce qu'ils ont pu faire contre moi pendant deux années ! Ce sont de pauvres gens, en vérité ! Le duc de Bouillon même, que je croyais assez capable, se perd tout à fait dans mon esprit par ce trait ; je l'ai suivi des yeux, et, je te le demande, a-t-il fait un pas digne d'un véritable homme d'Etat ? Le Roi, MONSIEUR, et tous les autres, n'ont fait que se monter la tête ensemble contre moi, et ne m'ont pas seulement enlevé un homme. Il n'y a que ce petit Cinq-Mars qui ait de la suite dans les idées ; tout ce qu'il a fait était conduit d'une manière surprenante ; il faut lui rendre justice, il avait des dispositions ; j'en aurais fait mon élève sans la roideur de son caractère ; mais il m'a rompu en visière, j'en suis bien fâché pour lui. Je les ai tous laissés nager plus de deux ans en pleine eau ; à présent tirons le filet.

— Il en est temps, monseigneur, dit Joseph, qui souvent frémissait involontairement en parlant. Savez-vous que de Perpignan à Narbonne le trajet est court ? savez-vous que, si vous avez ici une forte armée, vos troupes du camp sont faibles et incertaines ? que cette jeune noblesse est furieuse, et que le Roi n'est pas sûr ? »

Le Cardinal regarda l'horloge.

— « Il n'est encore que huit heures et demie, mons Joseph ; je vous ai déjà dit que je ne m'occuperais de cette affaire qu'à neuf heures. En attendant, comme il faut que justice se fasse, vous allez écrire ce que j'ai à vous dicter, car j'ai la mémoire fort bonne. Il reste encore au monde, je le vois sur mes notes, quatre des juges d'Urbain Grandier ; c'était un homme d'un vrai génie que cet Urbain Grandier (ajouta-t-il avec méchanceté ; — Joseph mordit ses lèvres) ; tous ses autres juges sont morts misérablement ; il reste Houmain, qui sera pendu comme contrebandier ; nous pouvons le laisser tranquille : mais voici cet horrible Lactance, qui vit en paix avec Barré et Mignon. Prenez une plume et écrivez à M. l'évêque de Poitiers :

« Monseigneur,

« Le bon plaisir de Sa Majesté est que les
« pères Barré et Mignon soient remplacés
« dans leurs cures, et envoyés dans le plus
« court délai dans la ville de Lyon, ainsi que le
« père Lactance, capucin, pour y être traduits
« devant un tribunal spécial, comme prévenus
« de quelques criminelles intentions envers
« l'État. »

Joseph écrivait aussi froidement qu'un Turc fait tomber une tête au geste de son maître.
Le Cardinal lui dit en signant la lettre :
« Je vous ferai savoir comment je veux qu'ils disparaissent ; car il est important d'ef-

facer toutes les traces de cet ancien procès. La Providence m'a bien servi en enlevant tous ces hommes ; j'achève son ouvrage. Voici tout ce qu'en saura la postérité. »

Et il lut au capucin cette page de ses Mémoires où il raconte la possession et les sortilèges du magicien. [1]

Pendant sa lente lecture, Joseph ne pouvait s'empêcher de regarder l'horloge.

— « Il te tarde d'en venir à M. le Grand, dit enfin le Cardinal ; eh bien, pour te faire plaisir, passons-y. Tu crois donc que je n'ai pas mes raisons pour être tranquille? Tu crois que j'ai laissé aller ces pauvres conspirateurs trop loin ? Non. Voici de petits papiers qui te rassureraient si tu les connaissais. D'abord, dans ce rouleau de bois creux est le traité avec l'Espagne, saisi à Oloron. Je suis très satisfait de Laubardemont : c'est un habile homme ! »

Le feu d'une féroce jalousie brilla sous les épais sourcils de Joseph.

— « Ah ! monseigneur, dit-il, ignore à quel homme il l'a arraché ; il est vrai qu'il l'a laissé mourir, et sous ce rapport on n'a pas à se plaindre ; mais enfin il était l'agent de la conjuration : c'était son fils.

---

1. Voyez les Mémoires de Richelieu, *Collection des Mémoires*, t. XXVIII, p. 139.

— Dites-vous la vérité? dit le Cardinal d'un air sévère ; oui, car vous n'oseriez pas mentir avec moi. Comment l'avez-vous su?

— Par les gens de sa suite, monseigneur ; voici leurs rapports ; ils comparaîtront. »

Le Cardinal examina ces papiers nouveaux et ajouta :

« Donc nous allons l'employer encore à juger nos conjurés, et ensuite vous en ferez ce que vous voudrez, je vous le donne. »

Joseph, joyeux, reprit ses précieuses dénonciations et continua :

« Son Éminence parle de juger des hommes encore armés et à cheval ?

— Ils n'y sont pas tous. Lis cette lettre de MONSIEUR à Chavigny ; il demande grâce, il en a assez. Il n'osait même pas s'adresser à moi le premier jour, et n'élevait pas sa prière plus haut que les genoux d'un de mes serviteurs. [1]

---

1. Copie textuelle de la correspondance de MONSIEUR et du cardinal de Richelieu :

A Monsieur de Chavigny.

« MONSIEUR DE CHAVIGNY,

« Encore que je croie que vous n'êtes pas satisfait de moy, et que véritablement vous en ayez sujet, je ne laisse pas de vous prier de travailler à mon accomodement avec Son Éminence, et d'attendre cet effet de la véritable affec-

Mais le lendemain il a repris courage et m'a envoyé celle-ci à moi-même[1] et une troisième pour le Roi.

Son projet l'étouffait, il n'a pas pu le garder. Mais on ne m'apaise pas à si peu de frais, il me faut une confession détaillée, ou bien je le chasserai du royaume. Je le lui ai fait écrire ce matin.[2]

tion que vous avez pour moy, qui, je crois, sera encore plus grande que votre colère. Vous sçavez le besoin que j'ai que vous me tiriez de la peine où je suis. Vous l'avez déjà fait deux fois auprès de Son Eminence. Je vous jure que ce sera la dernière fois que je vous donnerai de pareils employs.

« GASTON D'ORLÉANS. »

1. *A Son Excellence le Cardinal-Duc.*

« MON COUSIN,

« Ce mesconnoissant M. le Grand est homme du monde le plus coupable de vous avoir déplu ; les grâces qu'il recevoit de Sa Majesté m'ont toujours fait garder de lui et de tous ses artifices ; mais c'est pour vous, mon Cousin, que je conserve mon estime et mon amitié tout entière... Je suis touché d'un véritable repentir d'avoir encore manqué à la fidélité que je dois au Roy, monseigneur, et je prends Dieu à témoin de la sincérité avec laquelle je serai toute ma vie le plus fidèle de vos amis, et avec la mesme passion que je suis,

« Mon Cousin,

« Votre affectionné Cousin,

« GASTON. »

2. Réponse du Cardinal.

« MONSIEUR,

« Puisque Dieu veut que les hommes aient recours à une ingénue et entière confession pour être absous de leurs

Quant au magnifique et puissant duc de Bouillon, seigneur souverain de Sedan et général en chef des armées d'Italie, il vient d'être saisi par ses officiers au milieu de ses soldats, et s'était caché dans une botte de paille. Il reste donc encore seulement mes deux jeunes voisins. Ils s'imaginèrent avoir le camp tout entier à leurs ordres, et il ne leur demeure attaché que les Compagnies rouges ; tout le reste, étant à MONSIEUR, n'agira pas, et mes régiments les arrêteront. Cependant j'ai permis qu'on eût l'air de leur obéir. S'ils donnent le signal à onze heures et demie, ils seront arrêtés aux premiers pas, sinon le Roi me les livrera ce soir... N'ouvre pas tes yeux étonnés ; il va me les livrer, te dis-je, entre minuit et une heure. Vous voyez que tout s'est fait sans vous, Joseph ; nous nous en passons fort bien, et, pendant ce temps-là, je ne vois pas que nous ayons reçu de grands services de vous ; vous vous négligez.

— Ah ! monseigneur, si vous saviez ce qu'il m'a fallu de peines pour découvrir le chemin des messagers du traité ! Je ne l'ai su qu'en risquant ma vie entre ces deux jeunes gens... »

fautes en ce monde, je vous enseigne le chemin que vous devez tenir pour vous tirer de peine. Votre Altesse a bien commencé, c'est à elle d'achever. C'est tout ce que je puis vous dire. »

Ici le Cardinal se mit à rire d'un air moqueur du fond de son fauteuil.

— « Tu devais être bien ridicule et avoir bien peur dans cette boîte, Joseph, et je pense que c'est la première fois de ta vie que tu aies entendu parler d'amour. Aimes-tu ce langage-là, père Joseph ? et, dis-moi, le comprends-tu bien clairement ? Je ne crois pas que tu t'en fasses une idée très belle. »

Richelieu, les bras croisés, regardait avec plaisir son capucin interdit, et poursuivit du ton persifleur d'un grand seigneur qu'il prenait quelquefois, se plaisant à faire passer les plus nobles expressions par les lèvres les plus impures :

« Voyons, Joseph, fais-moi une définition de l'amour selon tes idées. Qu'est-ce que cela peut être ? car, enfin, tu vois que cela existe ailleurs que dans les romans. Ce bon jeune homme n'a fait toutes ces petites conjurations que par amour. Tu l'as entendu toi-même de tes oreilles indignes. Voyons, qu'est-ce que l'amour ? Moi, d'abord, je n'en sais rien. »

Cet homme fut anéanti et regarda le parquet avec l'œil stupide de quelque animal ignoble. Après avoir cherché longtemps, il répondit enfin d'une voix traînante et nasillarde :

« Ce doit être quelque fièvre maligne qui égare le cerveau ; mais, en vérité, monseigneur, je vous avoue que je n'y avais jamais réfléchi jusqu'ici, et j'ai toujours été embarrassé pour parler à une femme ; je voudrais qu'on pût les retrancher de la société, car je ne vois pas à quoi elles servent, si ce n'est à faire découvrir des secrets, comme la petite duchesse ou comme Marion Delorme, que je ne puis trop recommander à Votre Éminence. Elle a pensé à tout, et a jeté avec beaucoup d'adresse notre petite prophétie au milieu de ces conspirateurs. Nous n'avons pas manqué le *merveilleux*,[1] cette fois, comme pour le siège d'Hesdin ; il ne s'agira plus que de trouver une fenêtre par laquelle vous passerez le jour de l'exécution.

— Voilà encore de vos sottises, monsieur ? dit le Cardinal ; vous me rendrez aussi ridicule que vous, si vous continuez. Je suis trop fort pour me servir du ciel ; que cela ne vous arrive plus. Ne vous occupez que des gens que je vous donne : je vous ai fait votre part tout à l'heure. Quand le grand-écuyer sera pris, vous le ferez juger et exécuter à Lyon. Je ne veux

---

1. En 1638, le prince Thomas ayant fait lever le siège d'Hesdin, le Cardinal en fut très peiné. Une religieuse du couvent du Mont-Calvaire avait dit que la victoire seroit au Roy, et le père Joseph vouloit ainsi que l'on crût que le Ciel protégeoit le ministre.

(*Mémoires pour l'histoire du Cardinal de Richelieu.*)

plus m'en mêler, cette affaire est trop petite pour moi : c'est un caillou sous mes pieds, auquel je n'aurais pas dû penser si longtemps. »

Joseph se tut. Il ne pouvait comprendre cet homme qui, entouré d'ennemis armés, parlait de l'avenir comme d'un présent à sa disposition, et du présent comme d'un passé qu'il ne craignait plus. Il ne savait s'il devait le croire fou ou prophète, inférieur ou supérieur à l'humanité.

Sa surprise redoubla lorsque Chavigny entra précipitamment, et, heurtant ses bottes fortes contre le tabouret du Cardinal, de manière à courir les risques de tomber, s'écria d'un air fort troublé :

« Monseigneur, un de vos domestiques arrive de Perpignan, et il a vu le camp en rumeur et vos ennemis à cheval...

— Ils mettront pied à terre, monsieur, répondit Richelieu en replaçant son tabouret ; vous me paraissez manquer de calme.

— Mais... mais... monseigneur, ne faut-il pas avertir M. de Fabert ?

— Laissez-le dormir, et allez vous coucher vous-même, ainsi que Joseph.

— Monseigneur, une autre chose extraordinaire : le Roi vient.

— En effet, c'est extraordinaire, dit le ministre en regardant l'horloge ; je ne l'attendais que dans deux heures. Sortez tous deux. »

Bientôt on entendit un bruit de bottes et d'armes qui annonçait l'arrivée du prince. On ouvrit les deux battants ; les gardes du Cardinal frappèrent trois fois leurs piques sur le parquet, et le Roi parut.

Il marchait en s'appuyant sur une canne de jonc d'un côté, et de l'autre sur l'épaule de son confesseur, le père Sirmond, qui se retira et le laissa avec le Cardinal. Celui-ci s'était levé avec la plus grande peine et ne put faire un pas au devant du Roi, parce que ses jambes malades étaient enveloppées. Il fit le geste d'aider le prince à s'asseoir près du feu, en face de lui. Louis XIII tomba dans un grand fauteuil garni d'oreillers, demanda et but un verre d'élixir préparé pour le fortifier contre les évanouissements fréquents que lui causait sa maladie de langueur, fit un geste pour éloigner tout le monde, et, seul avec Richelieu, lui parla d'une voix languissante :

« Je m'en vais, mon cher Cardinal ; je sens que je m'en vais à Dieu : je m'affaiblis de jour en jour ; ni l'été ni l'air du Midi ne m'ont rendu mes forces.

— Je précéderai Votre Majesté, répondit le ministre ; la mort a déjà conquis mes jambes, vous le voyez ; mais tant qu'il me restera la tête pour penser et la main pour écrire, je serai bon pour votre service.

— Et je suis sûr que votre intention était d'ajouter : le cœur pour m'aimer, dit le Roi.

— Votre Majesté en peut-elle douter? répondit le Cardinal en fronçant le sourcil et se mordant les lèvres par l'impatience que lui donnait ce début.

— Quelquefois j'en doute, répondit le prince ; tenez, j'ai besoin de vous parler à cœur ouvert, et de me plaindre de vous à vous-même. Il y a deux choses que j'ai sur la conscience depuis trois ans : jamais je ne vous en ai parlé, mais je vous en voulais en secret, et même, si quelque chose eût été capable de me faire consentir à des propositions contraires à vos intérêts, c'eût été ce souvenir.»

C'était là de cette sorte de franchise propre aux caractères faibles, qui se dédommagent ainsi, en inquiétant leur dominateur, du mal qu'ils n'osent pas lui faire complètement, et se vengent de la sujétion par une controverse puérile. Richelieu reconnut à ces paroles qu'il avait couru un grand danger; mais il vit en même temps le besoin de confesser, pour ainsi dire, toute sa rancune ; et, pour faciliter l'explosion de ces importants aveux, il accumula les protestations qu'il croyait les plus propres à impatienter le Roi.

— «Non, non, s'écria enfin celui-ci, je ne croirai rien tant que vous ne m'aurez pas expliqué ces deux choses qui me reviennent toujours à l'esprit, et dont on me parlait dernièrement encore, et que je ne puis justifier par aucun raisonnement : je veux dire le procès d'Urbain Grandier, dont je ne fus jamais bien instruit, et les motifs de votre haine pour ma malheureuse mère et même contre sa cendre.

— N'est-ce que cela, Sire ? dit Richelieu. Sont-ce là mes seules fautes ? Elles sont faciles à expliquer. La première affaire devait être soustraite aux regards de Votre Majesté par ses détails horribles et dégoûtants de scandale. Il y eut, certes, un art qui ne peut être regardé comme coupable à nommer *magie* des crimes dont le nom révolte la pudeur, dont le récit eût révélé à l'innocence de dangereux mystères ; ce fut une sainte ruse, pour dérober aux yeux des peuples ces impuretés...

— Assez, c'en est assez, Cardinal, dit Louis XIII, détournant la tête et baissant les yeux en rougissant ; je ne puis en entendre davantage ; je vous conçois, ces tableaux m'offenseraient ; j'approuve vos motifs, c'est bon. On ne m'avait pas dit cela ; on m'avait caché ces vices affreux. Vous êtes-vous assuré des preuves de ces crimes ?

— Je les eus toutes entre les mains, Sire ; et quant à la glorieuse Reine Marie de Médicis, je suis étonné que Votre Majesté oublie combien je lui fus attaché. Oui, je ne crains pas de l'avouer, c'est à elle que je dus toute mon élévation ; elle daigna la première jeter les yeux sur l'évêque de Luçon, qui n'avait alors que vingt-deux ans, pour l'approcher d'elle. Combien j'ai souffert lorsqu'elle me força de la combattre dans l'intérêt de Votre Majesté. Mais, comme ce sacrifice fut fait pour vous, je n'en eus et n'en aurai jamais aucun scrupule.

— Vous, à la bonne heure ; mais moi, dit le prince avec amertume.

— Eh ! Sire, s'écria le Cardinal, le Fils de Dieu ! lui-même vous en donna l'exemple ; c'est sur le modèle de toutes les perfections que nous réglâmes nos avis ; et si les monuments dus aux précieux restes de votre mère ne sont pas encore élevés, Dieu m'est témoin que ce fut dans la crainte d'affliger votre cœur

---

1. En 1639, le Roi consulta son Conseil sur la supplique de sa mère exilée pour rentrer en France ; Richelieu répondit :

« Qui peut douter qu'il ne soit permis à un prince de se séparer d'une mère pour des considérations importantes ?... Le Fils de Dieu n'a point fait difficulté de se séparer un temps de sa mère, et de la laisser en peine quelques jours. La réponse qu'il fit à sa mère, lorsqu'elle s'en plaignoit, apprend aux Roys que ceux à qui Dieu a commis le soin du bien général d'un royaume doivent toujours le préférer à toutes les obligations particulières. »

(*Relation de M. de Fontrailles.*)

et de vous rappeler sa mort, que nous en retardâmes les travaux. Mais béni soit ce jour où il m'est permis de vous en parler ! Je dirai moi-même la première messe à Saint-Denis, quand nous l'y verrons déposée, si la Providence m'en laisse la force. »

Ici le Roi prit un visage un peu plus affable, mais toujours froid, et le Cardinal, jugeant qu'il n'irait pas plus loin pour ce soir dans la persuasion, se résolut tout à coup à faire la plus puissante des diversions et à attaquer l'ennemi en face. Continuant donc à regarder fixement le Roi, il dit froidement :

« Est-ce donc pour cela que vous avez permis ma mort ?

— Moi ? dit le Roi : on vous a trompé ; j'ai bien entendu parler de conjuration, et je voulais vous en dire quelque chose ; mais je n'ai rien ordonné contre vous.

— Ce n'est pas ce que disent les conjurés, Sire ; cependant j'en dois croire Votre Majesté, et je suis bien aise pour elle que l'on se soit trompé. Mais quels avis daignez-vous me donner ?

— Je... voulais vous dire franchement, entre nous, que vous feriez bien de prendre garde à MONSIEUR...

— Ah ! Sire, je ne puis le croire à présent, car voici une lettre qu'il vient de m'envoyer pour vous, et il semblerait avoir été coupable envers Votre Majesté même.

Le Roi, étonné, lut :

« MONSEIGNEUR,

« Je suis au désespoir d'avoir encore man-
« qué à la fidélité que je dois à Votre Majesté ;
« je la supplie très humblement d'agréer que
« je lui en demande un million de pardons,
« avec un compliment de soumission et de
« repentance.

« Votre très humble sujet,
« GASTON. »

— Qu'est-ce que cela veut dire ? s'écria Louis ; osaient-ils s'armer contre moi-même aussi ?

— *Aussi !* dit tout bas le Cardinal, se mordant les lèvres ; puis il reprit : Oui, Sire, aussi ; c'est ce que me ferait croire, jusqu'à un certain point, ce petit rouleau de papiers. »

Et il tirait, en parlant, un parchemin roulé d'un morceau de bois de sureau creux, et le déployait sous les yeux du Roi.

— « C'est tout simplement un traité avec l'Espagne, auquel, par exemple, je ne crois pas que Votre Majesté ait souscrit. Vous pouvez en voir les vingt articles bien en règle.[1] Tout est prévu, la place de sûreté, le nombre des troupes, les secours d'hommes et d'argent.

— Les traîtres ! s'écria Louis agité, il faut les faire saisir : mon frère renonce et se repent ; mais faites arrêter le duc de Bouillon...

— Oui, Sire.

— Ce sera difficile au milieu de son armée d'Italie.

— Je réponds de son arrestation sur ma tête, Sire ; mais ne reste-t-il pas un autre nom ?

— Lequel ?... quoi ?... Cinq-Mars ? dit le Roi en balbutiant.

— Précisément, Sire, dit le Cardinal.

— Je le vois bien... mais je crois que l'on pourrait...

— Écoutez-moi, dit tout à coup Richelieu d'une voix tonnante, il faut que tout finisse aujourd'hui. Votre favori est à cheval à la tête de son parti ; choisissez entre lui et moi. Livrez l'enfant à l'homme ou l'homme à l'enfant, il n'y a pas de milieu.

— Eh ! que voulez-vous donc si je vous favorise ? dit le Roi.

— Sa tête et celle de son confident.

---

1. Les articles de ce traité sont rapportés en détail dans la *Relation de Fontrailles*; voir les notes.

— Jamais... c'est impossible! reprit le Roi avec horreur et tombant dans la même irrésolution où il était avec Cinq-Mars contre Richelieu. Il est mon ami tout aussi bien que vous; mon cœur souffre de l'idée de sa mort. Pourquoi aussi n'étiez-vous pas d'accord tous les deux? pourquoi cette division? C'est ce qui l'a amené jusque-là. Vous avez fait mon désespoir : vous et lui, vous me rendez le plus malheureux des hommes!»

Louis cachait sa tête dans ses deux mains en parlant, et peut-être versait-il des larmes; mais l'inflexible ministre le suivait des yeux comme on regarde sa proie, et, sans pitié, sans lui accorder un moment pour respirer, profita au contraire de son trouble pour parler plus longtemps.

— « Est-ce ainsi, disait-il avec une parole dure et froide, que vous vous rappelez les commandements que Dieu même vous a faits par la bouche de votre confesseur? Vous me dîtes un jour que l'Église vous ordonnait expressément de révéler à votre premier ministre tout ce que vous entendriez contre lui, et je n'ai jamais rien su par vous de ma mort prochaine. Il a fallu que des amis plus fidèles vinssent m'apprendre la conjuration; que les coupables eux-mêmes, par un coup de la Providence, se livrassent à moi pour me faire l'aveu de leurs fautes. Un seul, le plus endurci, le moindre de tous, résiste encore ; et c'est lui qui a tout conduit, c'est lui qui livre la France à l'étranger, qui renverse en un jour l'ouvrage de mes vingt années, soulève les Huguenots du Midi, appelle aux armes tous les ordres de l'État, ressuscite des prétentions écrasées, et rallume enfin la ligue éteinte par votre père ; car c'est elle, ne vous y trompez pas, c'est elle qui relève toutes ses têtes contre vous. Êtes-vous prêt au combat ? où donc est votre massue ? »

Le Roi, anéanti, ne répondait pas et cachait toujours sa tête dans ses mains. Le Cardinal, inexorable, croisa les bras et poursuivit :

« Je crains qu'il ne vous vienne à l'esprit que c'est pour moi que je parle. Croyez-vous vraiment que je ne me juge pas, et qu'un tel adversaire m'importe beaucoup ? En vérité, je ne sais à quoi il tient que je vous laisse faire, et mettre cet immense fardeau de l'État dans la main de ce jouvenceau. Vous pensez bien que depuis vingt ans que je connais votre cour je ne suis pas sans m'être assuré quelque retraite où, malgré vous-même, je pourrais aller, de ce pas, achever les six mois peut-être qu'il me reste de vie. Ce serait un curieux spectacle pour moi que celui d'un tel règne ! Que répondrez-vous, par exemple, lorsque tous ces petits potentats, se relevant dès que je ne pèserai plus sur eux, viendront à la suite de votre frère vous dire, comme ils l'osèrent à Henri IV sur son trône : « Partagez-nous tous « les grands gouvernements à titres hérédi-« taires et souveraineté, nous serons con-« tents ! »[1] Vous le ferez, je n'en doute pas, et c'est la moindre chose que vous puissiez accorder à ceux qui vous auront délivré de Richelieu ; et ce sera plus heureux peut-être, car pour gouverner l'Ile de France, qu'ils vous laisseront sans doute comme domaine originaire, votre nouveau ministre n'aura pas besoin de tant de papiers. »

En parlant, il poussa avec colère la vaste table qui remplissait presque la chambre, et que surchargeaient des papiers et des portefeuilles sans nombre.

Louis fut tiré de son apathique méditation par l'excès d'audace de ce discours ; il leva la tête et sembla un instant avoir pris une résolution par crainte d'en prendre une autre.

— « Eh bien, monsieur, je répondrai que je veux régner par moi seul.

— A la bonne heure, dit Richelieu ; mais je dois vous prévenir que les affaires du moment sont difficiles. Voici l'heure où l'on m'apporte mon travail ordinaire.

---

[1]. *Mémoires de Sully*, 1595.

« — Je m'en charge, reprit Louis ; j'ouvrirai les portefeuilles, je donnerai mes ordres.

— Essayez donc, dit Richelieu ; je me retire, et, si quelque chose vous arrête, vous m'appellerez. »

Il sonna : à l'instant même et comme s'ils eussent attendu le signal, quatre vigoureux valets de pied entrèrent et emportèrent son fauteuil et sa personne dans un autre appartement ; car, nous l'avons dit, il ne pouvait plus marcher. En passant dans la chambre où travaillaient les secrétaires, il dit à haute voix:

« Qu'on prenne les ordres de Sa Majesté. »

Le Roi resta seul. Fort de sa nouvelle résolution et fier d'avoir une fois résisté, il voulut sur-le-champ se mettre à l'ouvrage politique. Il fit le tour de l'immense table, et vit autant de portefeuilles que l'on comptait alors d'Empires, de Royaumes et de cercles dans l'Europe ; il en ouvrit un et le trouva divisé en cases, dont le nombre égalait celui des subdivisions de tout le pays auquel il était destiné. Tout était en ordre, mais dans un ordre effrayant pour lui, parce que chaque note ne renfermait que la quintessence de chaque affaire, si l'on peut parler ainsi, et ne touchait que le point juste des relations du moment avec la France. Ce laconisme était à peu près aussi énigmatique pour Louis que les lettres en chiffres qui couvraient la table. Là, tout était confusion : sur des édits de bannissement et d'expropriation des Huguenots de la Rochelle se trouvaient jetés les traités avec Gustave-Adolphe et les Huguenots du Nord contre l'Empire ; des notes sur le général Bannier, sur Walstein, le duc de Weimar et Jean de Wert étaient roulées pêle-mêle avec le détail des lettres trouvées dans la cassette de la Reine, la liste de ses colliers et des bijoux qu'ils renfermaient et la double interprétation qu'on eût pu donner à chaque phrase de ses billets. Sur la marge de l'un d'eux étaient ces mots : *Sur quatre lignes de l'écriture d'un homme, on peut lui faire un procès criminel.* Plus loin étaient entassées les dénonciations contre les Huguenots, les plans de république qu'ils avaient arrêtés ; la division de la France en Cercles, sous la dictature annuelle d'un chef ; le sceau de cet État projeté y était joint, représentant un ange appuyé sur une croix, et tenant à la main la Bible, qu'il élevait sur son front. A côté était une liste des cardinaux que le Pape avait nommés autrefois le même jour que l'évêque de Luçon (Richelieu). Parmi eux se trouvait le marquis de Bédémar, ambassadeur et conspirateur à Venise.

Louis XIII épuisait en vain ses forces sur des détails d'une autre époque, cherchant inutilement les papiers relatifs à la conjuration, et propres à lui montrer son véritable nœud et ce que l'on avait tenté contre lui-même, lorsqu'un petit homme d'une figure olivâtre, d'une taille courbée, d'une démarche contrainte et dévote, entra dans le cabinet; c'était un secrétaire d'État, nommé Desnoyers; il s'avança en saluant :

« Puis-je parler à Sa Majesté des affaires du Portugal? dit-il.

— D'Espagne, par conséquent, dit Louis; le Portugal est une province d'Espagne.

— De Portugal, insista Desnoyers. Voici le manifeste que nous recevons à l'instant.

Et il lut :

« Don Juan, par la grâce de Dieu, roi de
« Portugal, des Algarves, royaumes deçà d'Afri-
« que, seigneur de la Guinée, conqueste, na-
« vigation et commerce de l'Esthiopie, Arabie,
« Perse et des Indes... »

— Qu'est-ce que tout cela? dit le Roi; qui parle donc ainsi ?

— Le duc de Bragance, roi de Portugal, couronné il y a déjà une... il y a quelque temps, Sire, par un homme appelé Pinto. A peine remonté sur le trône, il tend la main à la Catalogne révoltée.

— La Catalogne se révolte aussi ? Le roi Philippe IV n'a donc plus pour premier ministre le Comte-duc ?

— Au contraire, Sire, c'est parce qu'il l'a encore. Voici la déclaration des États-Généraux catalans à Sa Majesté Catholique, contenant que tout le pays prend les armes contre ses troupes *sacrilèges* et *excommuniées*. Le roi de Portugal...

— Dites le duc de Bragance, reprit Louis ; je ne reconnais pas un révolté.

— Le duc de Bragance donc, Sire, dit froidement le conseiller d'État, envoie à la PRINCIPAUTÉ de Catalogne son neveu, D. Ignace de Mascarenas, pour s'emparer de la protection de ce pays (et de sa souveraineté peut-être, qu'il voudrait ajouter à celle qu'il vient de reconquérir). Or, les troupes de Votre Majesté sont devant Perpignan.

— Eh bien, qu'importe ? dit Louis.

— Les Catalans ont le cœur plus français que portugais, Sire, et il est encore temps d'enlever cette tutelle au roi de... au duc de Portugal.

— Moi, soutenir des rebelles ! vous osez !...

— C'était le projet de Son Éminence, poursuivit le secrétaire d'État ; l'Espagne et la France sont en pleine guerre d'ailleurs, et M. d'Olivarès n'a pas hésité à tendre la main de Sa Majesté Catholique à nos Huguenots.

— C'est bon ; j'y penserai, dit le Roi ; laissez-moi.

— Sire, les États-Généraux de Catalogne sont pressés, les troupes d'Aragon marchent contre eux...

— Nous verrons... Je me déciderai dans un quart d'heure, » répondit Louis XIII.

Le petit secrétaire d'État sortit avec un air mécontent et découragé. A sa place, Chavigny se présenta, tenant un portefeuille aux armes britanniques.

— « Sire, dit-il, je demande à Votre Majesté des ordres pour les affaires d'Angleterre. Les parlementaires, sous le commandement du comte d'Essex, viennent de faire lever le siège de Glocester ; le prince Rupert a livré à Newbury une bataille désastreuse et peu profitable à Sa Majesté Britannique. Le Parlement se prolonge, et il a pour lui les grandes villes, les ports et toute la population presbytérienne. Le roi Charles Ier demande des secours que la Reine ne trouve plus en Hollande.

— Il faut envoyer des troupes à mon frère d'Angleterre, » dit Louis.

Mais il voulut voir les papiers précédents, et, en parcourant les notes du Cardinal, il trouva que, sur une première demande du Roi d'Angleterre, il avait écrit de sa main :

« Faut réfléchir longtemps et attendre : —

« les Communes sont fortes ; — le Roi Charles
« compte sur les Écossais ; ils le vendront.

« Faut prendre garde. Il y a là un homme
« de guerre qui est venu voir Vincennes, et a
« dit qu'on *ne devrait jamais frapper les princes*
« *qu'à la tête*. REMARQUABLE, » ajoutait le
Cardinal. Puis il avait rayé ce mot, y substituant : « REDOUTABLE. »

Et plus bas :

« Cet homme domine Fairfax ; — il fait
« l'inspiré ; ce sera un grand homme. — Se-
« cours refusé ; — argent perdu. »

Le Roi dit alors :

« Non, non, ne précipitez rien, j'attendrai.

— Mais, Sire, dit Chavigny, les événements
sont rapides ; si le courrier retarde d'une heure,
la perte du Roi d'Angleterre peut s'avancer
d'un an.

— En sont-ils là ? demanda Louis.

— Dans le camp des Indépendants, on prêche
la République la Bible à la main ; dans celui
des Royalistes, on se dispute le pas, et l'on rit.

— Mais un moment de bonheur peut tout
sauver !

— Les Stuarts ne sont pas heureux, Sire,
reprit Chavigny respectueusement, mais sur un
ton qui laissait beaucoup à penser.

— Laissez-moi, » dit le Roi d'un ton d'humeur.

Le secrétaire d'État sortit lentement.

Ce fut alors que Louis XIII se vit tout entier, et s'effraya du néant qu'il trouvait en lui-même. Il promena d'abord sa vue sur l'amas de papiers qui l'entourait, passant de l'un à l'autre, trouvant partout des dangers et ne les trouvant jamais plus grands que dans les ressources mêmes qu'il inventait. Il se leva et, changeant de place, se courba ou plutôt se jeta sur une carte géographique de l'Europe; il y trouva toutes ses terreurs ensemble, au nord, au midi, au centre de son royaume; les révolutions lui apparaissaient comme des Euménides; sous chaque contrée, il crut voir fumer un volcan; il lui semblait entendre les cris de détresse des rois qui l'appelaient, et les cris de fureur des peuples; il crut sentir la terre de France craquer et se fendre sous ses pieds; sa vue faible et fatiguée se troubla, sa tête malade fut saisie d'un vertige qui refoula le sang vers son cœur.

— « Richelieu ! cria-t-il d'un voix étouffée en agitant une sonnette; qu'on appelle le Cardinal ! »

Et il tomba évanoui dans un fauteuil.

Lorsque le Roi rouvrit les yeux, ranimé par les odeurs fortes et les sels qu'on lui mit sur les lèvres et les tempes, il vit un instant des pages, qui se retirèrent sitôt qu'il eut entr'ouvert ses paupières, et se retrouva seul avec le Cardinal. L'impassible ministre avait fait poser sa chaise longue contre le fauteuil du Roi, comme le siège d'un médecin près du lit de son malade, et fixait ses yeux étincelants et scrutateurs sur le visage pâle de Louis. Sitôt qu'il put l'entendre, il reprit d'une voix sombre son terrible dialogue :

« Vous m'avez rappelé, dit-il, que me voulez-vous? »

Louis, renversé sur l'oreiller, entr'ouvrit les yeux et le regarda, puis se hâta de les refermer. Cette tête décharnée, armée de deux yeux flamboyants et terminée par une barbe aiguë et blanchâtre, cette calotte et ces vêtements de la couleur du sang et des flammes, tout lui représentait un esprit infernal.

— « Régnez, dit-il d'une voix faible.

— Mais me livrez-vous Cinq-Mars et de Thou? poursuivit l'implacable ministre en s'approchant pour lire dans les yeux éteints du prince, comme un avide héritier poursuit jusque dans la tombe les dernières lueurs de la volonté d'un mourant.

— Régnez, répéta le Roi en détournant la tête.

— Signez donc, reprit Richelieu; ce papier porte : « Ceci est ma volonté, de les prendre morts ou vifs. »

Louis, toujours la tête renversée sur le dossier du fauteuil, laissa tomber sa main sur le papier fatal, et signa.

— « Laissez-moi, par pitié ! je meurs ! dit-il.

— Ce n'est pas tout encore, continua celui qu'on appelle le grand politique ; je ne suis pas sûr de vous ; il me faut dorénavant des garanties et des gages. Signez encore ceci, et je vous quitte.

« Quand le Roi ira voir le Cardinal, les « gardes de celui-ci ne quitteront pas les « armes ; et quand le Cardinal ira chez le Roi, « ses gardes partageront le poste avec ceux de « Sa Majesté. »[1]

De plus :

« Sa Majesté s'engage à remettre les deux « Princes ses fils en otage entre les mains du « Cardinal, comme garantie de la bonne foi de « son attachement. »[2]

— Mes enfants ! s'écria Louis relevant sa tête, vous osez...

— Aimez-vous mieux que je me retire ? » dit Richelieu.

Le Roi signa.

— « Est-ce donc fini ? » dit-il avec un profond gémissement.

---

1. *Manuscrit de Pointis*, 1642, n° 185.
2. *Mémoires d'Anne d'Autriche*, 1642.

Ce n'était pas fini : une autre douleur lui était réservée.

La porte s'ouvrit brusquement, et l'on vit entrer Cinq-Mars. Ce fut, cette fois, le Cardinal qui trembla.

— « Que voulez-vous, monsieur? » dit-il en saisissant la sonnette pour appeler.

Le grand-écuyer était d'une pâleur égale à celle du Roi ; et, sans daigner répondre à Richelieu, il s'avança d'un air calme vers Louis XIII. Celui-ci le regarda comme regarde un homme qui vient de recevoir sa sentence de mort.

— « Vous devez trouver, Sire, quelque difficulté à me faire arrêter, car j'ai vingt mille hommes à moi, dit Henri d'Effiat avec la voix la plus douce.

— Hélas! Cinq-Mars, dit Louis douloureusement, est-ce toi qui as fait de telles choses?

— Oui, Sire, et c'est moi aussi qui vous apporte mon épée, car vous venez sans doute de me livrer, » dit-il en la détachant et en la posant aux pieds du Roi, qui baissa les yeux sans répondre.

Cinq-Mars sourit avec tristesse et sans amertume, parce qu'il n'appartenait déjà plus à la terre. Ensuite, regardant Richelieu avec mépris :

« Je me rends parce que je veux mourir, dit-il ; mais je ne suis pas vaincu. »

Le Cardinal serra les poings par fureur; mais il se contraignit.

— « Et quels sont vos complices ? » dit-il.

Cinq-Mars regarda Louis XIII fixement et entr'ouvrit les lèvres pour parler... Le Roi baissa la tête et souffrit en cet instant un supplice inconnu à tous les hommes.

— « Je n'en ai point, » dit enfin Cinq-Mars, ayant pitié du prince.

Et il sortit de l'appartement.

Il s'arrêta dès la première galerie, où tous les gentilshommes et Fabert se levèrent en le voyant. Il marcha droit à celui-ci et lui dit :

« Monsieur, donnez ordre à ces gentilshommes de m'arrêter. »

Tous se regardèrent sans oser l'approcher.

— « Oui, monsieur, je suis votre prisonnier... oui, messieurs, je suis sans épée, et, je vous le répète, prisonnier du Roi.

— Je ne sais ce que je vois, dit le général; vous êtes deux qui venez vous rendre, et je n'ai l'ordre d'arrêter personne.

— Deux? dit Cinq-Mars, ce ne peut être que M. de Thou ; hélas ! à ce dévouement je le devine.

— Eh ! ne t'avais-je pas aussi deviné ? » s'écria celui-ci en se montrant et se jetant dans ses bras.

CHAPITRE XXV

LES PRISONNIERS

J'ai trouvé dans mon cœur le dessein de mon frère.
PICHALD, *Léonidas*.

Mourir sans vider mon carquois,
Sans percer, sans fouler, sans pétrir dans leur fange
Ces bourreaux barbouilleurs de lois !
ANDRÉ CHÉNIER.

ARMI ces vieux châteaux dont la France se dépouille à regret chaque année, comme des fleurons de sa couronne, il y en avait un d'un aspect sombre et sauvage sur la rive gauche de la Saône. Il semblait une sentinelle formidable placée à l'une des portes de Lyon, et tenait son nom de l'énorme rocher de Pierre-Encise, qui s'élève à pic comme une

sorte de pyramide naturelle, et dont la cime, recourbée sur la route et penchée jusque sur le fleuve, se réunissait jadis, dit-on, à d'autres roches que l'on voit sur la rive opposée, formant comme l'arche naturelle d'un pont ; mais le temps, les eaux et la main des hommes n'ont laissé debout que le vieux amas de granit qui servait de piédestal à la forteresse, détruite aujourd'hui. Les archevêques de Lyon l'avaient élevée autrefois, comme seigneurs temporels de la ville, et y faisaient leur résidence ; depuis, elle devint place de guerre, et, sous Louis XIII, une prison d'État. Une seule tour colossale, où le jour ne pouvait pénétrer que par trois longues meurtrières, dominait l'édifice ; et quelques bâtiments irréguliers l'entouraient de leurs épaisses murailles, dont les lignes et les angles suivaient les formes de la roche immense et perpendiculaire.

Ce fut là que le Cardinal de Richelieu, avare de sa proie, voulut bientôt incarcérer et conduire lui-même ses jeunes ennemis. Laissant Louis le précéder à Paris, il les enleva de Narbonne, les traînant à sa suite pour orner son dernier triomphe, et venant prendre le Rhône à Tarascon, presque à son embouchure, comme pour prolonger ce plaisir de la vengeance que les hommes ont osé nommer celui des dieux ; étalant aux yeux des deux rives le luxe de sa haine, il remonta le fleuve avec lenteur sur des barques à rames dorées et pavoisées de ses armoiries et de ses couleurs, couché dans la première, et remorquant ses deux victimes dans la seconde, au bout d'une longue chaîne.

Souvent le soir, lorsque la chaleur était passée, les deux nacelles étaient dépouillées de leur tente, et l'on voyait dans l'une Richelieu, pâle et décharné, assis sur la poupe ; dans celle qui suivait, les deux jeunes prisonniers, le front calme, appuyés l'un sur l'autre, et regardant s'écouler les flots rapides du fleuve. Jadis les soldats de César, qui campèrent sur ces mêmes bords, eussent cru voir l'inflexible batelier des enfers conduisant les ombres amies de Castor et Pollux : des chrétiens n'eurent même pas l'audace de réfléchir et d'y voir un prêtre menant ses deux ennemis au bourreau : c'était le premier ministre qui passait.

En effet, il passa, les laissant en garde à cette ville même où les conjurés avaient proposé de le faire périr. Il aimait à se jouer ainsi, en face, de la destinée, et à planter un trophée où elle avait voulu mettre sa tombe.

« Il se faisait tirer, dit un journal manuscrit
« de cette année, contre-mont de la rivière du
« Rhône, dans un bateau où l'on avait bâti
« une chambre de bois, tapissée de velours rouge

« cramoisi à feuillages, le fond étant d'or. Dans
« le même bateau, il y avait une antichambre
« de même façon ; à la proue et à l'arrière du
« bateau, il y avait quantité de soldats de ses
« gardes portant la casaque écarlate, en brode-
« rie d'or, d'argent et de soie, ainsi que beau-
« coup de seigneurs de marque. Son Éminence
« était dans un lit garni de taffetas de pourpre.
« Monseigneur le Cardinal Bigny et messei-
« gneurs les évêques de Nantes et de Chartres
« y étaient avec quantité d'abbés et de gen-
« tilshommes en d'autres bateaux. Au-devant
« du sien, une frégate faisait la découverte des
« passages, et après montait un autre bateau
« chargé d'arquebusiers et d'officiers pour les
« commander. Lorsqu'on abordait en quelque
« île, on mettait des soldats en icelle, pour voir
« s'il y avait des gens suspects ; et n'y en ren-
« contrant point, ils en gardaient les bords,
« jusques à ce que deux bateaux qui suivaient
« eussent passé ; ils étaient remplis de noblesse
« et de soldats bien armés.

« En après venait le bateau de Son Émi-
« nence, à la queue duquel était attaché un pe-
« tit bateau dans lequel étaient MM. de Thou et
« de Cinq-Mars, gardés par un exempt des
« gardes du Roi et douze gardes de Son Émi-
« nence. Après les bateaux venaient trois bar-
« ques où étaient les hardes et la vaisselle d'ar-

« gent de Son Éminence, avec plusieurs gen-
« tilshommes et soldats.

« Sur le bord du Rhône, en Dauphiné, mar-
« chaient deux compagnies de chevau-légers,
« et autant sur le bord du côté du Languedoc
« et Vivarais; il y avait un très beau régiment
« de gens à pied qui entrait dans les villes où
« Son Éminence devait entrer ou coucher. Il y
« avait plaisir d'ouïr les trompettes qui jouaient
« en Dauphiné avec les réponses de celles du
« Vivarais, et les redites des échos de nos ro-
« chers; on eût dit que tout jouait à mieux
« faire. »

Au milieu d'une nuit du mois de septembre 1642, tandis que tout semblait sommeiller dans l'inexpugnable tour des prisonniers, la porte de leur première chambre tourna sans bruit sur ses gonds, et sur le seuil parut un homme vêtu d'une robe brune ceinte d'une corde, ses pieds chaussés de sandales, et un paquet de grosses clefs à la main : c'était Joseph. Il regarda avec précaution sans avancer, et contempla en silence l'appartement du grand-écuyer. D'épais tapis, de larges et splendides tentures voilaient les murs de la prison; un lit de damas rouge était préparé, mais le captif n'y était pas;

assis près d'une haute cheminée, dans un grand fauteuil, vêtu d'une longue robe grise de la forme de celle des prêtres, la tête baissée, les yeux fixés sur une petite croix d'or, à la lueur tremblante d'une lampe, il était absorbé par une méditation si profonde, que le capucin eut le loisir d'approcher jusqu'à lui et de se placer debout face à face du prisonnier avant qu'il s'en aperçût. Enfin il leva la tête et s'écria :

« Que viens-tu faire ici, misérable ?

— Jeune homme, vous êtes emporté, répondit d'une voix très basse le mystérieux visiteur ; deux mois de prison auraient pu vous calmer. Je viens vous dire d'importantes choses : écoutez-moi ; j'ai beaucoup pensé à vous, et je ne vous hais pas tant que vous croyez. Les moments sont précieux : je vous dirai tout en peu de mots. Dans deux heures on va venir vous interroger, vous juger et vous mettre à mort avec votre ami : cela ne peut manquer, parce qu'il faut que tout se termine le même jour.

— Je le sais, dit Cinq-Mars, et j'y compte.

— Eh bien ! je puis encore vous tirer d'affaire, car j'ai beaucoup réfléchi, comme je vous l'ai dit, et je viens vous proposer des choses qui vous seront agréables. Le Cardinal n'a pas six mois à vivre ; ne faisons pas les mystérieux, entre nous il faut être franc : vous voyez où je vous ai amené pour lui, et vous pouvez juger par là du point où je le conduirai pour vous si vous voulez ; nous pouvons lui retrancher ces six mois qui lui restent. Le Roi vous aime et vous rappellera près de lui avec transport quand il vous saura vivant ; vous êtes jeune, vous serez longtemps heureux et puissant ; vous me protégerez, vous me ferez cardinal. »

L'étonnement rendit muet le jeune prisonnier, qui ne pouvait comprendre un tel langage et semblait avoir de la peine à y descendre de la hauteur de ses méditations. Tout ce qu'il put dire fut :

« Votre bienfaiteur ! Richelieu ! »

Le capucin sourit et poursuivit tout bas en se rapprochant de lui :

« Il n'y a point de bienfaits en politique, il y a des intérêts, voilà tout. Un homme employé par un ministre ne doit pas être plus reconnaissant qu'un cheval monté par un écuyer ne l'est d'être préféré aux autres. Mon allure lui a convenu, j'en suis bien aise. A présent, il me convient de le jeter à terre.

Oui, cet homme n'aime que lui-même ; il m'a trompé, je le vois bien, en reculant toujours mon élévation ; mais, encore une fois, j'ai des moyens sûrs de vous faire évader sans bruit ; je peux tout ici. Je ferai mettre, à la place des hommes sur lesquels il compte, d'autres hommes qu'il destinait à la mort, et qui sont ici près, dans la tour du Nord, la tour des oubliettes, qui s'avance là-bas au-dessus de l'eau. Ses créatures iront remplacer ces gens-là. J'envoie un médecin, un empirique qui m'appartient, au glorieux Cardinal, que les plus savants de Paris ont abandonné; si vous vous entendez avec moi, il lui portera un remède universel et éternel.

— Retire-toi, dit Cinq-Mars, retire-toi, religieux infernal! aucun homme n'est semblable à toi; tu n'es pas un homme! tu marches d'un pas furtif et silencieux dans les ténèbres, tu traverses les murailles pour présider à des crimes secrets; tu te places entre les cœurs des amants pour les séparer éternellement. Qui es-tu? tu ressembles à l'âme tourmentée d'un damné.

— Romanesque enfant! dit Joseph; vous auriez eu de grandes qualités sans vos idées fausses. Il n'y a peut-être ni damnation ni âme. Si celles des morts revenaient se plaindre, j'en aurais mille autour de moi, et je n'en ai jamais vu, même en songe.

— Monstre! dit Cinq-Mars à demi-voix.

— Voilà encore des mots, reprit Joseph; il n'y a point de monstre ni d'homme vertueux.

Vous et M. de Thou, qui vous piquez de ce que vous nommez vertu, vous avez manqué de causer la mort de cent mille hommes peut-être, en masse et au grand jour, pour rien, tandis que Richelieu et moi nous en avons fait périr beaucoup moins, en détail, et la nuit, pour fonder un grand pouvoir. Quand on veut rester pur, il ne faut point se mêler d'agir sur les hommes, ou plutôt ce qu'il y a de plus raisonnable est de voir ce qui est, et de se dire comme moi : il est possible que l'âme n'existe pas, nous sommes les fils du hasard ; mais, relativement aux autres hommes, nous avons des passions qu'il faut satisfaire.

— Je respire ! s'écria Cinq-Mars, il ne croit pas en Dieu ! »

Joseph poursuivit :

« Or, Richelieu, vous et moi, sommes nés ambitieux ; il fallait donc tout sacrifier à cette idée !

— Malheureux ! ne me confondez pas avec vous !

— C'est la vérité pure cependant, reprit le capucin ; et seulement vous voyez à présent que notre système valait mieux que le vôtre.

— Misérable ! c'était par amour...

— Non ! non ! non ! non !... Ce n'est point cela. Voici encore des mots ; vous l'avez cru peut-être vous-même, mais c'était pour vous je vous ai entendu parler à cette jeune fille, vous ne pensiez qu'à vous-mêmes tous les deux; vous ne vous aimiez ni l'un ni l'autre : elle ne songeait qu'à son rang, et vous à votre ambition. C'est pour s'entendre dire qu'on est parfait et se voir adorer qu'on veut être aimé, c'est encore et toujours là le saint égoïsme qui est mon Dieu.

— Cruel serpent! dit Cinq-Mars, n'est-ce pas assez de nous faire mourir? Pourquoi viens-tu jeter tes venins sur la vie que tu nous ôtes? Quel démon t'a enseigné ton horrible analyse des cœurs?

— La haine de tout ce qui m'est supérieur, dit Joseph avec un rire bas et faux, et le désir de fouler aux pieds tous ceux que je hais m'ont rendu ambitieux et ingénieux à trouver le côté faible de vos rêves. Il y a un ver qui rampe au cœur de tous ces beaux fruits.

— Grand Dieu! l'entends-tu? » s'écria Cinq-Mars, se levant et étendant ses bras vers le ciel.

La solitude de sa prison, les pieuses conversations de son ami, et surtout la présence de la mort, qui vient comme la lumière d'un astre inconnu donner d'autres couleurs à tous les objets accoutumés de nos regards; les méditations de l'éternité, et (le dirons-nous?) de grands efforts pour changer ses regrets déchirants en espérances immortelles et pour diriger vers Dieu toute cette force d'aimer qui l'avait égaré sur la terre ; tout avait fait en lui-même une étrange révolution ; et, semblable à ces épis que mûrit subitement un seul coup de soleil, son âme avait acquis de vives lumières, exaltée par l'influence mystérieuse de la mort.

— « Grand Dieu ! répéta-t-il, si celui-ci et son maître sont des hommes, suis-je un homme aussi ? Contemple, contemple deux ambitions réunies, l'une égoïste et sanglante, l'autre dévouée et sans tache ; la leur soufflée par la haine, la nôtre inspirée par l'amour. Regarde, Seigneur, regarde, juge et pardonne. Pardonne, car nous fûmes bien criminels de marcher un seul jour dans la même voie à laquelle on ne donne qu'un nom sur la terre, quel que soit le but où elle conduise. »

Joseph l'interrompit durement en frappant du pied.

— « Quand vous aurez fini votre prière, dit-il, vous m'apprendrez si vous voulez m'aider, et je vous sauverai à l'instant.

— Jamais, scélérat impur, jamais, dit Henri d'Effiat, je ne m'associerai à toi et à un assassinat ! Je l'ai refusé quand j'étais puissant, et sur toi-même.

— Vous avez eu tort : vous seriez maître à présent.

— Eh! quel bonheur aurais-je de mon pouvoir, partagé qu'il serait avec une femme qui ne me comprit pas, m'aima faiblement et me préféra une couronne? Après son abandon, je n'ai pas voulu devoir ce qu'on nomme l'Autorité à la victoire ; juge si je la recevrai du crime !

— Inconcevable folie ! dit le capucin en riant.

— Tout avec elle, rien sans elle : c'était là toute mon âme.

— C'est par entêtement et par vanité que vous persistez ; c'est impossible ! reprit Joseph : ce n'est pas dans la nature.

— Toi qui veux nier le dévouement, reprit Cinq-Mars, comprends-tu du moins celui de mon ami ?

— Il n'existe pas davantage ; il a voulu vous suivre, parce que... »

Ici le capucin, un peu embarrassé, chercha un instant.

« Parce que... parce que... il vous a formé, vous êtes son œuvre... Il tient à vous par amour-propre d'auteur... Il était habitué à vous sermonner, et il sent qu'il ne trouverait plus d'élève si docile à l'écouter et à l'applaudir... La coutume constante lui a persuadé que sa vie tenait à la vôtre... c'est quelque chose comme cela... il vous accompagne par routine... D'ailleurs ce n'est pas fini... nous verrons la suite et l'interrogatoire ; il niera sûrement qu'il ait su la conjuration.

— Il ne le niera pas! s'écria impétueusement Cinq-Mars.

— Il la savait donc? vous l'avouez, dit Joseph, triomphant ; vous n'en aviez pas encore dit si long.

— O ciel ! qu'ai-je fait ? soupira Cinq-Mars en se cachant la tête.

— Calmez-vous : il est sauvé malgré cet aveu, si vous acceptez mon offre. »

D'Effiat fut quelque temps sans répondre... le capucin poursuivit :

« Sauvez votre ami... la faveur du Roi vous attend, et peut-être l'amour égaré un moment...

— Homme, ou qui que tu sois, si tu as quelque chose en toi de semblable à un cœur, répondit le prisonnier, sauve-le ; c'est le plus pur des êtres créés. Mais fais-le emporter loin d'ici pendant son sommeil, car, s'il s'éveille, tu ne le pourras pas.

— A quoi cela me serait-il bon ? dit en riant le capucin ; c'est vous et votre faveur qu'il me faut. »

L'impétueux Cinq-Mars se leva, et, saisissant le bras de Joseph, qu'il regardait d'un air terrible :

« Je l'abaissais en te priant pour lui : viens, scélérat ! dit-il en soulevant une tapisserie qui séparait l'appartement de son ami du sien ; viens, et doute du dévouement et de l'immortalité des âmes... Compare l'inquiétude de ton triomphe au calme de notre défaite, la bassesse de ton règne à la grandeur de notre captivité, et ta veille sanglante au sommeil du juste. »

Une lampe solitaire éclairait de Thou. Ce jeune homme était à genoux encore devant un prie-Dieu surmonté d'un vaste crucifix d'ébène ; il semblait s'être endormi en priant ; sa tête, penchée en arrière, était élevée encore vers la croix ; ses lèvres souriaient d'un sourire calme et divin, et son corps affaissé reposait sur les tapis et le coussin du siège.

— « Jésus ! comme il dort ! » dit le capucin stupéfait, mêlant par oubli à ses affreux propos le nom céleste qu'il prononçait habituellement chaque jour.

Puis tout à coup il se retira brusquement, en portant la main à ses yeux, comme ébloui par une vision du ciel...

— « Brou... brr... brr... dit-il en secouant la tête et se passant la main sur le visage... Tout cela est un enfantillage : cela me gagnerait si j'y pensais... Ces idées-là peuvent être bonnes, comme l'opium, pour calmer...

Mais il ne s'agit pas de cela : dites oui ou non.

— Non, dit Cinq-Mars, le jetant à la porte

par l'épaule, je ne veux point de la vie et ne me repens pas d'avoir perdu une seconde fois de Thou, car il n'en aurait pas voulu au prix d'un assassinat ; et quand il s'est livré à Narbonne, ce n'était pas pour reculer à Lyon.

— Réveillez-le donc, car voici les juges, » dit d'une voix aigre et riante le capucin furieux.

En ce moment entrèrent, à la lueur des flambeaux et précédés par un détachement de garde écossaise, quatorze juges vêtus de leurs longues robes, et dont on distinguait mal les traits. Ils se rangèrent et s'assirent en silence à droite et à gauche de la vaste chambre ; c'étaient les commissaires délégués par le Cardinal-Duc pour cette sombre et solennelle affaire. — Tous hommes sûrs et de *confiance* pour le Cardinal de Richelieu, qui, de Tarascon, les avait choisis et inscrits. Il avait voulu que le chancelier Séguier vînt à Lyon lui-même, *pour éviter,* dit-il dans les instructions ou ordres qu'il envoie au Roi Louis XIII par Chavigny, « *pour éviter*
« *toutes les accroches qui arriveront s'il n'y est*
« *point. M. Marillac,* ajoutait-il, *fut à Nantes au*
« *procès de Chalais.* M. de Château-Neuf, à Tou-
« louse, à la mort de M. de Montmorency ; et
« M. de Bellièvre, à Paris, au procès de M. de
« Biron. L'autorité et l'intelligence qu'ont ces
« messieurs des formes de justice est tout à fait
« nécessaire. »

Le chancelier Séguier vint donc à la hâte; mais en ce moment on annonça qu'il avait ordre de ne point paraître, de peur d'être influencé par le souvenir de son ancienne amitié pour le prisonnier, qu'il ne vit que seul à seul. Les commissaires et lui avaient d'abord, et rapidement, reçu les lâches dépositions du duc d'Orléans, à Villefranche, en Beaujolais, puis à *Vivey*,[1] à deux lieues de Lyon, où ce triste prince avait eu ordre de se rendre, tout suppliant et tremblant au milieu de ses gens, qu'on lui laissait par pitié, bien surveillé par les Gardes françaises et suisses. Le Cardinal avait fait dicter à Gaston son rôle et ses réponses mot pour mot; et, moyennant cette docilité, on l'avait exempté en forme des confrontations trop pénibles avec MM. de Cinq-Mars et de Thou. Ensuite le chancelier et les commissaires avaient préparé M. de Bouillon, et, forts de leur travail préliminaire, venaient tomber de tout leur poids sur les deux jeunes coupables que l'on ne voulait pas sauver. — L'histoire ne nous a conservé que les noms des conseillers d'État qui accompagnèrent Pierre Séguier, mais non ceux des autres commissaires, dont il est seulement dit qu'ils étaient six du Parlement de Grenoble et

[1]. Maison qui appartenait à un abbé d'Esnay, frère de M. de Villeroy, dit Montrésor.

deux présidents. Le rapporteur conseiller d'État Laubardemont, qui les avait dirigés en tout, était à leur tête. Joseph leur parla souvent à l'oreille avec une politesse révérencieuse, tout en regardant en dessous Laubardemont avec une ironie féroce.

Il fut convenu que le fauteuil servirait de sellette, et l'on se tut pour écouter la réponse du prisonnier.

Il parla d'une voix douce et calme.

— « Dites à M. le chancelier que j'aurais le droit d'en appeler au Parlement de Paris et de récuser mes juges, parce qu'il y a parmi eux deux de mes ennemis, et à leur tête un de mes amis, M. Séguier lui-même, que j'ai conservé dans sa charge ; mais je vous épargnerai bien des peines, Messieurs, en me reconnaissant coupable de toute la conjuration, par moi seul conçue et ordonnée. Ma volonté est de mourir. Je n'ai donc rien à ajouter pour moi ; mais, si vous voulez être justes, vous laisserez la vie à celui que le roi même a nommé le plus honnête homme de France, et qui ne meurt que pour moi.

— Qu'on l'introduise, » dit Laubardemont.

Deux gardes entrèrent chez M. de Thou, et l'amenèrent.

Il entra et salua gravement avec un sourire angélique sur les lèvres, et embrassant Cinq-Mars :

« Voici donc enfin le jour de notre gloire! dit-il; nous allons gagner le ciel et le bonheur éternel.

— Nous apprenons, monsieur, dit Laubardemont, nous apprenons par la bouche même de M. de Cinq-Mars, que vous avez su la conjuration. »

De Thou répondit à l'instant et sans aucun trouble, toujours avec un demi-sourire et les yeux baissés :

« Messieurs, j'ai passé ma vie à étudier les lois humaines, et je sais que le témoignage d'un accusé ne peut condamner l'autre. Je pourrais répéter aussi ce que j'ai déjà dit, que l'on ne m'aurait pas cru si j'avais dénoncé sans preuve le frère du Roi. Vous voyez donc que ma vie et ma mort sont entre vos mains. Pourtant, lorsque j'ai bien envisagé l'une et l'autre, j'ai connu clairement que, de quelque vie que je puisse jamais jouir, elle ne pourrait être que malheureuse après la perte de M. de Cinq-Mars ; j'avoue donc et confesse que j'ai su sa conspiration ; j'ai fait mon possible pour l'en détourner. — Il m'a cru son ami unique et fidèle, et je ne l'ai pas voulu trahir, c'est pourquoi je me condamne par les lois qu'a rapportées mon père lui-même, qui me pardonne, j'espère. »

A ces mots, les deux amis se jetèrent dans les bras l'un de l'autre.

Cinq-Mars s'écriait :

« Ami ! ami ! que je regrette ta mort que j'ai causée ! Je t'ai trahi deux fois, mais tu sauras comment. »

Mais de Thou, l'embrassant et le consolant, répondait en levant les yeux en haut :

« Ah ! que nous sommes heureux de finir de la sorte ! Humainement parlant, je pourrais me plaindre de vous, monsieur, mais Dieu sait combien je vous aime ! Qu'avons-nous fait qui nous mérite la grâce du martyre et le bonheur de mourir ensemble ? »

Les juges n'étaient pas préparés à cette douceur, et se regardaient avec surprise.

— « Ah ! si l'on me donnait seulement une pertuisane, dit une voix enrouée (c'était le vieux Grandchamp, qui s'était glissé dans la chambre, et dont les yeux étaient rouges de fureur), je déferais bien monseigneur de tous ces hommes noirs ! » disait-il.

Deux hallebardiers vinrent se mettre auprès de lui en silence ; il se tut, et, pour se consoler, se mit à une fenêtre du côté de la rivière où le soleil ne se montrait pas encore, et il sembla ne plus faire attention à ce qui se passait dans la chambre.

Cependant Laubardemont, craignant que les juges ne vinssent à s'attendrir, dit à haute voix :

« Actuellement, d'après l'ordre de monseigneur le Cardinal, on va mettre ces deux messieurs à la gêne, c'est-à-dire à la question ordinaire et extraordinaire. »

Cinq-Mars rentra dans son caractère par indignation, et, croisant les bras, fit, vers Laubardemont et Joseph, deux pas qui les épouvantèrent. Le premier porta involontairement la main à son front.

— « Sommes-nous ici à Loudun ? » s'écria le prisonnier.

Mais de Thou, s'approchant, lui prit la main et la serra ; il se tut, et reprit d'un ton calme en regardant les juges :

« Messieurs, cela me semble bien rude ; un homme de mon âge et de ma condition ne devrait pas être sujet à toutes ces formalités. J'ai tout dit et je dirai tout encore. Je prends la mort à gré et de grand cœur : la question n'est donc point nécessaire. Ce n'est point à des âmes comme les nôtres que l'on peut arracher des secrets par les souffrances du corps. Nous sommes devenus prisonniers par notre volonté et à l'heure marquée par nous-mêmes ; nous avons dit seulement ce qu'il vous fallait pour nous faire mourir, vous ne saurez rien de plus ; nous avons ce que nous voulons.

— Que faites-vous, ami ? interrompit de Thou ?... Il se trompe, messieurs ; nous ne refusons pas le martyre que Dieu nous offre, nous le demandons.

— Mais, disait Cinq-Mars, qu'avez-vous besoin de ces tortures infâmes pour conquérir le ciel? vous, martyr déjà, martyr volontaire de l'amitié! Messieurs, moi seul je puis avoir d'importants secrets : c'est le chef d'une conjuration qui la connaît ; mettez-moi seul à la question, si nous devons être ici traités comme les plus vils malfaiteurs.

— Par charité, messieurs, reprenait de Thou, ne me privez pas des mêmes douleurs que lui ; je ne l'ai pas suivi si loin pour l'abandonner à cette heure précieuse, et ne pas faire tous mes efforts pour l'accompagner jusque dans le ciel. »

Pendant ce débat, il s'en était engagé un autre entre Laubardemont et Joseph ; celui-ci, craignant que la douleur n'arrachât le récit de son entretien, n'était pas d'avis de donner la question ; l'autre, ne trouvant pas son triomphe complété par la mort, l'exigeait impérieusement. Les juges entouraient et écoutaient ces deux ministres secrets du grand ministre ; cependant, plusieurs choses leur ayant fait soupçonner que le crédit du capucin était plus puissant que celui du juge, ils penchaient pour lui, et se décidèrent à l'humanité quand il finit par ces paroles prononcées à voix basse :

« Je connais leurs secrets ; nous n'avons pas

besoin de les savoir, parce qu'ils sont inutiles et qu'ils vont trop haut. M. le Grand n'a à dénoncer que le Roi, et l'autre la Reine ; c'est ce qu'il vaut mieux ignorer. D'ailleurs, ils ne parleraient pas ; je les connais, ils se tairaient, l'un par orgueil, l'autre par piété. Laissons-les : la torture les blessera ; ils seront défigurés et ne pourront plus marcher ; cela gâtera toute la cérémonie ; il faut les conserver pour paraître.»

Cette dernière considération prévalut : les juges se retirèrent pour aller délibérer avec le chancelier. En sortant, Joseph dit à Laubardemont :

« Je vous ai laissé assez de plaisir ici : maintenant vous allez avoir encore celui de délibérer, et vous irez interroger trois prévenus dans la tour du Nord.»

C'étaient les trois juges d'Urbain Grandier.

Il dit, rit aux éclats, et sortit le dernier, poussant devant lui le maître des requêtes ébahi.

A peine le sombre tribunal eut-il défilé, que Grandchamp, délivré de ses deux estafiers, se précipita vers son maître, et, lui saisissant la main, lui dit :

« Au nom du ciel, venez sur la terrasse, monseigneur, je vous montrerai quelque chose ; au nom de votre mère, venez... »

Mais la porte s'ouvrit au vieil abbé Quillet presque dans le même instant.

— « Mes enfants ! mes pauvres enfants ! criait le vieillard en pleurant ; hélas ! pourquoi ne m'a-t-on permis d'entrer qu'aujourd'hui ? Cher Henri, votre mère, votre frère, votre sœur, sont ici cachés...

— Taisez-vous, monsieur l'abbé, disait Grand-champ ; venez sur la terrasse, monseigneur. »

Mais le vieux prêtre retenait son élève en l'embrassant.

— « Nous espérons, nous espérons beaucoup la grâce.

— Je la refuserais, dit Cinq-Mars.

— Nous n'espérons que les grâces de Dieu, reprit de Thou.

— Taisez-vous, interrompit encore Grand-champ, les juges viennent. »

En effet, la porte s'ouvrit encore à la sinistre procession, où Joseph et Laubardemont manquaient.

— « Messieurs, s'écria le bon abbé s'adressant aux commissaires, je suis heureux de vous dire que je viens de Paris, que personne ne doute de la grâce de tous les conjurés. J'ai vu, chez Sa Majesté, MONSIEUR lui-même, et quant au duc de Bouillon, son interrogatoire n'est pas défav...

— Silence ! » dit M. de Ceton, lieutenant des Gardes écossaises.

Et les quatorze commissaires rentrèrent et se rangèrent de nouveau dans la chambre.

M. de Thou, entendant que l'on appelait le greffier criminel du présidial de Lyon pour prononcer l'arrêt, laissa éclater involontairement un de ces transports de joie religieuse qui ne se virent jamais que dans les martyrs et les saints aux approches de la mort ; et, s'avançant au devant de cet homme, il s'écria :

« *Quam speciosi pedes evangelizantium pacem, evangelizantium bona!* »

Puis, prenant la main de Cinq-Mars, il se mit à genoux et tête nue pour entendre l'arrêt, ainsi qu'il était ordonné. D'Effiat demeura debout, mais on n'osa le contraindre.

L'arrêt leur fut prononcé en ces mots :

« Entre le procureur général du Roi, deman-
« deur en cas de crime de lèse-majesté, d'une
« part ;

« Et messire Henri d'Effiat de Cinq-Mars,
« grand-écuyer de France, âgé de vingt-deux
« ans ; et François-Auguste de Thou, âgé de
« trente-cinq ans, conseiller du Roi en ses
« conseils ; prisonniers au château de Pierre-
« Encise de Lyon, défendeurs et accusés,
« d'autre part ;

« Vu le procès extraordinairement fait à la
« requête dudit procureur général du Roi, à
« l'encontre desdits d'Effiat et de Thou, infor-
« mations, interrogations, confessions, déné-
« gations et confrontations, et copies reconnues

« du traité fait avec l'Espagne; considérant,
« la chambre déléguée :

« 1° Que celui qui attente à la personne des
« ministres, des princes, est regardé par les
« lois anciennes et constitutions des Empereurs
« comme criminel de lèse-majesté ;

« 2° Que la troisième ordonnance du roi
« Louis XI porte peine de mort contre qui-
« conque ne révèle pas une conjuration contre
« l'État ;

« Les commissaires députés par Sa Majesté
« ont déclaré lesdits d'Effiat et de Thou atteints
« et convaincus de crime de lèse-majesté, savoir :

« Ledit d'Effiat de Cinq-Mars pour les cons-
« pirations et entreprises, ligues et traités faits
« par lui avec les étrangers contre l'État ;

« Et ledit de Thou, pour avoir eu connais-
« sance desdites entreprises ;

« Pour réparation desquels crimes, les ont
« privés de tous honneurs et dignités, et les
« ont condamnés et condamnent à avoir la tête
« tranchée sur un échafaud, qui, pour cet effet,
« sera dressé en la place des Terreaux de cette
« ville ;

« Ont déclaré et déclarent tous et un chacun
« de leurs biens, meubles et immeubles, acquis
« et confisqués au Roi ; et iceux par eux tenus
« immédiatement de la couronne, réunis au
« domaine d'icelle ; sur iceux préalablement

« prise la somme de 60,000 livres applicables à
« œuvres pies. »

Après la prononciation de l'arrêt, M. de Thou
dit à haute voix :

— « Dieu soit béni ! Dieu soit loué !

— La mort ne m'a jamais fait peur, » dit
froidement Cinq-Mars.

Ce fut alors que, suivant les formes, M. de
Ceton, le lieutenant des Gardes écossaises,
vieillard de soixante-six ans, déclara avec émotion qu'il remettait les prisonniers entre les
mains du sieur Thomé, prévôt des marchands
du Lyonnais, prit congé d'eux, et ensuite tous
les gardes du corps, silencieux et les larmes aux
yeux.

— « Ne pleurez point, leur disait Cinq-Mars,
les larmes sont inutiles ; mais plutôt priez
Dieu pour nous, et assurez-vous que je ne
crains pas la mort. »

Il leur serrait la main, et de Thou les embrassait. Après quoi ces gentilshommes sortirent, les
yeux humides de larmes et se couvrant le
visage de leurs manteaux.

« Les cruels ! dit l'abbé Quillet, pour trouver
des armes contre eux, il leur a fallu fouiller
dans l'arsenal des tyrans. Pourquoi me laisser
entrer en ce moment ?...

— Comme confesseur, monsieur, dit à voix
basse un commissaire ; car, depuis deux mois,

aucun étranger n'a eu permission d'entrer ici... »

Dès que les grandes portes furent refermées et les portières abaissées :

« Sur la terrasse, au nom du ciel ! s'écria encore Grandchamp. Et il y entraîna son maître et de Thou. Le vieux gouverneur les suivit en boitant.

— Que nous veux-tu dans un moment semblable ? dit Cinq-Mars avec une gravité pleine d'indulgence.

— Regardez les chaînes de la ville, » dit le fidèle domestique.

Le soleil naissant colorait le ciel depuis un instant à peine. Il paraissait à l'horizon une ligne éclatante et jaune, sur laquelle les montagnes découpaient durement leurs formes d'un bleu foncé ; les vagues de la Saône et les chaînes de la ville, tendues d'un bord à l'autre, étaient encore voilées par une légère vapeur qui s'élevait aussi de Lyon, et dérobait à l'œil le toit des maisons. Les premiers jets de la lumière matinale ne coloraient encore que les points les plus élevés du magnifique paysage. Dans la cité, les clochers de l'hôtel de ville et de Saint-Nizier, sur les collines environnantes, les monastères des Carmes et de Sainte-Marie et la forteresse entière de Pierre-Encise, étaient dorés de tous les feux de l'aurore. On entendait le bruit des carillons joyeux des villages. Les murs seuls de la prison étaient silencieux.

— « Eh bien, dit Cinq-Mars, que nous faut-il voir? est-ce la beauté des plaines ou la richesse des villes? est-ce la paix de ces villages? Ah! mes amis, il y a partout là des passions et des douleurs comme celles qui nous ont amenés ici!»

Le vieil abbé et Grandchamp se penchèrent sur le parapet de la terrasse pour regarder du côté de la rivière.

— « Le brouillard est trop épais : on ne voit rien encore, dit l'abbé.

— Que notre dernier soleil est lent à paraître! disait de Thou.

— N'apercevez-vous pas en bas, au pied des rochers, sur l'autre rive, une petite maison blanche, entre la porte d'Halincourt et le boulevard Saint-Jean? dit l'abbé.

— Je ne vois rien, répondit Cinq-Mars, qu'un amas de murailles grisâtres.

— Ce maudit brouillard est épais! reprenait Grandchamp toujours penché en avant, comme un marin qui s'appuie sur la dernière planche d'une jetée pour apercevoir une voile à l'horizon.

— Chut! dit l'abbé, on parle près de nous. »

En effet, un murmure confus, sourd et inexplicable, se faisait entendre dans une petite tourelle adossée à la plate-forme de la terrasse. Comme elle n'était guère plus grande qu'un colombier, les prisonniers l'avaient à peine remarquée jusque-là.

— « Vient-on déjà nous chercher? dit Cinq-Mars.

— Bah! bah! répondit Grandchamp, ne vous occupez pas de cela; c'est la tour des oubliettes. Il y a deux mois que je rôde autour du fort, et j'ai vu tomber du monde de là dans l'eau, au moins une fois par semaine. Pensons à notre affaire : je vois une lumière à la fenêtre là-bas. »

Une invincible curiosité entraîna cependant les deux prisonniers à jeter un regard sur la tourelle, malgré l'horreur de leur situation. Elle s'avançait, en effet, en dehors du rocher à pic et au-dessus d'un gouffre rempli d'une eau verte bouillonnante, sorte de source inutile, qu'un bras égaré de la Saône formait entre les rocs à une profondeur effrayante. On y voyait tourner rapidement la roue d'un moulin abandonné depuis longtemps. On entendit trois fois un craquement semblable à celui d'un pont-levis qui s'abaisserait et se relèverait tout à coup comme par ressort en frappant contre la pierre des murs : et trois fois on vit quelque chose de noir tomber dans l'eau et la faire rejaillir en écume à une grande hauteur.

— « Miséricorde ! seraient-ce des hommes ? s'écria l'abbé en se signant.

— J'ai cru voir des robes brunes qui tourbillonnaient en l'air, dit Grandchamp ; ce sont des amis du Cardinal. »

Un cri terrible partit de la tour avec un jurement impie.

La lourde trappe gémit une quatrième fois. L'eau verte reçut avec bruit un fardeau qui fit crier l'énorme roue du moulin, un de ses larges rayons fut brisé, et un homme embarrassé dans les poutres vermoulues parut hors de l'écume, qu'il colorait d'un sang noir, tourna deux fois en criant, et s'engloutit. C'était Laubardemont.

Pénétré d'une profonde horreur, Cinq-Mars recula.

— « Il y a une Providence, dit Grandchamp : Urbain Grandier l'avait ajourné à trois ans. Allons, allons, le temps est précieux ; messieurs, ne restez pas là immobiles ; que ce soit lui ou non, je n'en serais pas étonné, car ces coquins-là se mangent eux-mêmes comme les rats. Mais tâchons de leur enlever leur meilleur morceau. Vive Dieu ! je vois le signal ! nous sommes sauvés ; tout est prêt ; accourez de ce côté-ci, monsieur l'abbé. Voilà le mouchoir blanc à la fenêtre ; nos amis sont préparés. »

L'abbé saisit aussitôt la main de chacun des deux amis, et les entraîna du côté de la terrasse où ils avaient d'abord attaché leurs regards.

— « Écoutez-moi tous deux, leur dit-il : apprenez qu'aucun des conjurés n'a voulu de la retraite que vous leur assuriez ; ils sont tous accourus à Lyon, travestis et en grand nombre ; ils ont versé dans la ville assez d'or pour n'être pas trahis ; ils veulent tenter un coup de main pour vous délivrer. Le moment choisi est celui où l'on vous conduira au supplice ; le signal sera votre chapeau que vous mettrez sur votre tête quand il faudra commencer. »

Le bon abbé, moitié pleurant, moitié souriant par espoir, raconta que, lors de l'arrestation de son élève, il était accouru à Paris ; qu'un tel secret enveloppait toutes les actions du Cardinal, que personne n'y savait le lieu de la détention du grand-écuyer ; beaucoup le disaient exilé ; et, lorsque l'on avait su l'accommodement de MONSIEUR et du duc de Bouillon avec le Roi, on n'avait plus douté que la vie des autres ne fût assurée, et l'on avait cessé de parler de cette affaire, qui compromettait peu de personnes, n'ayant pas eu d'exécution. On s'était même en quelque sorte réjoui dans Paris de voir la ville de Sedan et son territoire ajoutés au royaume, en échange des lettres d'*abolition* accordées à M. de Bouillon reconnu innocent, comme MONSIEUR ; que le résultat de tous les arrangements avait fait admirer l'habileté du Cardinal et sa clémence envers les conspirateurs, qui, disait-on, avaient voulu sa mort. On faisait même courir le bruit qu'il avait fait évader Cinq-Mars et de Thou, s'occupant généreusement de leur retraite en pays étranger, après les avoir fait arrêter courageusement au milieu du camp de Perpignan.

A cet endroit du récit, Cinq-Mars ne put s'empêcher d'oublier sa résignation ; et, serrant la main de son ami :

« *Arrêter!* s'écria-t-il ; faut-il renoncer même à l'honneur de nous être livrés volontairement ? Faut-il tout sacrifier, jusqu'à l'opinion de la postérité ?

— C'était encore là une vanité, reprit de Thou en mettant le doigt sur sa bouche ; mais chut ! écoutons l'abbé jusqu'au bout. »

Le gouverneur, ne doutant pas que le calme de ces deux jeunes gens ne vînt de la joie qu'ils ressentaient de voir leur fuite assurée, et voyant que le soleil avait à peine encore dissipé les vapeurs du matin, se livra sans contrainte à ce plaisir involontaire qu'éprouvent les vieillards en racontant des événements nouveaux, ceux mêmes qui doivent affliger. Il leur dit toutes ses peines infructueuses pour découvrir la retraite de son élève, ignorée de la cour et de la ville, où l'on n'osait pas même prononcer son nom dans les asiles les plus secrets. Il n'avait appris l'emprisonnement à Pierre-Encise que par la reine elle-même, qui avait daigné le faire venir et le charger d'en avertir la maréchale d'Effiat et tous les conjurés, afin qu'ils tentassent un effort désespéré pour délivrer leur jeune chef. Anne d'Autriche avait même osé envoyer beaucoup de gentilshommes d'Auvergne et de la Touraine à Lyon pour aider à ce dernier coup.

— « La bonne reine! dit-il, elle pleurait beaucoup lorsque je la vis, et disait qu'elle donnerait tout ce qu'elle possède pour vous sauver; elle se faisait beaucoup de reproches d'une lettre, je ne sais quelle lettre. Elle parlait du salut de la France, mais ne s'expliquait pas. Elle me dit qu'elle vous admirait et vous conjurait de vous sauver, ne fût-ce que par pitié pour elle, à qui vous laisseriez des remords éternels.

— N'a-t-elle rien dit de plus? interrompit de Thou, qui soutenait Cinq-Mars pâlissant.

— Rien de plus, dit le vieillard.

— Et personne ne vous a parlé de moi? répondit le grand-écuyer.

— Personne, dit l'abbé.

— Encore, si elle m'eût écrit! dit Henri à demi-voix.

— Souvenez-vous donc, mon père, que vous

êtes envoyé ici comme confesseur, » reprit de Thou.

Cependant le vieux Grandchamp, aux genoux de Cinq-Mars et le tirant par ses habits de l'autre côté de la terrasse, lui criait d'une voix entrecoupée :

« Monseigneur..... mon maître..... mon bon maître..... les voyez-vous? les voilà..... ce sont eux, ce sont elles..... elles toutes.

— Eh! qui donc, mon vieil ami? disait son maître.

— Qui? grand Dieu! Regardez cette fenêtre, ne les reconnaissez-vous pas? Votre mère, vos sœurs, votre frère. »

En effet, le jour entièrement venu lui fit voir, dans l'éloignement, des femmes qui agitaient des mouchoirs blancs : l'une d'elles, vêtue de noir, étendait ses bras vers la prison, se retirait de la fenêtre comme pour reprendre des forces, puis, soutenue par les autres, reparaissait et ouvrait les bras, ou posait la main sur son cœur.

Cinq-Mars reconnut sa mère et sa famille, et ses forces le quittèrent un moment. Il pencha la tête sur le sein de son ami, et pleura.

— « Combien de fois me faudra-t-il donc mourir? » dit-il.

Puis, répondant du haut de la tour par un geste de sa main à ceux de sa famille :

« Descendons vite, mon père, répondit-il au vieil abbé ; vous allez me dire au tribunal de la pénitence, et devant Dieu, si le reste de ma vie vaut encore que je fasse verser du sang pour la conquérir. »

Ce fut alors que Cinq-Mars dit à Dieu ce que lui seul et Marie de Mantoue ont connu de leurs secrètes et malheureuses amours. « Il remit à « son confesseur, dit le P. Daniel, un portrait « d'une grande dame tout entouré de diamants, « lesquels durent être vendus, pour l'argent être « employé en œuvres pieuses. »

Pour M. de Thou, après s'être aussi confessé, il écrivit une lettre.[1] « Après quoi (selon le « récit de son confesseur) il me dit : *Voilà la « dernière pensée que je veux avoir pour ce « monde : partons en paradis.* Et, se promenant « dans la chambre à grands pas, il récitoit à « haute voix le psaume *Miserere mei, Deus*, etc., « avec une ardeur d'esprit incroyable, et des « tressaillements de tout son corps si violents « qu'on eust dit qu'il ne touchoit pas la terre « et qu'il aloit sortir de luy-mesme. Les gardes « étoient muets à ce spectacle, qui les faisoit « tous frémir de respect et d'horreur. »

---

1. Voir la copie de cette lettre à Mme la princesse de Guémenée, dans les notes à la fin du volume.

Cependant tout était calme le 12 du même mois de septembre 1642 dans la ville de Lyon, lorsque, au grand étonnement de ses habitants, on vit arriver, dès le point du jour, par toutes ses portes, des troupes d'infanterie et de cavalerie que l'on savait campées et cantonnées fort loin de là. Les Gardes françaises et suisses, les régiments de Pompadour, les Gens d'armes de Maurevert et les Carabins de La Roque, tous défilèrent en silence ; la cavalerie, portant le mousquet appuyé sur le pommeau de la selle, vint se ranger autour du château de Pierre-Encise ; l'infanterie forma la haie sur les bords de la Saône, depuis la porte du fort jusqu'à la place des Terreaux. C'était le lieu ordinaire des exécutions.

Quatre compagnies des bourgeois de Lyon, que l'on appelle *Pennonnage*, faisant environ onze ou douze cents hommes, « furent rangées, « dit le journal de Montrésor, au milieu de la « place des Terreaux, en sorte qu'elles enfer- « moient un espace d'environ quatre-vingts pas « de chaque côté, dans lequel on ne laissoit « entrer personne, sinon ceux qui étoient néces- « saires.

« Au milieu de cet espace fut dressé un écha- « faud de sept pieds de haut et environ neuf « pieds en quarré, au milieu duquel, un peu « plus sur le devant s'élevoit un poteau de la

« hauteur de trois pieds ou environ, devant le-
« quel on coucha un bloc de la hauteur d'un
« demi-pied, si que la principale façade ou le
« devant de l'échafaud regardoit vers la bou-
« cherie des Terreaux, du côté de la Saône ;
« contre lequel échafaud on dressa une petite
« échelle de huit échelons du côté des Dames
« de Saint-Pierre. »

Rien n'avait transpiré dans la ville sur le nom des prisonniers ; les murs inaccessibles de la forteresse ne laissaient rien sortir ni rien pénétrer que dans la nuit, et les cachots profonds avaient quelquefois renfermé le père et le fils durant des années entières, à quatre pieds l'un de l'autre, sans qu'ils s'en doutassent. La surprise fut extrême à cet appareil éclatant, et la foule accourut, ne sachant s'il s'agissait d'une fête ou d'un supplice.

Ce même secret qu'avaient gardé les agents du ministre avait été aussi soigneusement caché par les conjurés, car leur tête en répondait.

Montrésor, Fontrailles, le baron de Beauvau, Olivier d'Entraigues, Gondi, le comte du Lude et l'avocat Fournier, déguisés en soldats, en ouvriers et en baladins, armés de poignards sous leurs habits, avaient jeté et partagé dans la foule plus de cinq cents gentilshommes et domestiques, déguisés comme eux ; des chevaux étaient préparés sur la route d'Italie, et des barques sur le Rhône avaient été payées d'avance. Le jeune marquis d'Effiat, frère aîné de Cinq-Mars, habillé en chartreux, parcourait la foule, allait et venait sans cesse de la place des Terreaux à la petite maison où sa mère et sa sœur étaient enfermées avec la présidente de Pontac, sœur du malheureux de Thou. Il les rassurait, leur donnait un peu d'espérance, et revenait trouver les conjurés et s'assurer que chacun d'eux était disposé à l'action.

Chaque soldat formant la haie avait à ses côtés un homme prêt à le poignarder.

La foule innombrable entassée derrière la ligne des gardes les poussait en avant, débordait leur alignement, et leur faisait perdre du terrain. Ambrosio, domestique espagnol, qu'avait conservé Cinq-Mars, s'était chargé du capitaine des piquiers, et, déguisé en musicien catalan, avait entamé une dispute avec lui, feignant de ne pas vouloir cesser de jouer de la vielle. Chacun était à son poste.

L'abbé de Gondi, Olivier d'Entraigues et le marquis d'Effiat étaient au milieu d'un groupe de poissardes et d'écaillères qui se disputaient et jetaient de grands cris. Elles disaient des injures à l'une d'elles, plus jeune et plus timide que ses mâles compagnes. Le frère de Cinq-Mars approcha pour écouter leur querelle.

— « Eh! pourquoi, disait-elle aux autres,

voulez-vous que Jean Le Roux, qui est un honnête homme, aille couper la tête à deux chrétiens, parce qu'il est boucher de son état? Tant que je serai sa femme, je ne le souffrirai pas, j'aimerais mieux...

— Eh bien, tu as tort, répondaient ses compagnes ; qu'est-ce que cela te fait que la viande qu'il coupe se mange ou ne se mange pas ? Il n'en est pas moins vrai que tu aurais cent écus pour faire habiller tes trois enfants à neuf. T'es trop heureuse d'être *l'épouse* d'un boucher. Profite donc, ma mignonne, de ce que Dieu t'envoie par la grâce de Son Éminence.

— Laissez-moi tranquille, reprenait la première, je ne veux pas accepter. J'ai vu ces beaux jeunes gens à la fenêtre, ils ont l'air doux comme des agneaux.

— Eh bien, est-ce qu'on ne tue pas tes agneaux et tes veaux? reprenait la femme Le Bon. Qu'il arrive donc du bonheur à une petite femme comme ça ! Quelle pitié ! quand c'est de la part du révérend capucin, encore !

— Que la gaieté du peuple est horrible ! » s'écria Olivier d'Entraigues étourdiment.

Toutes ces femmes l'entendirent, et commencèrent à murmurer contre lui.

— « *Du peuple !* disaient-elles ; et d'où est ce petit maçon avec ce plâtre sur ses habits ?

— Ah ! interrompit une autre, tu ne vois pas

que c'est quelque gentihomme déguisé ? Regarde ses mains blanches ; ça n'a jamais travaillé.

— Oui, oui, c'est quelque petit conspirateur dameret ; j'ai bien envie d'aller chercher M. le Chevalier du Guet pour le faire arrêter. »

L'abbé de Gondi sentit tout le danger de cette situation, et, se jetant d'un air de colère sur Olivier, avec toutes les manières d'un menuisier dont il avait pris le costume et le tablier, il s'écria en le saisissant au collet :

« Vous avez raison : c'est un petit drôle qui ne travaille jamais. Depuis deux ans que mon père l'a mis en apprentissage, il n'a fait que peigner ses cheveux blonds pour plaire aux petites filles. Allons, rentre à la maison ! »

Et, lui donnant des coups de latte, il lui fit percer la foule et revint se placer sur un autre point de la haie. Après avoir tancé le page étourdi, il lui demanda la lettre qu'il disait avoir à remettre à M. de Cinq-Mars quand il se serait évadé. Olivier l'avait depuis deux mois dans sa poche, et la lui donna.

— « C'est d'un prisonnier à un autre, dit-il ; car le chevalier de Jars, en sortant de la Bastille, me l'a envoyée de la part d'un de ses compagnons de captivité.

— Ma foi, dit Gondi, il peut y avoir quelque secret important pour notre ami ; je la décachète, vous auriez dû y penser plus tôt.

— Ah! bah! c'est du vieux Bassompierre. Lisons.

« MON CHER ENFANT,

« J'apprends du fond de la Bastille, où je suis
« encore, que vous voulez conspirer contre ce
« tyran de Richelieu, qui ne cesse d'humilier
« notre bonne vieille Noblesse et les Parle-
« ments, et de saper dans ses fondements l'édi-
« fice sur lequel reposait l'État. J'apprends que
« les Nobles sont mis à la taille, et condamnés
« par de petits juges contre les privilèges de
« leur condition, forcés à l'arrière-ban contre les
« pratiques anciennes... »

— Ah! le vieux radoteur! interrompit le page en riant aux éclats.
— Pas si sot que vous croyez; seulement il est un peu reculé pour notre affaire.

« Je ne puis qu'approuver ce généreux pro-
« jet, et je vous prie de me bailler advis de
« tout... »

— Ah! le vieux langage du dernier règne! dit Olivier; il ne savait pas écrire : *me faire expert de toutes choses,* comme on dit à présent.
— Laissez-moi lire, pour Dieu, dit l'abbé;

dans cent ans on se moquera ainsi de nos phrases.

Il poursuivit :

« Je puis bien vous conseiller nonobstant
« mon grand âge, en vous racontant ce qui
« m'advint en 1560.

— Ah! ma foi, je n'ai pas le temps de m'ennuyer à lire tout. Voyons la fin.

« Quand je me rappelle mon dîner chez
« Mme la maréchale d'Effiat, votre mère, et que
« je me demande ce que sont devenus tous les
« convives, je m'afflige véritablement. Mon
« pauvre Puy-Laurens est mort à Vincennes,
« de chagrin d'être oublié par MONSIEUR
« dans cette prison; de Launay tué en duel, et
« j'en suis marri; car, malgré que je fusse mal
« satisfait de mon arrestation, il y mit de la
« courtoisie, et je l'ai toujours tenu pour un
« galant homme. Pour moi, me voilà sous clef
« jusqu'à la fin de la vie de M. le Cardinal;
« aussi, mon enfant, nous étions treize à table :
« il ne faut pas se moquer des vieilles croyances.
« Remerciez Dieu de ce que vous êtes le seul
« auquel il ne soit pas arrivé malencontre... »

— Encore un à-propos ! » dit Olivier en riant

de tout son cœur ; et, cette fois, l'abbé de Gondi ne put tenir son sérieux malgré ses efforts.

Ils déchirèrent la lettre inutile, pour ne pas prolonger encore la détention du pauvre maréchal si elle était trouvée, et se rapprochèrent de la place des Terreaux et de la haie des gardes qu'ils devaient attaquer lorsque le signal du chapeau serait donné par le jeune prisonnier.

Ils virent avec satisfaction tous leurs amis à leur poste, et prêts à jouer des couteaux, selon leur propre expression. Le peuple, en se pressant autour d'eux, les favorisait sans le vouloir. Il survint près de l'abbé une troupe de jeunes demoiselles vêtues de blanc et voilées ; elles allaient à l'église pour communier, et les religieuses qui les conduisaient, croyant comme tout le peuple que ce cortège était destiné à rendre les honneurs à quelque grand personnage, leur permirent de monter sur de larges pierres accumulées derrière les soldats. Là elles se groupèrent avec la grâce de cet âge, comme vingt belles statues sur un seul piédestal. On eût dit ces vestales que l'antiquité conviait aux sanglants spectacles des gladiateurs. Elles se parlaient à l'oreille en regardant autour d'elles, riaient et rougissaient ensemble, comme font les enfants.

L'abbé de Gondi vit avec humeur qu'Olivier allait encore oublier son rôle de conspirateur et son costume de maçon pour leur lancer des œillades et prendre un maintien trop élégant et des gestes trop civilisés pour l'état qu'on devait lui supposer : il commençait déjà à s'approcher d'elles en bouclant ses cheveux avec ses doigts, lorsque Fontrailles et Montrésor survinrent par bonheur sous un habit de soldats suisses ; un groupe de gentilshommes, déguisés en mariniers, les suivait avec des bâtons ferrés à la main ; ils avaient sur le visage une pâleur qui n'annonçait rien de bon. On entendit une marche sonnée par des trompettes.

— « Restons ici, dit l'un d'eux à sa suite ; c'est ici. »

L'air sombre et le silence de ces spectateurs contrastaient singulièrement avec les regards enjoués et curieux des jeunes filles et leurs propos enfantins.

— « Ah ! le beau cortège ! criaient-elles : voilà au moins cinq cents hommes avec des cuirasses et des habits rouges, sur de beaux chevaux ; ils ont des plumes jaunes sur leurs grands chapeaux. — Ce sont des étrangers, des Catalans, dit un garde-française. — Qui conduisent-ils donc ? — Ah ! voici un beau carrosse doré ; mais il n'y a personne dedans.

— Ah ! je vois trois hommes à pied : où vont-ils ?

— A la mort ! » dit Fontrailles d'une voix

sinistre qui fit taire toutes les voix. On n'entendit plus que les pas lents des chevaux, qui s'arrêtèrent tout à coup par un de ces retards qui arrivent dans la marche de tout cortège. On vit alors un douloureux et singulier spectacle. Un vieillard à la tête tonsurée marchait avec peine en sanglotant, soutenu par deux jeunes gens d'une figure intéressante et charmante, qui se donnaient une main derrière ses épaules voûtées, tandis que de l'autre chacun d'eux tenait l'un de ses bras. Celui qui marchait à sa gauche était vêtu de noir; il était grave et baissait les yeux. L'autre, beaucoup plus jeune, était revêtu d'une parure éclatante[1] : un pourpoint de drap de Hollande, couvert de larges dentelles d'or et portant des manches bouffantes et brodées, le couvrait du cou à la ceinture, habillement assez semblable au corset des femmes; le reste de ses vêtements en velours noir brodé de palmes d'argent, des bottines grisâtres à talons rouges, où s'attachaient des éperons d'or ; un manteau d'écarlate chargé de boutons d'or, tout rehaussait la grâce de sa taille élégante et souple. Il saluait à droite et à gauche de la haie avec un sourire mélancolique.

1. Le portrait en pied de Cinq-Mars est conservé dans le musée de Versailles.

Un vieux domestique, avec des moustaches et une barbe blanches, suivait, le front baissé, tenant en main deux chevaux de bataille caparaçonnés.

Les jeunes demoiselles se taisaient; mais elles ne purent retenir leurs sanglots en les voyant.

— « C'est donc ce pauvre vieillard qu'on mène à la mort? s'écrièrent-elles; ses enfants le soutiennent.

— A genoux, mesdames, dit une religieuse, et priez pour lui.

— A genoux! cria Gondi, et prions que Dieu les sauve. »

Tous les conjurés répétèrent : « A genoux! à genoux! » et donnèrent l'exemple au peuple, qui les imita en silence.

— « Nous pouvons mieux voir ses mouvements à présent, dit tout bas Gondi à Montrésor : levez-vous? que fait-il?

— Il est arrêté et parle de notre côté en saluant; je crois qu'il nous reconnaît. »

Toutes les maisons, les fenêtres, les murailles, les toits, les échafauds dressés, tout ce qui avait vue sur la place était chargé de personnes de toute condition et de tout âge.

Le silence le plus profond régnait sur la foule immense; on eût entendu les ailes du moucheron des fleuves, le souffle du moindre vent, le passage des grains de poussière qu'il soulève ; mais l'air était calme, le soleil brillant, le ciel bleu. Tout le peuple écoutait. On était proche de la place des Terreaux ; on entendit des coups de marteau sur des planches, puis la voix de Cinq-Mars.

Un jeune chartreux avança sa tête pâle entre deux gardes ; tous les conjurés se levèrent au-dessus du peuple à genoux, chacun d'eux portant la main à sa ceinture ou dans son sein et serrant de près le soldat qu'il devait poignarder.

« Que fait-il ? dit le chartreux ; a-t-il son chapeau sur la tête ?

— Il jette son chapeau à terre loin de lui, » dit paisiblement l'arquebusier qu'il interrogeait.

CHAPITRE XXVI

—

LA FÊTE

Mon Dieu ! qu'est-ce que ce monde ?
Dernières paroles de M. de Cinq-Mars.

E jour même du cortège sinistre de Lyon, et durant les scènes que nous venons de voir, une fête magnifique se donnait à Paris, avec tout le luxe et le mauvais goût du temps. Le puissant Cardinal avait voulu remplir à la fois de ses pompes les deux premières villes de France.

Sous le nom d'ouverture du Palais-Cardinal, on annonça cette fête donnée au Roi et à toute la cour. Maître de l'empire par la force, il voulut encore l'être des esprits par la séduction, et, las de dominer, il espéra plaire. La tragédie de *Mirame* allait être représentée dans une salle construite exprès pour ce grand jour : ce qui éleva les frais de cette soirée, dit Pélisson, à trois cent mille écus.

La garde entière du premier ministre[1] était sous les armes ; ses quatre compagnies de Mousquetaires et de Gens d'armes étaient rangées en haie sur les vastes escaliers et à l'entrée des longues galeries du Palais-Cardinal.[2] Ce brillant *Pandémonium*, où les péchés mortels ont un temple à chaque étage, n'appartint ce jour-là qu'à l'orgueil, qui l'occupait de haut en bas. Sur chaque marche était posté l'un des arquebusiers de la garde du Cardinal, tenant une torche à la main et une longue carabine dans l'autre ; la foule de ses gentilshommes circulait entre ces candélabres vivants, tandis que dans le grand jardin, entouré d'épais marronniers,

---

1. Le Roi donna au Cardinal, en 1626, une garde de deux cents arquebusiers ; en 1632, quatre cents mousquetaires à pied ; en 1638, deux compagnies de Gens d'armes et de Chevau-légers furent formées par lui.

2. Il avait donné au Roi, sous réserve d'usufruit durant sa vie, ce palais avec ses dépendances, comme aussi sa magnifique chapelle de diamants, avec son grand buffet d'argent ciselé, pesant trois mille marcs, et son grand diamant en forme de cœur, pesant plus de vingt carats; M. de Chavigny accepta cette donation pour le Roi.

(*Histoire du père Joseph.*)

remplacés aujourd'hui par les arcades, deux compagnies de Chevau-légers à cheval, le mousquet au poing, se tenaient prêtes au premier ordre et à la première crainte de leur maître.

Le Cardinal, porté et suivi par ses trente-huit pages, vint se placer dans sa loge tendue de pourpre, en face de celle où le Roi était couché à demi, derrière des rideaux verts qui le préservaient de l'éclat des flambeaux. Toute la cour était entassée dans les loges, et se leva lorsqu'il parut; la musique commença une ouverture brillante, et l'on ouvrit le parterre à tous les hommes de la ville et de l'armée qui se présentèrent. Trois flots impétueux de spectateurs s'y précipitèrent et le remplirent en un instant; ils étaient debout et tellement pressés, que le mouvement d'un bras suffisait pour causer sur toute la foule le balancement d'un champ de blé. On vit tel homme dont la tête décrivait ainsi un cercle assez étendu, comme celle d'un compas, sans que ses pieds eussent quitté le point où ils étaient fixés, et on emporta quelques jeunes gens évanouis. Le ministre, contre sa coutume, avança sa tête décharnée hors de sa tribune, et salua l'assemblée d'un air qui voulait être gracieux. Cette grimace n'obtint de réponse qu'aux loges, le parterre fut silencieux. Richelieu avait voulu montrer qu'il ne craignait pas le jugement public pour son ouvrage et avait permis

que l'on introduisît sans choix tous ceux qui se
présenteraient. Il commençait à s'en repentir,
mais trop tard. En effet, cette impartiale assemblée fut aussi froide que la *tragédie-pastorale*
l'était elle-même ; en vain les *bergères* du théâtre,
couvertes de pierreries, exhaussées sur des talons
rouges, portant du bout des doigts des houlettes
ornées de rubans, et suspendant des guirlandes
de fleurs sur leurs robes que soulevaient les
vertugadins, se mouraient d'amour en longues
tirades de deux cents vers langoureux ; en vain
des *amants parfaits* (car c'était le beau idéal
de l'époque) se laissaient dépérir de faim dans
un antre solitaire, et déploraient leur mort avec
emphase, en attachant à leurs cheveux des rubans de la couleur favorite de leur belle ; en
vain les femmes de la cour donnaient des signes
de ravissement, penchées au bord de leurs loges,
et tentaient même l'évanouissement le plus flatteur : le morne parterre ne donnait d'autre signe de vie que le balancement perpétuel des
têtes noires à longs cheveux. Le Cardinal mordait ses lèvres et faisait le distrait pendant le
premier acte et le second ; le silence avec lequel
s'écoulèrent le troisième et le quatrième fit une
telle blessure à son cœur paternel, qu'il se fit
soulever à demi hors de son balcon, et, dans cette
immonde et ridicule attitude, faisait signe à ses
amis de la cour de remarquer les plus beaux

endroits, et donnait le signal des applaudissements ; on y répondait de quelques loges, mais l'impassible parterre était plus silencieux que jamais ; laissant la scène se passer entre le théâtre et les régions supérieures, il s'obstinait à demeurer neutre. Le maître de l'Europe et de la France, jetant alors un regard de feu sur ce petit amas d'hommes qui osaient ne pas admirer son œuvre, sentit dans son cœur le vœu de Néron, et pensa un moment combien il serait heureux qu'il n'y eût là qu'une tête.

Tout à coup cette masse noire et immobile s'anima, et des salves interminables d'applaudissements éclatèrent, au grand étonnement des loges, et surtout du ministre. Il se pencha, saluant avec reconnaissance ; mais il s'arrêta en remarquant que les battements de mains interrompaient les acteurs toutes les fois qu'ils voulaient recommencer. Le roi fit ouvrir les rideaux de sa loge, fermés jusque-là, pour voir ce qui excitait tant d'enthousiasme ; toute la cour se pencha hors des colonnes : on aperçut alors dans la foule des spectateurs assis sur le théâtre un jeune homme humblement vêtu, qui venait de se placer avec peine ; tous les regards se portaient sur lui. Il en paraissait fort embarrassé, et cherchait à se couvrir de son petit manteau noir trop court. « *Le Cid ! le Cid !* » cria le parterre, ne cessant d'applaudir. Corneille, effrayé, se sauva dans les coulisses, et tout retomba dans le silence.

Le Cardinal, hors de lui, fit fermer les rideaux de sa loge et se fit emporter dans ses galeries

Ce fut là que s'exécuta une autre scène préparée dès longtemps par les soins de Joseph, qui avait sur ce point endoctriné les gens de sa suite avant de quitter Paris. Le cardinal Mazarin, s'écriant qu'il était plus prompt de faire passer Son Éminence par une longue fenêtre vitrée qui ne s'élevait qu'à deux pieds de terre et conduisait de sa loge aux appartements, la fit ouvrir, et les pages y firent passer le fauteuil. Aussitôt cent voix s'élevèrent pour dire et proclamer l'accomplissement de la grande prophétie de Nostradamus. On se disait à demi-voix : « Le *bonnet rouge*, c'est Monseigneur; *quarante onces*, c'est Cinq-Mars; *tout* finira, c'était de Thou : quel heureux coup du ciel! Son Éminence règne sur l'avenir comme sur le présent! »

Il s'avançait ainsi sur son trône ambulant dans de longues et resplendissantes galeries, écoutant ce doux murmure d'une flatterie nouvelle; mais, insensible à ce bruit des voix qui divinisaient son génie, il eût donné tous leurs propos pour un seul mot, un seul geste de ce public immobile et inflexible, quand même ce mot eût été un cri de haine; car on étouffe les clameurs, mais comment se venger du silence ? On empêche un peuple de frapper, mais qui l'empêchera d'attendre ? Poursuivi par le fantôme importun de l'opinion publique, le sombre ministre ne se crut en sûreté qu'arrivé au fond de son palais, au milieu de sa cour tremblante et flatteuse, dont les adorations lui firent bientôt oublier que quelques hommes avaient osé ne pas l'admirer. Il se fit placer comme un roi au milieu de ses vastes appartements, et, regardant autour de lui, se mit à compter attentivement les hommes puissants et soumis qui l'entouraient : il les compta et s'admira. Les chefs de toutes les grandes familles, les princes de l'Église, les présidents de tous les parlements, les gouverneurs des provinces, les maréchaux et les généraux en chef des armées, le nonce, les ambassadeurs de tous les royaumes, les députés et les sénateurs des républiques, étaient immobiles, soumis et rangés autour de lui, comme attendant ses ordres. Plus un regard qui osât soutenir son regard, plus une parole qui osât s'élever sans sa volonté, plus un projet qu'on osât former dans le repli le plus secret du cœur, plus une pensée qui ne procédât de la sienne. L'Europe muette l'écoutait par représentants. De loin en loin, il élevait une voix impérieuse et jetait une parole satisfaite au milieu de ce cercle pompeux, comme un denier dans la foule des pauvres. On pouvait alors reconnaître, à l'orgueil qui s'allumait dans ses regards et à la joie de sa contenance, celui des princes sur qui venait de tomber une telle faveur ; celui-là se trouvait même transformé tout à coup en un autre homme, et semblait avoir fait un pas dans la hiérarchie des pouvoirs, tant on entourait d'adorations inespérées et de soudaines caresses ce fortuné courtisan, dont le Cardinal n'apercevait pas même le bonheur obscur. Le frère du Roi et le duc de Bouillon étaient debout dans la foule, d'où le ministre ne daigna pas les tirer ; seulement il affecta de dire qu'il serait bon de démanteler quelques places fortes, parla longuement de la nécessité des pavés et des quais dans les rues de Paris, et dit en deux mots à Turenne qu'on pourrait l'envoyer à l'armée d'Italie, près du prince Thomas, pour chercher son bâton de maréchal.

Tandis que Richelieu ballottait ainsi dans ses mains puissantes les plus grandes et les moindres choses de l'Europe, au milieu d'une fête bruyante dans son magnifique palais, on avertissait la Reine au Louvre que l'heure était venue de se rendre chez le Cardinal, où le Roi l'attendait après la tragédie. La sérieuse Anne d'Autriche n'assistait à aucun spectacle ; mais elle n'avait pu refuser la fête du premier ministre. Elle était dans son oratoire, prête à partir et couverte de perles, sa parure favorite; debout près d'une grande glace avec Marie de Mantoue, elle se plaisait à terminer la toilette de la jeune princesse, qui, vêtue d'une longue robe rose, contemplait elle-même avec attention, mais un peu d'ennui et d'un air boudeur, l'ensemble de sa toilette.

La Reine considérait son propre ouvrage dans Marie, et, plus troublée qu'elle, songeait avec crainte au moment où cesserait cette éphémère tranquillité, malgré la profonde connaissance qu'elle avait du caractère sensible mais léger de Marie. Depuis la conversation de Saint-Germain, depuis la lettre fatale, elle n'avait pas quitté un seul instant la jeune princesse, et avait donné tous ses soins à conduire son esprit dans la voie qu'elle avait tracée d'avance; car le trait le plus prononcé du caractère d'Anne d'Autriche était une invincible obstination dans ses calculs, auxquels elle eût voulu soumettre tous les événements et toutes les passions avec une exactitude géométrique, et c'est sans doute à cet esprit positif et sans mobilité que l'on doit attribuer tous les malheurs de sa régence. La sinistre réponse de Cinq-Mars, son arrestation, son jugement, tout avait été caché à la princesse Marie, dont la faute première, il est vrai, avait été un mouvement d'amour-propre et un instant d'oubli.

Cependant la Reine était bonne, et s'était amèrement repentie de sa précipitation à écrire de si décisives paroles, dont les conséquences avaient été si graves, et tous ses efforts avaient tendu à en atténuer les suites. En envisageant son action dans ses rapports avec le bonheur de la France, elle s'applaudissait d'avoir étouffé ainsi tout à coup le germe d'une guerre civile qui eût ébranlé l'État jusque dans ses fondements ; mais lorsqu'elle s'approchait de sa jeune amie et considérait cet être charmant qu'elle brisait dans sa fleur, et qu'un vieillard sur un trône ne dédommagerait pas de la perte qu'elle avait faite pour toujours ; quand elle songeait à l'entier dévouement, à cette totale abnégation de soi-même qu'elle venait de voir dans un jeune homme de vingt-deux ans, d'un si grand caractère et presque maître du royaume, elle plaignait Marie, et admirait du fond de l'âme l'homme qu'elle avait si mal jugé.

Elle aurait voulu du moins faire connaître tout ce qu'il valait à celle qu'il avait tant aimée, et qui ne le savait pas ; mais elle espérait encore en ce moment que tous les conjurés, réunis à Lyon, parviendraient à le sauver, et, une fois le sachant en pays étranger, elle pourrait alors tout dire à sa chère Marie.

Quant à celle-ci, elle avait d'abord redouté

la guerre ; mais, entourée de gens de la Reine, qui n'avaient laissé parvenir jusqu'à elle que des nouvelles dictées par cette princesse, elle avait su ou cru savoir que la conjuration n'avait pas eu d'exécution ; que le Roi et le Cardinal étaient d'abord revenus à Paris presque ensemble ; que MONSIEUR, éloigné quelque temps, avait reparu à la cour ; que le duc de Bouillon, moyennant la cession de Sedan, était aussi rentré en grâce ; et que, si le grand-écuyer ne paraissait pas encore, le motif en était la haine plus prononcée du Cardinal contre lui et la grande part qu'il avait dans la conjuration. Mais le simple bon sens et le sentiment naturel de la justice disaient assez que, n'ayant agi que sous les ordres du frère du Roi, son pardon devait suivre celui du prince. Tout avait donc calmé l'inquiétude première de son cœur, tandis que rien n'avait adouci une sorte de ressentiment orgueilleux qu'elle avait contre Cinq-Mars, assez indifférent pour ne pas lui faire savoir le lieu de sa retraite, ignoré de la Reine même et de toute la cour, tandis qu'elle n'avait songé qu'à lui, disait-elle. Depuis deux mois, d'ailleurs, les bals et les carrousels s'étaient si rapidement succédé, et tant de *devoirs* impérieux l'avaient entraînée, qu'il lui restait à peine, pour s'attrister et se plaindre, le temps de sa toilette, où elle était presque seule. Elle commençait bien chaque soir cette réflexion générale sur l'ingratitude et l'inconstance des hommes, pensée profonde et nouvelle, qui ne manque jamais d'occuper la tête d'une jeune personne à l'âge du premier amour; mais le sommeil ne lui permettait jamais de l'achever ; et la fatigue de la danse fermait ses grands yeux noirs avant que ses idées eussent trouvé le temps de se classer dans sa mémoire et de lui présenter des images bien nettes du passé. Dès son réveil, elle se voyait entourée des jeunes princesses de la cour, et, à peine en état de paraître, elle était forcée de passer chez la Reine, où l'attendaient les éternels mais moins désagréables hommages du prince Palatin ; les Polonais avaient eu le temps d'apprendre à la cour de France cette réserve mystérieuse et ce silence éloquent qui plaisent tant aux femmes, parce qu'ils accroissent l'importance des secrets toujours cachés, et rehaussent les êtres que l'on respecte assez pour ne pas oser même souffrir en leur présence. On regardait Marie comme accordée au roi Uladislas; et elle-même, il faut le confesser, s'était si bien faite à cette idée, que le trône de Pologne occupé par une autre reine lui eût paru une chose monstrueuse : elle ne voyait pas avec bonheur le moment d'y monter, mais avait cependant pris possession des hommages qu'on lui rendait d'avance. Aussi, sans se l'avouer à elle-même, exagérait-elle beaucoup les prétendus torts de Cinq-Mars que la Reine lui avait dévoilés à Saint-Germain.

— « Vous êtes fraîche comme les roses de ce bouquet, dit la Reine; allons, ma chère enfant, êtes-vous prête? Quel est ce petit air boudeur? Venez, que je referme cette boucle d'oreilles... N'aimez-vous pas ces topazes? Voulez-vous une autre parure?

— Oh! non, madame, je pense que je ne devrais pas me parer, car personne ne sait mieux que vous combien je suis malheureuse. Les hommes sont bien cruels envers nous! Je réfléchis encore à tout ce que vous m'avez dit, et tout m'est bien prouvé actuellement. Oui, il est bien vrai qu'il ne m'aimait pas; car enfin, s'il m'avait aimée, d'abord il eût renoncé à une entreprise qui me faisait tant de peine, comme je le lui avais dit; je me rappelle même, ce qui est bien plus fort, ajouta-t-elle d'un air important et même solennel, que je lui dis qu'il serait rebelle; oui, madame, *rebelle,* je le lui dis à Saint-Eustache. Mais je vois que Votre Majesté avait bien raison : je suis bien malheureuse! il avait plus d'ambition que d'amour.»

Ici une larme de dépit s'échappa de ses yeux et roula vite et seule sur sa joue, comme une perle sur une rose.

— « Oui, c'est bien certain... continua-t-elle en attachant ses bracelets; et la plus grande preuve, c'est que depuis deux mois qu'il a renoncé à son entreprise (comme vous m'avez dit que vous l'aviez fait sauver), il aurait bien pu me faire savoir où il s'est retiré. Et moi, pendant ce temps-là, je pleurais, j'implorais toute votre puissance en sa faveur ; je mendiais un mot qui m'apprît une de ses actions ; je ne pensais qu'à lui ; et encore à présent je refuse tous les jours le trône de Pologne, parce que je veux prouver jusqu'à la fin que je suis constante, que vous-même ne pouvez me faire manquer à mon attachement, bien plus sérieux que le sien, et que nous valons mieux que les hommes; mais du moins, je crois que je puis bien aller ce soir à cette fête, puisque ce n'est pas un bal.

— Oui, oui, ma chère enfant, venez vite, dit la Reine, voulant faire cesser ce langage enfantin qui l'affligeait, et dont elle avait causé les erreurs ingénues ; venez, vous verrez l'union qui règne entre les princes et le Cardinal, et nous apprendrons peut-être quelques bonnes nouvelles. »

Elles partirent.

Lorsque les deux princesses entrèrent dans les longues galeries du Palais-Cardinal, elles furent reçues et saluées froidement par le Roi et le ministre, qui, entourés et pressés par une foule de courtisans silencieux, jouaient aux échecs sur une table étroite et basse. Toutes les femmes qui entrèrent avec la Reine, ou après elle, se répandirent dans les appartements, et bientôt une musique fort douce s'éleva dans l'une des salles, comme un accompagnement à mille conversations particulières qui s'engagèrent autour des tables de jeu.

Auprès de la Reine passèrent, en saluant, deux jeunes et nouveaux mariés, l'heureux Chabot et la belle duchesse de Rohan; ils semblaient éviter la foule et chercher à l'écart le moment de se parler d'eux-mêmes. Tout le monde les accueillait en souriant et les voyait avec envie : leur félicité se lisait sur le visage des autres autant que sur le leur.

Marie les suivit des yeux : « Ils sont heureux pourtant, » dit-elle à la Reine, se rappelant le blâme que l'on avait voulu jeter sur eux.

Mais, sans lui répondre, Anne d'Autriche craignant que, dans la foule, un mot inconsidéré ne vînt apprendre quelque funeste événement à sa jeune amie, se plaça derrière le Roi avec elle. Bientôt MONSIEUR, le prince Palatin et le duc de Bouillon vinrent lui parler d'un air libre et enjoué. Cependant le second, jetant sur Marie un regard sévère et scrutateur, lui dit : « Madame la princesse, vous êtes ce soir d'une beauté et d'une gaieté *surprenantes*. »

Elle fut interdite de ces paroles et de le voir s'éloigner d'un air sombre ; elle parla au duc d'Orléans, qui ne répondit pas et sembla ne pas entendre. Marie regarda la Reine, et crut remarquer de la pâleur et de l'inquiétude sur ses traits. Cependant personne n'osait approcher le Cardinal-Duc, qui méditait lentement ses coups d'échecs ; Mazarin seul, appuyé sur le bras de son fauteuil et suivant les coups avec une attention servile, faisait des gestes d'admiration toutes les fois que le Cardinal avait joué. L'application sembla dissiper un moment le nuage qui couvrait le front du ministre : il venait d'avancer une *tour* qui mettait le *roi* de Louis XIII dans cette fausse position qu'on nomme *Pat*, situation où ce roi d'ébène, sans être attaqué personnellement, ne peut cependant ni reculer ni avancer dans aucun sens. Le Cardinal, levant les yeux, regarda son adversaire, et se mit à sourire d'un côté des lèvres seulement, ne pouvant peut-être s'interdire un secret rapprochement. Puis, en voyant les yeux éteints et la figure mourante du prince, il se pencha à l'oreille de Mazarin, et lui dit :

« Je crois, ma foi, qu'il partira avant moi ; il est bien changé. »

En même temps, il lui prit une longue et

violente toux; souvent il sentait en lui cette douleur aiguë et persévérante; à cet avertissement sinistre il porta à sa bouche un mouchoir qu'il en retira sanglant; mais, pour le cacher, il le jeta sous la table, et sourit en regardant sévèrement autour de lui, comme pour défendre l'inquiétude.

Louis XIII, parfaitement insensible, ne fit pas le plus léger mouvement, et rangea ses pièces pour une autre partie avec une main décharnée et tremblante. Ces deux mourants semblaient tirer au sort leur dernière heure.

En cet instant une horloge sonna minuit. Le Roi leva la tête :

« Ah! ah! dit-il froidement, ce matin, à la même heure, M. le Grand, notre cher ami, a passé un mauvais moment. »

Un cri perçant partit auprès de lui; il frémit et se jeta de l'autre côté, renversant le jeu. Marie de Mantoue, sans connaissance, était dans les bras de la Reine; celle-ci, pleurant amèrement, dit à l'oreille du Roi :

« Ah! Sire, vous avez une hache à deux tranchants! »

Elle donnait ensuite des soins et des baisers maternels à la jeune princesse, qui, entourée de toutes les femmes de la cour, ne revint de son évanouissement que pour verser des torrents de larmes. Sitôt qu'elle rouvrit les yeux :

« Hélas ! oui, mon enfant, lui dit Anne d'Autriche, ma pauvre enfant, vous êtes reine de Pologne. »

Il est arrivé souvent que le même événement qui faisait couler des larmes dans le palais des rois a répandu l'allégresse au dehors ; car le peuple croit toujours que la joie habite avec les fêtes. Il y eut cinq jours de réjouissances pour le retour du ministre, et, chaque soir, sous les fenêtres du Palais-Cardinal et sous celles du Louvre, se pressaient les habitants de Paris ; les dernières émeutes les avaient, pour ainsi dire, mis en goût pour les mouvements publics ; ils couraient d'une rue à l'autre avec une curiosité quelquefois insultante et hostile, tantôt marchant en processions silencieuses, tantôt poussant de longs éclats de rire ou des huées prolongées dont on ignorait le sens. Des bandes de jeunes hommes se battaient dans les carrefours et dansaient en rond sur les places publiques, comme pour manifester quelque espérance inconnue de plaisir et quelque joie insensée qui serrait le cœur. Il était remarquable que le silence le plus triste régnait justement dans les lieux que les ordres du ministre avaient préparés pour les réjouissances, et que l'on passait avec dédain devant les façades illuminées de son palais. Si quelques voix s'élevaient, c'était pour lire et relire sans cesse avec ironie les légendes et les inscriptions dont l'idiote flatterie de quelques écrivains obscurs avait entouré le portrait du Cardinal-Duc. L'une de ces images était gardée par des arquebusiers qui ne la garantissaient pas des pierres que lui lançaient de loin des mains inconnues. Elle représentait le Cardinal généralissime portant un casque entouré de lauriers. On lisait au-dessus :

> Grand duc ! c'est justement que la France t'honore ;
> Ainsi que le dieu Mars dans Paris on t'adore [1].

Ces belles choses ne persuadaient pas au peuple qu'il fût heureux ; et en effet il n'adorait pas plus le Cardinal que le dieu Mars, mais il acceptait ses fêtes à titre de désordre. Tout Paris était en rumeur, et des hommes à longue barbe, portant des torches, des pots remplis de vin et des verres d'étain qu'ils choquaient à grand bruit, se tenaient sous le bras et chantaient à l'unisson, avec des voix rudes et grossières, une ancienne ronde de la Ligue :

> Reprenons la danse,
> Allons, c'est assez :
> Le printemps commence,
> Les Rois sont passés.

[1]. Cette gravure existe encore.

> Prenons quelque trève,
> Nous sommes lassés;
> Les Rois de la fève
> Nous ont harassés.
>
> Allons, Jean du Mayne,
> Les Rois sont passés [1].

Les bandes effrayantes qui hurlaient ces paroles traversèrent les quais et le Pont-Neuf, froissant, contre les hautes maisons qui les couvraient alors, quelques bourgeois paisibles, attirés par la curiosité. Deux jeunes gens enveloppés dans des manteaux furent jetés l'un contre l'autre et se reconnurent à la lueur d'une torche placée au pied de la statue de Henri IV, nouvellement élevée, sous laquelle ils se trouvaient.

— « Quoi ! encore à Paris, monsieur ? dit Corneille à Milton ; je vous croyais à Londres.

— Entendez-vous ce peuple, monsieur? l'entendez-vous? quel est ce refrain terrible :

> Les Rois sont passés?

— Ce n'est rien encore, monsieur; faites attention à leurs propos.

— Le Parlement est mort, disait l'un des hommes, les seigneurs sont morts : dansons, nous sommes les maîtres ; le vieux Cardinal s'en va, il n'y a plus que le Roi et nous.

---

[1]. Chant des guerres civiles. (Voy. *Mém. de la Ligue.*)

— Entendez-vous ce misérable, monsieur ? reprit Corneille ; tout est là, toute notre époque est dans ce mot.

— Eh quoi ! est-ce là l'œuvre de ce ministre que l'on appelle *grand* parmi vous, et même chez les autres peuples ? Je ne comprends pas cet homme.

— Je vous l'expliquerai tout à l'heure, lui répondit Corneille ; mais, avant cela, écoutez la fin de cette lettre que j'ai reçue aujourd'hui. Approchons-nous de cette lanterne, sous la statue du feu roi... Nous sommes seuls, la foule est passée, écoutez :

« ... C'est par l'une de ces imprévoyances qui
« empêchent l'accomplissement des plus géné-
« reuses entreprises que nous n'avons pu sauver
« MM. de Cinq-Mars et de Thou. Nous eus-
« sions dû penser que, préparés à la mort par
« de longues méditations, ils refuseraient nos
« secours ; mais cette idée ne vint à aucun de
« nous ; dans la précipitation de nos mesures,
« nous fîmes encore la faute de nous trop dis-
« séminer dans la foule, ce qui nous ôta le
« moyen de prendre une résolution subite.
« J'étais placé, pour mon malheur, près de l'écha-
« faud, et je vis s'avancer jusqu'au pied nos
« malheureux amis, qui soutenaient le pauvre
« abbé Quillet, destiné à voir mourir son élève,

« qu'il avait vu naître. Il sanglotait et n'avait
« que la force de baiser les mains des deux amis.
« Nous nous avançames tous, prêts à nous
« élancer sur les gardes au signal convenu ;
« mais je vis avec douleur M. de Cinq-Mars
« jeter son chapeau loin de lui d'un air de dé-
« dain. On avait remarqué notre mouvement,
« et la garde catalane fut doublée autour de
« l'échafaud. Je ne pouvais plus voir ; mais j'en-
« tendais pleurer. Après les trois coups de trom-
« pette ordinaires, le greffier criminel de Lyon,
« étant à cheval assez près de l'échafaud, lut
« l'arrêt de mort que ni l'un ni l'autre n'écou-
« tèrent. M. de Thou dit à M. de Cinq-Mars :

« Eh bien ! cher ami, qui mourra le premier ?
« Vous souvient-il de saint Gervais et de saint
« Protais ?

« — Ce sera celui que vous jugerez à propos,
« répondit Cinq-Mars.

« Le second confesseur, prenant la parole, dit
« à M. de Thou : « Vous êtes le plus âgé.

« — Il est vrai, dit M. de Thou, qui, s'adres-
« sant à M. le Grand, lui dit : « Vous êtes le
« plus généreux, vous voulez bien me montrer
« le chemin de la gloire du ciel ?

« — Hélas ! dit Cinq-Mars, je vous ai ouvert
« celui du précipice ; mais précipitons-nous dans
« la mort généreusement, et nous surgirons
« dans la gloire et le bonheur du ciel. »

« Après quoi il l'embrassa et monta l'écha-
« faud avec une adresse et une légèreté mer-
« veilleuses. Il fit un tour sur l'échafaud, et
« considéra haut et bas toute cette grande as-
« semblée, d'un visage assuré et qui ne témoi-
« gnait aucune peur, et d'un maintien grave et
« gracieux ; puis il fit un autre tour, saluant le
« peuple de tous côtés, sans paraître recon-
« naître aucun de nous, mais avec une face
« majestueuse et charmante ; puis il se mit à
« genoux, levant les yeux au ciel, adorant Dieu
« et lui recommandant sa fin : comme il bai-
« sait le crucifix, le père cria au peuple de
« prier Dieu pour lui, et M. le Grand, ouvrant
« les bras, joignant les mains, tenant toujours
« son crucifix, fit la même demande au peuple.
« Puis il s'alla jeter de bonne grâce à genoux
« devant le bloc, embrassa le poteau, mit le
« cou dessus, leva les yeux au ciel, et demanda
« au confesseur : « Mon père, serai-je bien
« ainsi ? » Puis, tandis que l'on coupait ses che-
« veux, il éleva les yeux au ciel et dit en sou-
« pirant : « Mon Dieu, qu'est-ce que ce
« monde ? mon Dieu, je vous offre mon sup-
« plice en satisfaction de mes péchés.

« — Qu'attends-tu ? que fais-tu là ? dit-il en-
« suite à l'exécuteur qui était là et n'avait pas
« encore tiré son couperet d'un méchant sac
« qu'il avait apporté. Son confesseur, s'étant

« approché, lui donna une médaille; et lui,
« d'une tranquillité d'esprit incroyable, pria le
« père de tenir le crucifix devant ses yeux,
« qu'il ne voulut point avoir bandés. J'aperçus
« les deux mains tremblantes du vieil abbé
« Quillet, qui élevait le crucifix. En ce mo-
« ment, une voix claire et pure comme celle
« d'un ange entonna *l'Ave, maris stella*. Dans
« le silence universel, je reconnus la voix de
« M. de Thou, qui attendait au pied de l'écha-
« faud; le peuple répéta le chant sacré. M. de
« Cinq-Mars embrassa plus étroitement le po-
« teau, et je vis s'élever une hache faite à la
« façon des haches d'Angleterre. Un cri ef-
« froyable du peuple, jeté de la place, des fe-
« nêtres et des tours, m'avertit qu'elle était re-
« tombée et que la tête avait roulé jusqu'à
« terre; j'eus encore la force, heureusement,
« de penser à son âme et de commencer une
« prière pour lui; je la mêlai avec celle que
« j'entendais prononcer à haute voix par notre
« malheureux et pieux ami de Thou. Je me
« relevai, et le vis s'élancer sur l'échafaud avec
« tant de promptitude, qu'on eût dit qu'il vo-
« lait. Le père et lui récitèrent les psaumes; il
« les disait avec une ardeur de séraphin, comme
« si son âme eût emporté son corps vers le
« ciel; puis, s'agenouillant, il baisa le sang de
« Cinq-Mars, comme celui d'un martyr, et de-

« vint plus martyr lui-même. Je ne sais si Dieu
« voulut lui accorder cette grâce ; mais je vis
« avec horreur le bourreau, effrayé sans doute
« du premier coup qu'il avait porté, le frapper
« sur le haut de la tête, où le malheureux jeune
« homme porta la main ; le peuple poussa un
« long gémissement, et s'avança contre le bour-
« reau : ce misérable, tout troublé, lui porta un
« second coup, qui ne fit encore que l'écorcher
« et l'abattre sur le théâtre, où l'exécuteur se
« roula sur lui pour l'achever. Un événement
« étrange effrayait le peuple autant que l'hor-
« rible spectacle. Le vieux domestique de M. de
« Cinq-Mars, tenant son cheval comme à un
« convoi funèbre, s'était arrêté au pied de l'écha-
« faud, et, semblable à un homme paralysé,
« regarda son maître jusqu'à la fin, puis tout à
« coup, comme frappé de la même hache, tomba
« mort sous le coup qui avait fait tomber la tête.

« Je vous écris à la hâte ces tristes détails à
« bord d'une galère de Gênes, où Fontrailles,
« Gondi, d'Entraigues, Beauvau, du Lude, moi
« et tous les conjurés, sommes retirés. Nous
« allons en Angleterre attendre que le temps
« ait délivré la France du tyran que nous
« n'avons pu détruire. J'abandonne pour tou-
« jours le service du lâche prince qui nous a
« trahis.

« MONTRÉSOR. »

— Telle vient d'être, poursuivit Corneille, la fin de ces deux jeunes gens que vous vîtes naguère si puissants. Leur dernier soupir a été celui de l'ancienne monarchie; il ne peut plus régner ici qu'une cour dorénavant; les Grands et les Sénats sont anéantis [1].

— Et voilà donc ce prétendu grand homme! reprit Milton. Qu'a-t-il voulu faire? Il veut donc créer des républiques dans l'avenir, puisqu'il détruit les bases de votre monarchie?

— Ne le cherchez pas si loin, dit Corneille; il n'a voulu que régner jusqu'à la fin de sa vie. Il a travaillé pour le moment, et non pour l'avenir; il a continué l'œuvre de Louis XI, et ni l'un ni l'autre n'ont su ce qu'ils faisaient.»

L'Anglais se prit à rire.

— « Je croyais, dit-il, je croyais que le vrai génie avait une autre marche. Cet homme a ébranlé ce qu'il devait soutenir, et on l'admire! Je plains votre nation.

— Ne la plaignez pas! s'écria vivement Corneille; un homme passe, mais un peuple se renouvelle. Celui-ci, monsieur, est doué d'une immortelle énergie que rien ne peut éteindre: souvent son imagination l'égarera; mais une

---

[1]. On appelait le parlement *sénat*. Il existe des lettres adressées à *Monseigneur de Harlay*, prince du Sénat de Paris et premier juge du royaume.

raison supérieure finira toujours par dominer ses désordres. »

Les deux jeunes et déjà grands hommes se promenaient en parlant ainsi sur cet emplacement qui sépare la statue de Henri IV de la place Dauphine, au milieu de laquelle ils s'arrêtèrent un moment.

— « Oui, monsieur, poursuivit Corneille, je vois tous les soirs avec quelle vitesse une pensée généreuse retentit dans les cœurs français, et tous les soirs je me retire heureux de l'avoir vu. La reconnaissance prosterne les pauvres devant cette statue d'un bon roi; qui sait quel autre monument élèverait une autre passion auprès de celui-ci? qui sait jusqu'où l'amour de la gloire conduirait notre peuple? qui sait si, au lieu même où nous sommes, ne s'élèvera pas une pyramide arrachée à l'Orient?

— Ce sont les secrets de l'avenir, dit Milton; j'admire, comme vous, votre peuple passionné; mais je le crains pour lui-même; je le comprends mal aussi, et je ne reconnais pas son esprit, quand je le vois prodiguer son admiration à des hommes tels que celui qui vous gouverne. L'amour du pouvoir est bien puéril, et cet homme en est dévoré sans avoir la force de le saisir tout entier. Chose risible! il est tyran sous un maître. Ce colosse, toujours sans équilibre, vient d'être presque renversé sous le doigt d'un enfant. Est-ce là le génie? non, non! Lorsqu'il daigne quitter ses hautes régions pour une passion humaine, du moins doit-il l'envahir. Puisque ce Richelieu ne voulait que le pouvoir, que ne l'a-t-il donc pris par le sommet au lieu de l'emprunter à une faible tête de Roi qui tourne et qui fléchit? Je vais trouver un homme qui n'a pas encore paru, et que je vois dominé par cette misérable ambition ; mais je crois qu'il ira plus loin. Il se nomme Cromwell. »

Écrit en 1826.

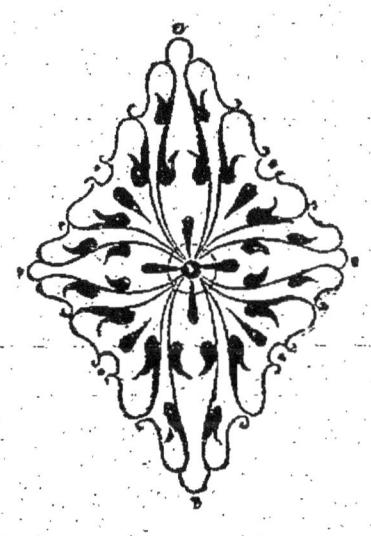

NOTES

ET

DOCUMENTS HISTORIQUES

NOTES

ET

DOCUMENTS HISTORIQUES

L ORSQUE parut pour la première fois ce livre [1], il parut seul, sans notes, comme œuvre d'art, comme résumé d'un siècle. Pour qu'en toute loyauté il fût jugé par le public, l'auteur ne voulut l'entourer en nulle façon de cet éclat apparent des recherches historiques, dont il est trop facile de décorer un livre nouveau. Il voulut, selon la théorie qui sert ici de préface : *Sur la vérité dans l'art*, ne point montrer le *vrai* détaillé, mais l'œuvre épique, la composition avec sa tragédie, dont les nœuds enveloppent tous les personnages éminents du temps de Louis XIII. Bientôt cependant l'auteur s'aperçut de la

1. Mars 1826. — 2 vol. in-18.

nécessité d'indiquer les sources principales de son travail ; et comme il avait toujours voulu remonter aux plus pures, c'est-à-dire aux manuscrits, et, à leur défaut, aux éditions contemporaines, il ajouta les renseignements les plus détaillés à la seconde édition de *Cinq-Mars* [1], pour rectifier des erreurs répandues sur l'authenticité de quelques faits. Depuis lors, il revint à la simple et primitive unité de son ouvrage. Mais aujourd'hui qu'on a multiplié, au delà de ce qu'il eût pu attendre, cette production, qu'il est loin de croire irréprochable, il veut que les esprits curieux des détails du *vrai anecdotique* n'aient pas à chercher ailleurs des documents qu'il avait écartés.

Tome I, page 140.

Une barbe plate et rousse à l'extrémité...

« Pendant sa jeunesse, dit l'historien du père Joseph, il avait les cheveux et la barbe d'un roux un peu ardent. Il s'était aperçu que Louis XIII ne pouvait souffrir cette couleur ; aussi avait-il pris soin de la brunir avec des peignes de plomb et d'acier, jusqu'à ce qu'il eût trouvé le moyen de la blanchir, que lui donna plus tard un empirique. L'horreur du roi était telle pour cette couleur, qu'un jour son premier gentilhomme de la chambre (dont le frère avait le plus beau gouvernement du royaume), ayant l'honneur d'accompagner Sa Majesté à Fontainebleau, dans une partie de chasse, il fit tant de pluie qu'il emporta toute la peinture dont il cachait la rousseur de ses cheveux. Le prince, l'ayant aperçue, en eut peur et lui dit : *« Bon Dieu, que vois-je ! ne paraissez plus devant*

---

1. Juin 1826. — 4 vol. in-12.

« *moi.* » Le gentilhomme fut obligé de se défaire de sa charge. »

TOME I, page 142.

Son confident...

Ce trop célèbre capucin, que l'un de ses historiens appelle *l'esprit auxiliaire* du Cardinal, fut non seulement son confident, mais celui du Roi même. Inflexible, souple et bas, il affermissait les pas du ministre dans les voies du sang, et l'aidait à y faire descendre le faible prince. L'histoire de cet homme est partout; mais voici les détails d'une de ses manœuvres que l'on connaît peu:

M. de Montmorency était pris à Castelnaudary; Louis XIII hésitait à le faire périr. MONSIEUR, qui l'avait abandonné sur le champ de bataille, demandait sa grâce avec vigueur. Le Cardinal voulait sa mort, et ne savait comment obtenir cette précieuse faveur. Bullion était chargé de la négociation, et conseillait Gaston : ce fut à cet homme que Joseph s'adressa d'abord.

Il s'empare de lui avec une adresse de serpent, et, par son organe, fait conseiller à MONSIEUR de ne plus demander au Roi des assurances pour la grâce du jeune duc, mais de s'en remettre à la bonté seule de Louis, dont on blessait le cœur en ayant l'air d'en douter. MONSIEUR croit voir dans ce discours l'intention de pardonner, insinuée par son frère même, et fait *son accommodement* pour lui seul, sans rien stipuler pour le jeune duc, et s'en remettant à la clémence du Roi. C'est alors qu'en un *conseil étroit* entre le Roi, le Cardinal et Joseph, celui-ci ose prendre la parole le premier, et, concertant la fougue de ses vociférations politiques avec les flegmatiques arguments du Cardinal, arrache de Louis la promesse, trop bien tenue, d'être inflexible.

Brulart de Léon, ambassadeur à Ratisbonne avec Joseph, dit que le capucin n'avait de chrétien que le nom, et ne cherchait qu'à tromper tout le monde.

Un ouvrage de 1635, intitulé la *Vérité défendue*, en parle en ces termes :

« Il est le grand inquisiteur d'État, interroge les prétendus criminels, fait mettre les hommes en prison sans information, empêche que leur justification ne soit écoutée, et, par des terreurs paniques, il tire les déclarations qui servent pour couvrir l'injustice du Cardinal. Il fait indignement servir le ciel à la terre, le nom de Dieu aux tromperies, et la religion aux ruses de l'État. »

Du reste, il appartenait à une très bonne famille, dont le nom était *du Tremblay*.

Je renvoie à la *Vie* même de cet indigne religieux ceux qui le voudront mieux connaître.

TOME I, page 146.

Le Cardinal lui dicta ces devoirs de nouvelle nature, etc.

Ces insolents commandements de la *religion ministérielle*, fondée par Richelieu, sont extraits d'un manuscrit désigné dans l'histoire du père Joseph.

Voici comment s'exprime à ce sujet le révérend et naïf historien et généalogiste, continuateur de l'abbé Richard :

« Il composa avec le Cardinal un livre ayant pour titre : *l'Unité du ministre et les qualités qu'il doit avoir*. Cet ouvrage n'a jamais vu le jour qu'entre les mains du Roi, et c'est ce traité qui détermina Sa Majesté à se reposer entièrement du gouvernement de son royaume sur Son Éminence. J'ai vu ce manuscrit *in-folio*, qui est très bien écrit. On n'aura pas de peine à reconnaître que le père

Joseph en est l'auteur, par la lecture des principales propositions qui y sont prouvées, premièrement comme vérités chrétiennes, secondement comme vérités politiques. On pourrait intituler ce livre : *Testament politique du père Joseph*. Tous les *grands hommes* du siècle passé en ont laissé. On reconnaîtra aisément le *génie* du père dans l'extrait de ce testament. » (*Histoire du père Joseph*.)

Suivent les articles tels qu'on vient de les lire.

TOME I, page 152.

Quant au Marillac, etc.

Le maréchal de Marillac fut privé de ses juges légitimes; les membres du Parlement, qui voulurent en vain prendre connaissance de l'affaire, virent Molé, leur procureur général, *décrété et interdit*. Traîné innocent de tribunaux en tribunaux, sans en trouver un assez habile pour lui découvrir un crime, le maréchal de Marillac tomba enfin sous l'arrêt des *commissaires*, lu par un garde des sceaux *ecclésiastique* (Châteauneuf), auquel il fallut une dispense de Rome, sollicitée exprès, pour condamner un homme sans reproche ; et le Cardinal se prit à rire des *lumières* qu'il avait fait descendre forcément sur les juges. Quelle confusion ! quel temps ! On ne saurait trop éclairer les points principaux de l'histoire, pour éteindre les puérils regrets du passé dans quelques esprits qui n'examinent pas.

TOME I, page 215.

Ce jour-là, le Cardinal parut revêtu d'un costume entièrement guerrier...

Ce costume est exactement décrit dans les *Mémoires*

manuscrits de Pontis, tel qu'on le lit ici. (*Bibliothèque de l'Arsenal.*)

TOME I, page 253.

— D'extirper une branche royale de Bourbon...

Le comte de Soissons, assassiné à la bataille de la Marfée, qu'il gagnait sur les troupes du Roi, ou plutôt du Cardinal. J'ai sous les yeux des relations contemporaines les plus détaillées de cette affaire. Elles renferment ce qui suit : « Le régiment de Meiternich et l'infanterie de Lamboy s'estant rompus, il ne resta près dudit comte que trois ou quatre des siens ; lequel, dans ce désordre, fut abordé d'un cavalier seul, que ses gens ne connurent dans cette confusion pour ennemy, qui luy donna un coup de pistolet au-dessous de l'œil, dont il fut tué tout roide... Ce grand prince, n'ayant d'autre dessein que de servir Sa Majesté et son État, et arrester les violences de celuy qui veut miner tout ce qui est au-dessus de lui ;... il (le Cardinal) vient d'extirper une branche royale de Bourbon, ayant fait choisir ce prince par un de ses gardes, qui s'était mis avec ce dessein exécrable, et par son commandement, parmy les gens d'armes de ce prince, *ayant été reconneu tel*, après qu'il fut tué sur la place par Riquemont, escuyer du même prince défunct. » (*Montglat, Fabert*, etc., etc., *Relation de Montrésor*, t. II, p. 520.)

Il existe à la Bibliothèque de Paris un curieux autographe, qui montre quel prix mettait le Cardinal à ces sortes d'expéditions.

Billet de M. Des Noyers, escrit à M. le maréchal de Châtillon après la bataille de Sedan.

Le Roy a résolu de donner un GOUVERNEMENT et une pension pour sa vie durante au gendarme qui a tué le général des ennemis. Monsieur le maréchal l'enverra à Reims trouver Sa Majesté aussitôt qu'il y sera arrivé. Fait à Péronne, ce 9 juillet 1641.

Des Noyers.

Vol. g. 6, 233 MM.

EXAMEN DE LA CORRESPONDANCE SECRÈTE DU CARDINAL DE RICHELIEU, RELATIVE AU PROCÈS DE MM. DE CINQ-MARS ET DE THOU.

L'activité infatigable, la pénétration vive, la persévérance ingénieuse du cardinal de Richelieu à la fin de ses jours, quand les maladies, les fatigues, les chagrins, semblaient devoir amortir ses rares facultés, ne sont pas seulement en évidence dans la conduite de cette affaire; il est curieux d'y observer, en gémissant, les voies souterraines par lesquelles devait passer, pour arriver à son but, ce puissant mineur, comme disait Shakespeare : *O worthy pioneer!* Toutes les petitesses auxquelles sont forcés de descendre les travailleurs politiques pourraient rendre plus modestes leurs imitateurs, s'ils considéraient que celui-ci, après tous ses efforts, après l'accomplissement entier de ses projets, ne réussit qu'à hâter et assurer la chute de la monarchie unitaire qu'il croyait affermir pour toujours.

Pour montrer ces écrits sous leur vrai jour, il est nécessaire d'en écarter les longues phrases de procès-verbal, dont la sécheresse et la confusion ont dégoûté sans doute tous ceux qui les ont parcourus. Mais il importe d'en extraire les traits singuliers et vifs que l'on démêle dans cette nuit, lorsqu'on y attache des regards attentifs.

Sitôt que M. de Cinq-Mars est arrêté et que le duc d'Orléans s'est excusé par la lettre que j'ai citée dans le cours de ce livre [1], la première inquiétude du Cardinal est de savoir si M. de Bouillon est arrêté. Dans le doute, et craignant le retour de Louis XIII à sa première affection pour Cinq-Mars, il s'arrête à Tarascon, et de là veut s'assurer que son crédit est dans toute sa force : comme un athlète qui se prépare à un grand combat, il essaye son bras et pèse sa massue.

Instruction, après l'arrest de M. le Grand, à messieurs de Chavigny et Des Noyers, estant près du Roy, pour sçavoir, entre autres choses, de Sa Majesté, si Son Éminence agira comme elle a fait ci-devant, ainsi qu'elle le jugera à propos.

Si M. de Bouillon est pris, il est question de faire voir promptement que *l'on l'a pris avec justice;* pour ce faire, il faut découvrir les auteurs de Madame qui en ont donné advis, et qu'au cas que ladite dame ne voudroit, on peut

---

1. Tome II, page 195.

trouver quelque invention par laquelle on puisse faire connoistre qu'on a cette découverte; on le peut faire en resserrant de toutes parts les prisonniers sans permettre de parler à personne, parce que, par ce moyen on *pourroit faire croire aux uns que les autres ont dit ce que l'on sçait : ce qui leur donnera lieu de se confesser*, et à tout le moins de le croire.

Faut arrester Cloniac, que l'on dit avoir des papiers secrets. Faut retirer la *cassette de cheveux et amourettes* qu'a M. de Choisy.

Faut représenter au Roy qu'il est très important de ne dire pas qu'il ait bruslé tous les papiers, et en effet l'on croit qu'il ne l'a pas fait.

Si Monsieur de Bouillon est pris, il faut pourvoir l'Italie d'un chef de grande fidélité, pour plusieurs raisons qui pressent. Il en faut un en Guyenne et un autre dans le Roussillon, estant douteux si *Monsieur de Turenne voudroit servir*, et si l'on doit le laisser seul, le Roy y pourvoira s'il lui plaist.

On voit quel piège il indique; M. de Cinq-Mars y tomba le premier.

La réponse ne se fait pas attendre : on a arrêté M. de Bouillon; le Roi a consenti à faire tous les mensonges qui lui sont dictés, et, pour preuve de son obéissance, il écrit de sa main la lettre qui suit :

Lettre du Roy à Son Éminence.

« Je ne me trouve jamais que bien de vous voir. Je me porte beaucoup mieux depuis hier; et ensuite de la prise de Monsieur de Bouillon, qui est un coup de parti, j'espère avec l'ayde de Dieu que tout ira bien, et qu'il me donnera la parfaite santé; c'est de quoi je le prie de tout mon cœur.

LOUYS.

Avec ce gage on peut agir : il a fait menacer MONSIEUR, et ne lui a répondu que vaguement. Gaston se remet à supplier : le même jour, il écrit au Roi, au cardinal Mazarin, à M. Des Noyers, à M. de Chavigny, et une seconde fois au Cardinal. Remarquez que c'était à lui d'abord qu'il avait demandé pardon le 17 juin, avant de supplier le Roi le 25, suivant en cela la hiérarchie établie par le Cardinal. Il demande grâce à tout le monde et promet une entière confession.

La-dessus, le Cardinal met le pied sur le frère du Roi, et l'écrase par la lettre froide où il lui conseille de tout confesser. On l'a lue au chapitre *le Travail*. (Tome II, page 195.)

Reviennent de nouveaux rapports du fidèle agent Chavigny, lequel ne connaît pas d'assez humbles termes pour parler au Cardinal, dont il se dit sans cesse la créature. Chavigny se moque de MONSIEUR et du *choléra-morbus* (déjà connu, comme l'on voit), qui saisit l'agent de ce prince, dans la peur d'être arrêté. — Il fait conseiller à Gaston de se retirer hors de France. On voit que le Roi ne se permet pas de répondre sans que le Cardinal ait *corrigé* la lettre qu'il doit écrire.

M. de Chavigny à Son Éminence.

Le Roy parla hier à M. de La Rivière *aussi bien et aussi fortement qu'on le pouvoit désirer.* Je luy fis mettre par escrit et signer tout ce qu'il luy dit de la part de MONSIEUR, ainsi que Son Éminence verra par la copie que je luy envoye : et lorsqu'il fit difficulté d'obéir aux commandements de Sa Majesté, *elle luy parla en maistre*, et il eût si grand'peur qu'on l'arrestât, qu'il luy prit presque une défaillance, et ensuite une espèce de *choléra-morbus* dont il a esté guary en luy rasseurant l'esprit. Le Roy fut ravy de ce que Monseigneur n'eust pas la pensée de voir MONSIEUR. En parlant à Monsieur de La Rivière, je l'ai fait tomber *insensiblement* dans le dessein de proposer à MONSIEUR qu'il confesse ingénuëment toutes les choses par un escrit qu'il envoyera au Roy; pour, après avoir vu Sa Majesté, s'en aller pendant un temps hors du royaume, avec ses bonnes grâces, et *celles de Son Éminence*.

Il m'a dit qu'il feroit cette proposition à Monseigneur, et qu'il luy demanderoit sa parole, pour la seureté de MONSIEUR, au cas qu'en confessant toutes choses par escrit, il vinst trouver le Roy, pour s'en aller par après hors de France.

En ce cas, son Éminence aura agréable de faire sçavoir à ses *créatures* si Venise n'est pas le meilleur lieu où puisse aller MONSIEUR, et quelle somme elle estime qu'on puisse lui accorder par an.

J'envoye à Monseigneur la réponse du Roy, qui doit estre mise au pied de la déclaration de La Rivière, afin qu'elle soit *corrigée comme il lui plaira*, et de la mettre entre ses mains quand il passera.

Je seray jusques à la mort sa très humble, très obligée et très *fidèle créature*.

CHAVIGNY.

A Montfrin, le dernier juin 1642.

Le Cardinal permet à MONSIEUR de sortir du royaume et d'aller à Venise, et stipule la pension qu'il aura, de façon à le rendre sage.

Mémoires de MM. de Chavigny et Des Noyers.

Je ne fais point de difficulté, si le Roy le trouve bon, de

donner parole à M. de La Rivière que MONSIEUR, *déclarant au Roy tout ce qu'il sait par escrit, sans réserve,* venant voir Sa Majesté avant que de sortir du royaume, selon la proposition que nous en a fait ledit sieur de La Rivière, Sa Majesté le laissera aller librement, sans qu'il reçoive mal, s'il sort du consentement du Roy. Venise est une bonne demeure, et en ce cas, il faut que la permission qu'il demandera au Roy de sortir porte : « Pour ne revenir en France que lorsqu'il plaira au Roy nous le permettre et nous l'ordonner. »

Quant à l'argent, je crois qu'il se doit contenter de ce que le Roy d'Espagne luy devoit donner, sçavoir : dix mille écus par mois. Car luy donner plus, c'est luy donner moyen de mal faire ; et le Roy ne pouvant consentir qu'il meine avec luy les mauvais esprits qui l'ont perdu, il n'a pas besoin davantage pour luy et pour les gens de bien. Cependant, s'il faut passer jusqu'à quatre cent mille livres, je ne crois pas qu'il faille s'arrester pour peu de chose. Je suis entièrement à ceux qui m'aiment comme vous.

Le Cardinal DE RICHELIEU.

De Tarascon, ce dernier juin 1642.

Ou M. de La Rivière vient avec un simple compliment de parole et une confession de faute déguisée, ou il vient avec charge de descouvrir une partie de ce qui a esté fait :

Si le premier, le Roi *doit adjousier foi (ou le témoigner) à ce qu'il dit*, et respondre qu'il pardonne volontiers à MONSIEUR, et que M. de la Rivière lui rapporte ce qu'il a sur la conscience, qu'il n'en doit pas estre en peine.

Si le second, il doit encore lui tesmoigner de croire que tout ce qu'il dit est tout, et respondre : « Ce que vous venez de descouvrir me surprend et ne me surprend pas.

« Il me surprend, parce que je n'eusse pas attendu ce

nouveau tesmoignage de manque d'affection de mon Frère. Il ne me surprend pas, parce que M. le Grand, estant pris, s'enquiert fort si on ne l'accuse point d'intelligence avec Monsieur.

« Monsieur de La Rivière, je vous parleray franchement : ceux qui ont donné ces mauvais conseils à mon Frère ne doivent rien attendre de moi, que la rigueur de la justice : pour mon Frère, s'il me descouvre tout ce qu'il a fait sans réserve, il recevra des effets de ma bonté, comme il en a déjà receu plusieurs fois par le passé. »

Quelque instance que La Rivière fasse d'avoir promesse d'un pardon général, sans obligation de descouvrir tout ce qui s'est passé, le Roy demeurera dans sa dernière response, luy disant qu'il ne voudroit pas luy-mesme le conseiller de faire plus que Dieu, qui requiert un vrai repentir et une ingénue reconnoissance pour pardonner;

Qu'il luy doit suffire qu'il l'asseure que Monsieur recevra les effets de sa bonté, s'il se gouverne envers Sa Majesté comme il doit, c'est-à-dire ainsi qu'il est dit cydessus.

On voit que les rôles sont écrits mot pour mot, et que le Roi ne doit rien ajouter ni retrancher. Aussitôt l'agent de Monsieur (La Rivière) accourt, et le Cardinal l'envoie au Roi d'avance dicter sa réponse. Avec quelle souplesse chaque personnage obéit au directeur de cette sanglante comédie!

Les observateurs politiques ne s'endorment pas : ils excitent Louis XIII par tous les moyens possibles contre le bouc émissaire sur qui tout péché doit retomber. On redouble de rigueurs avec le prisonnier.

Des Noyers écrit, le 30 juin 1642, au Cardinal :

Le Roy m'a dit qu'il croit que M. le Grand eût été capable *de se faire huguenot.* J'y ai adjousté qu'il se fût fait Turc pour régner et oster à Sa Majesté ce que Dieu luy a si légitimement donné. Sur quoi le Roy m'a dit :

« Je le crois. »

Sa Majesté m'a dit ce matin que Treville avoit entretenu M. le Marquis sur l'arrivée de M. le Grand à Montpellier, et qu'en entrant dans la citadelle il avoit dit :

« Ah ! Faut-il mourir à vingt-deux ans ! Faut-il conspirer contre la patrie d'aussi bonne heure ! » Ce qu'elle avoit très bien reçeu.

M. Des Noyers à Son Éminence.

Paris, le 1er juillet.

Sa Majesté est échauffée plus que jamais contre M. le Grand, car elle a seu que, durant sa maladie, ce *misérable*, que M. le premier-président nomme fort bien le *perfide public,* avoit dit du Roy :

« Il traînera encore ! »

Rien n'est oublié pour irriter Louis XIII, quoiqu'il nous soit difficile de sentir le sel du bon mot du premier président.

Le même homme (Des Noyers) écrit encore, le 1er juillet 1642, de Pierrelatte :

Sa Majesté continue dans de très grandes démonstrations d'amour pour Monseigneur, et dans une exécration non pareille pour ce malheureux *perfide public.*

Ainsi le bulletin de la *colère royale* est envoyé au Cardinal heure par heure, et l'on a soin que la fièvre ne cesse pas. Les parents des deux jeunes gens veulent supplier, on les arrête. M. de Chavigny écrit le 3 juillet 1642 :

L'abbé d'Effiat et l'abbé de Thou venoient trouver le Roy, à ce qu'on nous avoit assuré. Sa Majesté *a trouvé bon* qu'on envoyast au-devant d'eux pour leur commander de se retirer.

La correspondance est pressante. Le lendemain (4 juillet 1642), le Cardinal écrit de Tarascon :

Les énigmes les plus obscures commencent à s'expliquer : *le perfide public*, confessant, au lieu où il est, *qu'il a eu de mauvais desseins contre la personne de M. le Cardinal, mais qu'il n'en a point eu que le Roy n'y ait consenti* ; le mal est que la liberté qu'il a eue jusques à présent de se promener deux fois le jour, fait que ce discours commence d'être bien espandu en cette province, ce qui peut faire beaucoup de mauvais effets.

Une crainte mortelle agite le Cardinal qu'on ne vienne à savoir que le Roi a été de la conjuration : il rend la prison plus sévère. Il ajoute :

Ceton, lieutenant des gardes écossaises, âgé de soixante-six ans, a laissé promener M. le Grand deux fois le jour. Il n'y a que trois jours qu'il en usoit encore ainsi, ce qui me feroit croire que les premiers ordres ont été perdus.

M. de Bouillon n'a demandé qu'un médecin et deux valets de chambre ; *le perfide public* a six personnes qui doivent être retranchées. Autrement, il est impossible *qu'il ne fasse sçavoir tout ce qu'il voudra;* jamais prince n'en eut davantage.

Vous parlerez adroitement de ce que dessus, *sans me mettre en jeu aucunement.*

Comme il attend avec impatience un *bon commissaire*, il dit :

J'attends M. de Chazé, que *nous essayerons par M. de Thou.* — Faites-le hâter par le Rhône, car le temps nous presse, et il est nécessaire que je sois icy pour l'aider à ses interrogations, que je lui donnerai *toutes digérées.*

Comme il faut envenimer la plaie du cœur royal, il n'oublie pas un trait qui puisse porter :

Il est bon que le *fidel marquis de Mortemar* dise au Roy comme le *perfide public* disait que Fontrailles avoit dit un bon mot sur ses maladies, sçavoir est :

« *Il n'est pas encore assez mal.* »

Pour montrer comme le *perfide* et ses principaux confidents estoient mal intentionnez vers le Roy.

On voit que nulle légèreté de propos, nulle étourderie de jeune favori, vraie ou supposée, n'est omise par le rusé politique. Chavigny répond sur-le-champ et dans les mêmes termes :

Le fidèle marquis n'a pu encore prendre son temps pour dire ce que M. le Cardinal a mandé : ce sera pour demain ; nous verrons ce que le Roy en dira.

Puis, le lendemain, le même Chavigny écrit à la hâte :

Mortemar a dit tout au long au Roy le mot de M. le Grand. Le Roy n'a pas manqué, aussitôt ouy ce discours, de le rapporter à Chavigny.

C'est-à-dire à lui-même : il persifle ainsi Louis XIII sur sa docilité !

Et je crois qu'il en fait de mesme à M. Des Noyers.
Le Roy m'a commandé expressément de le faire sçavoir à Son Éminence, et luy dire qu'il croyoit M. le Grand assez détestable pour avoir eu une si horrible pensée, et qu'il se souvient qu'il avoit *à Lyon plus de cinquante gentilshommes* qui dépendoient de luy.
On n'a rien oublié pour entretenir Sa Majesté *en belle humeur*. Le Roy a répété plusieurs fois que M. le Grand estoit le plus grand menteur du monde. Ainsi on peut espérer que l'amitié est bien usée dans le cœur de Louis XIII.

Le 6 juillet 1642 (que l'on remarque cette rapidité), les deux créatures du Cardinal-Duc, Chavigny et Des Noyers, lui disaient le résultat de leurs insinuations :

Nous supplions très humblement Monseigneur de se mettre l'esprit en repos, et de croire qu'il ne fut jamais si puissant auprès du Roy qu'il est, que sa présence opérera tout ce qu'elle voudra.

Le même jour, le Cardinal-Duc écrit au Roi très humblement et sur le ton d'une victime et d'un prêtre candide que le Roi défend.

Son Éminence au Roy.

Ayant sçeu, dit-il, la nouvelle descouverte qu'il a pleu au Roy faire du mauvais dessein qu'avoit M. le Grand contre moy, contre un Cardinal qui, depuis vingt-cinq ans, a, par la permission de Dieu, assez heureusement servi son maistre ; plus la malice de ce malheureux est grande, plus la bonté de Sa Majesté paroist. Du septiesme juillet 1642.

Et le 7, il fait venir M. de Thou dans sa chambre, l'envoyant chercher dans la prison de Tarascon. J'ai sous les yeux ce curieux interrogatoire, et le donne tel qu'il a été conservé mot pour mot. Il n'est pas superflu de faire remarquer le ton de politesse exquise des deux personnages, dont aucun n'oublie le caractère de l'autre, et qui semblent toujours avoir dans la pensée leur vieil adage : *Un gentilhomme en vaut un autre.*

Interrogatoire et réponse de M. de Thou à Monseigneur le Cardinal-Duc, qui l'envoya querir en la prison du chasteau de Tarascon. (Journal de M. le cardinal de Richelieu, qu'il a fait durant le grand orage de la cour, en l'année 1642, et tiré des Mémoires qu'il a escrits de sa main M. DC. XLVIII.)

M. LE CARDINAL. Monsieur, je vous prie de m'excuser de vous avoir donné la peine de venir icy.

M. DE THOU. Monseigneur, je la reçois avec honneur et faveur.

Après, il lui fit donner une chaise près de son lit.

M. LE CARDINAL. Monsieur, je vous prie de me dire l'origine des choses qui se sont passées cy-devant.

M. DE THOU. Monseigneur, il n'y a personne qui le puisse mieux sçavoir que Votre Éminence.

M. LE CARDINAL. Je n'ai point d'intelligence en Espagne pour le sçavoir.

M. DE THOU. Le Roy en ayant donné l'ordre, Monseigneur, cela n'a peu estre sans vous l'avoir fait connoistre.

M. LE CARDINAL. Avez-vous escrit à Rome et en Espagne?

M. DE THOU. Ouy, Monseigneur, par le commandement du Roy.

M. LE CARDINAL. Estes-vous secrétaire d'État, pour l'avoir fait?

M. DE THOU. Non, Monseigneur; mais le Roy me l'avoit commandé, je n'ai peu faillir de le faire.

M. LE CARDINAL. Avez-vous quelque pouvoir de cela?

M. DE THOU. Ouy, Monseigneur, la parole du Roy, et un commandement de le faire par escrit.

M. LE CARDINAL. Si est-ce que M. de Cinq-Mars n'en a rien dit?

M. DE THOU. Il a eu tort, Monseigneur, de ne l'avoir dit; car il a receu le commandement aussi bien que moi.

M. LE CARDINAL. Où sont ces commandements?

M. DE THOU. Ils sont en bonnes mains, pour les produire quand il en sera besoin.

Mais c'est là ce qu'il faut éviter. Le Cardinal ne veut pas savoir que le Roi a donné des ordres contre lui. Il demande à Paris des commissaires, un surtout qu'il désigne, M. de Lamon, pour aider M. de Chazé à de nouveaux interrogatoires dirigés contre ce de Thou si imposant, si ferme, si grave, si loyal et si redoutable par sa vertu.

Tandis que ce jeune magistrat parle ainsi, Gaston d'Orléans, MONSIEUR, le frère du Roi, envoie sa confession et se met à genoux, en ces termes :

> Gaston, fils de France, frère unique du Roy, estant touché d'un véritable repentir d'avoir *encore* manqué à la fidélité que je dois au Roy mon seigneur, et désirant me rendre digne de la grâce et du pardon, j'avoue sincèrement toutes les choses dont je suis coupable.

Suivent les accusations contre M. le Grand, sur qui il rejette noblement toute l'affaire.

Puis une seconde confession accompagne la première, touchant l'autre péché :

Monsieur, frère du Roy, à Son Éminence.

D'Aigueperce, 7 juillet.

> Gaston, etc. Ne pouvant assez exprimer à mon cousin le Cardinal de Richelieu quelle est mon extrême douleur d'avoir pris des liaisons et correspondances avec ses ennemis... je proteste devant Dieu, et prie M. le Cardinal de croire que je n'ai pas eu plus grande connoissance de ce qui peut regarder sa personne, et que, pour mourir, je n'aurois jamais presté ny l'oreille ny le cœur à la moindre proposition qui eust esté contre elle, etc., etc.

La politesse de la frayeur ne peut aller plus loin et plus bas assurément.

Mais le maître n'est pas content encore de ces mensonges et de ces humiliations.

Il envoie ses ordres sur ce qui doit être dit par MONSIEUR, s'il veut qu'on lui permette de rester dans le royaume et qu'on lui donne de quoi vivre.

On confrontera MONSIEUR et M. de Cinq-Mars.

Instructions de Son Éminence.

Quand on amènera M. le Grand au lieu où sera la personne de MONSIEUR, MONSIEUR lui doit dire :

« Monsieur le Grand, quoyque nous soyons de différente qualité, nous nous trouvons en mesme peine, mais il faut que nous ayons recours à mesme remède. Je confesse nostre faute et supplie le Roy de la pardonner. »

Ou M. le Grand prendra le mesme chemin et demeurera d'accord de ce qu'aura dit MONSIEUR, ou il voudra faire l'innocent ; en quel cas MONSIEUR lui dira :

« Vous m'avez parlé en tel lieu, vous m'avez dit cela, vous vinstes à Saint-Germain me trouver en mon escurie avec M. de Bouillon (tel et moy, tels et tels) »... Ensuite MONSIEUR dira le reste de l'histoire.

Il fera de mesme lorsqu'on luy amènera M. de Bouillon.

Il se contentera de la promesse de rester dans le royaume, sans jamais y prétendre charge ny emploi.

Je dis ceci, après avoir bien philosophé sur cette affaire, *qui peut estre celle de la plus grande importance qui soit jamais arrivée en ce royaume de cette nature.*

Mais MONSIEUR fait beaucoup de difficulté de se laisser confronter aux accusés ; il craint de manquer d'assurance devant eux. Le Roi n'ose l'exiger de son frère ; il faut trouver un biais ; le chancelier Séguier le trouve et l'envoie bien vite :

J'ai proposé au Roy de mander MM. Talon, conseiller d'Estat et advocat général, Le Bret et du Bignon, qui ont tous grande connoissance de matières criminelles, pour conférer avec moy sur toutes les propositions que je lui ferai.

Leur advis est que l'on peut dispenser Monsieur d'estre présent à la lecture de sa déclaration aux accusés.

Cet advis est appuyé d'exemples et de raisons; quant aux exemples, nous avons la procédure faite de La Mole et de Coconas, accusés de lèze-majesté. En ce procès, les déclarations du Roy de Navarre et du duc d'Alençon furent receues et leues aux accusés sans confrontation, encore qu'ils l'eussent demandée.

... Une déposition d'un témoin avec des *présomptions infaillibles servent de preuve et de conviction* contre un accusé en *crime de lèze-majesté* : ce qui n'est pas aux autres crimes.

On voit que le chancelier y met fort bonne volonté.

Suit l'avis donné par Jacques Talon et Hierosme Bignon et Omer Talon, décidant « qu'aucun *fils de France* n'a esté ouy dans aucun procès, et que leur *déclaration* sert de preuve sans confrontation. »

Le chancelier reçoit la déclaration de Monsieur, en compagnie des juges, sieurs de Laubardemont, Marca, de Paris, Champigny, Miraumesnil, de Chazé et de Sève, dans laquelle le duc d'Orléans avoue : *avoir donné deux blancs signés à Fontrailles pour traiter avec le roi d'Espagne*, à l'instigation de M. le Grand ; il le présente comme ayant séduit aussi M. de Bouillon.

Après ces écrits, le Cardinal est armé de toutes pièces, et, sûr du succès, il peut partir. Il se rend à Paris ; et, tandis que l'on juge à Lyon Cinq-Mars et de Thou qu'il abandonne, il va remettre la main sur le Roi et faire grâce à MONSIEUR moyennant sa nullité politique, et à M. de Bouillon en échange de la place de Sedan.

Le rapport du procès est très curieux à lire et trop volumineux pour être copié ici ; il se trouve à la suite des interrogatoires. Le rapporteur charge ainsi M. de Cinq-Mars, après avoir passé légèrement sur MONSIEUR et le duc de Bouillon :

Quant à M. le Grand, il est chargé non seulement d'estre complice de cette conjuration, mais ensuite d'en estre auteur et promoteur.

M. le Grand empoisonne l'esprit de MONSIEUR par des craintes imaginaires et supposées par lui. Voilà un crime.

Pour se garantir de ses terreurs, *il le porte* à faire un parti dans l'Estat. En voilà deux.

Il le porte à s'unir à l'Espagne. C'en est un troisième.

Il le porte à ruiner M. le Cardinal, *et le faire chasser des affaires.* C'en est un quatrième.

Il le porte à faire la guerre en France pendant le siège de Perpignan, pour interrompre le cours du bonheur de cet Estat. C'en est un cinquième.

Il dresse luy-mesme le *traité* d'Espagne. C'en est un sixième.

Il produit Fontrailles à MONSIEUR pour estre envoyé pour le traité, et envoyé à M. le comte d'Aubijoux. Ces suites *peuvent être estimées un* septième crime, ou au moins l'accomplissement de tous les autres.

Tous sont crimes de lèze-majesté, celuy qui touche la personne des ministres des princes estant réputé, par les lois anciennes et constitutions des empereurs, de pareil poids que *ceux qui touchent leurs propres personnes*.

Un ministre *sert bien* son prince et son Estat, on l'oste à tous les-deux ; -c'est tout-de-mesme que qui priveroit le premier d'un bras et le second d'une partie de sa puissance.

Je livre ces arguments aux réflexions des jurisconsultes. Ils penseront peut-être qu'il y eût eu quelque réponse à faire si l'on eût regardé comme possible de répondre à ces absurdités d'un pouvoir sans contrôle. Le grand fait du traité d'Espagne suffisait, et je ne transcris ce que le rapporteur ajoute que pour montrer l'acharnement qui lui était prescrit contre l'ennemi, le rival de faveur du premier ministre[1].

Si M. de Cinq-Mars eût été moins ardent, moins hautain et plus habile, il ne devait pas se mettre dans son tort en traitant avec l'étranger. Il pouvait renverser le Cardinal à moins de frais et sans s'attacher au front l'écriteau *d'allié de l'étranger*, toujours détesté des nations monarchiques ou républicaines, celui du connétable de Bourbon et

---

1. Il y a peu de mots aussi involontairement et cruellement comiques que celui-ci répété si souvent : *Il le porte à*, etc. MONSIEUR se trouve ainsi présenté comme un écolier au-dessous de l'âge de raison et irresponsable, que son gouverneur porte à quelques petites erreurs. Gouverneur de *vingt-deux ans*, élève de *trente-quatre*. Sanglante facétie !

de Coriolan. Mais il avait vingt-deux ans et n'avait pas la tête tout entière aux grandes affaires. Il agissait trop vite, hâté par la passion, contre un homme d'expérience qui savait attendre avec froideur et mettre son ennemi dans son tort.

Sur l'interrogatoire secret.
(Extrait des registres.)

M. de Cinq-Mars advoua à M. le Chancelier que la plus forte passion qui l'avoit emporté à ce qu'il avoit fait estoit de mettre hors des affaires M. le Cardinal, contre lequel il avoit une adversion qu'il ne pouvoit vaincre ny modérer.

Il disoit que six choses lui avoient donné cette adversion :

1. La première, qu'après le siège d'Arras, à la fin duquel il s'estoit trouvé, M. le Cardinal avoit parlé de luy comme d'une personne qui n'avoit pas tesmoigné beaucoup de cœur.

2. Qu'après l'alliance de M. le marquis de Sourdis et de son frère, le Cardinal avoit dit que M. de Sourdis avoit faict honneur à sa maison.

3. Qu'ayant souhaité d'estre faict Duc et Pair, M. le Cardinal en avoit destourné le Roy.

4. Qu'il s'estoit senti obligé de prendre la protection de M. l'archevesque de Bordeaux, lequel il avoit cru qu'on vouloit perdre.

5. *Que luy parlant de la princesse Marie, il dit que sa mère vouloit faire le mariage de luy avec elle ;* Son Éminence dict que *sa mère, Mme d'Effiat, estoit une folle, et que si la princesse Marie avoit celle pensée, qu'elle estoit plus folle encore.* Qu'ayant été proposée pour femme de MONSIEUR, il auroit bien de la vanité et de la présomption de la prétendre ; que c'estoit chose ridicule.

6. Que le Cardinal avoit trouvé étrange que le Roy l'eust admis au conseil, et l'en avoit faict sortir.

Tome II, p. 223.

Il se faisait tirer, dit un journal manuscrit, etc...

Son bateau prit terre contre la balme de Bonneri. En cette ville, où quantité de noblesse l'attendoit, entre autres M. le comte de Suze, Monseigneur de Viviers le salua à la sortie de son bateau; mais il fallut attendre de lui parler jusques à ce qu'il fust au logis qu'on lui avoit préparé dans la ville. Quand son bateau abordoit la terre, il y avoit un pont de bois qui du bateau alloit au bord de la rivière; après qu'on avoit vu s'il s'estoit bien assuré, on sortoit le lit dans lequel ledit seigneur estoit couché, car il estoit malade d'une douleur ou ulcère au bras. Il y avoit six puissants hommes qui portoient le lit avec deux barres; et les liens où les hommes mettoient les mains estoient rembourrés et garnis de buffleteries. Ils portoient sur les épaules et autour du cou certaines trapointes garnies en dedans de coton, et la main couverte de buffle; si bien que les sangles ou surfaix qu'ils mettoient au cou estoient comme une étole qui descendoit jusques aux barres dans lesquelles elles estoient passées. Ainsi ces hommes portoient le lit et ledit seigneur dans les villes ou aux maisons auxquelles il devoit loger. Mais ce dont tout le monde estoit étonné, c'est qu'il entroit dans les maisons par les fenêtres : car auparavant qu'il arrivât, les maçons qu'il menoit abattoient les croisées des maisons, ou faisoient des ouvertures aux murailles des chambres où il devoit loger, et en après on faisoit un pont de bois qui venoit de la rue jusqu'aux fenêtres ou ouvertures de son logis : ainsi estant dans son lit portatif, il passoit par les rues, et on le passoit sur le pont jusque dans un autre lit qui lui estoit préparé dans sa chambre, que ses officiers avoient tapissée de damas incarnat et violet, avec des ameublements très riches. Il logea à Viviers dans la maison de Montarguy, qui est à présent à l'université de notre église. On abattit la croisée de la chambre, qui a sa vue sur la place, et le pont de bois pour y monter venoit depuis la boutique de Noël de Viel, sous la maison d'Ales, du côté du nord, jusques à l'ouverture des fenêtres, où le seigneur Cardinal fut porté de la manière expliquée. Sa chambre estoit gardée de tous côtés, tant sous les voûtes qu'ès côtés et sur le dessus des logements où il couchoit.

Sa cour ou suite estoit composée de gens d'importance; la civilité, affabilité et courtoisie estoient avec eux. La dévotion y estoit très grande; car les soldats, qui sont ordinairement indévôts et impies, firent de grandes dévotions. Le lendemain de son arrivée, qui estoit un dimanche, plusieurs d'iceux se confessèrent et communièrent avec démonstration de grande piété; ils ne firent aucune insolence dans la ville, vivant quasi comme des pucelles. La noblesse aussi fit de grandes dévotions. Quand on estoit sur le Rhône, quoiqu'il y eust quantité de bateliers, tant dans les barques qu'après les chevaux, on n'osoit jamais blasphémer, qu'est quasi un miracle que de telles gens demeurassent dans une telle rétention; on ne leur oyait proférer que les mots qui leur estoient nécessaires pour la conduite de leurs barques, mais si modestement, que tout le monde en estoit ravi.

Monseigneur le cardinal Bigni logea à l'archidiaconé. On avoit préparé la maison de M. Panisse pour Monseigneur le cardinal Mazarin; mais au partir du bourg Saint-Andéol, il prit la poste pour aller trouver le Roy. Le dimanche 25, ledit seigneur fut reporté dans son bateau avec le même ordre. (*Extrait du journal manuscrit de J. de Banne.*)

Sur les derniers moments de MM. de Cinq-Mars et de Thou, et leurs actes de dévotion.

La bravoure de M. de Cinq-Mars était froide, noble et élégante. Il n'y en a pas de mieux attestée. Si, après tant de détails historiques résumés dans le livre, il en fallait de nouvelles preuves, j'ajouterais, pour les confirmer, cette lettre de M. de Marca, et des fragments du rapport qui les suit, où l'on pourra remarquer ce passage :

C'est une merveille incroyable qu'il ne témoigna jamais aucune peur, ni trouble, ni aucune émotion, etc.

Le recueil intitulé : *Journal de M. le Cardinal, duc de Richelieu, qu'il a faict durant le grand orage de la court, en l'an 1642, tiré de ses Mémoires qu'il a écrits de sa main*, porte ces paroles à la relation de l'instruction du procès :

M. de Cinq-Mars ne changea jamais de visage, ny de parole ; toujours les mêmes douceur, modération et assurance.

Tallemant des Réaux dit dans ses *Mémoires*, tome I, page 418, etc., etc. :

« M. le Grand fut ferme, et le combat qu'il souffroit en luy-même ne parut point au dehors. — Il mourut avec une grandeur de courage étonnante, et ne s'amusa point à haranguer. Il ne voulut point de bandeau. Il avoit les yeux ouverts quand on le frappa, et tenoit le billot si ferme, qu'on eut de la peine à en retirer ses bras. Il estoit plein de cœur et mourut en galant homme. Quoiqu'on eût résolu de ne point lui donner la question, comme portoit la sentence, on ne laissa pas de la lui présenter ; cela le toucha, mais ne lui fit rien faire qui le démentît, et il défaisoit déjà son pourpoint quand on lui fit lever la main seulement. »

Plusieurs rapports ajoutent que, conduit à la chambre de la torture, il s'écria : « *Où me menez-vous ? — Qu'il sent mauvais ici !* » en portant son mouchoir à son nez. Ce dédain me semble un de ces traits de *bravoure moqueuse* dont notre histoire fourmille.

Il rappelle le mot d'un gentilhomme qui, conduit à l'échafaud de 1793, dit au charretier du tombereau : « Postillon, mène-nous bien, tu auras *pour boire.* » Les Français se vengent de la mort en se moquant d'elle.

Fragment d'une lettre de M. de Marca, conseiller d'Estat, à M. de Brienne, secrétaire d'Estat, laquelle fait mention de tout ce qui s'est passé à l'instruction du procez de Messieurs de Cinq-Mars et de Thou.

MONSIEUR,

J'ay creu que vous auriez pour agréable d'estre informé des choses principales qui se sont passées au jugement qui a esté rendu contre Messieurs le Grand et de Thou ; c'est pourquoy j'ay pris la liberté de vous en donner connoissance par celle-cy. Monsieur le Chancelier commença par la déposition de Monsieur le duc d'Orléans, laquelle il reçeut en forme judiciaire à Ville-Franche en Beau-Jolois, où estoit lors MONSIEUR, dont lecture luy fut faite en présence de sept commissaires qui assistoient Monsieur le Chancelier. En cette action, il déclara que Monsieur le Grand l'avoit sollicité de faire une liaison avec luy et avec Monsieur de Bouillon, et de traiter avec l'Espagne ; ce qu'ils auroient résolu eux trois dans l'hostel de Venise, au faubourg Saint-Germain, environ la feste des Rois dernière.

Fontrailles fut choisi pour aller à Madrid, où il arresta le traité avec le Comte-Duc, par lequel le Roy d'Espagne promettoit de fournir douze mille hommes de pied et cinq mille chevaux de vieilles troupes, quarante mille escus à Monsieur pour faire nouvelles levées, etc., etc.....

La confession du traité, sans l'avoir révélé, jointe aux preuves qui sont au procez, des entremises pour la liaison des complices, et le temps de six semaines ou plus que Monsieur de Thou avoit demeuré près de Monsieur le Grand, logeant dans sa maison près de Perpignan, le conseillant en ses affaires, après avoir eu connoissance que ledit sieur le Grand avoit traité avec l'Espagne, et partant qu'il estoit criminel de léze-majesté; tout cela joint ensemble porta les juges à le condamner, suivant les lois et l'ordonnance qui sont expressément contre ceux qui ont sceu une conspiration contre l'Estat et ne l'ont pas révélée, encore que leur silence ne soit point accompagné de tant d'autres circonstances qu'estoient en l'affaire dudit sieur de Thou. *Il est mort en vray chrestien, en homme de courage,* cela mérite un grand discours particulier. Monsieur le Grand a aussi témoigné *une fermeté toujours égale, et fort résolue à la mort, avec une froideur admirable, une constance et une dévotion chrestienne.* Je vous supplie que je quitte ce discours funeste, pour vous asseurer que je continue dans les respects que je dois, et le désir de paroistre par les effets que je suis,

Monsieur,

Votre très-humble et obéissant serviteur,

Marca.

De Lyon, ce 16 septembre 1642.

A la suite de cette lettre de M. de Marca fut imprimé, en M. DC. LXV, un journal qui, depuis peu, a été attribué légèrement à un greffier de la ville de Lyon. Ce rapport fut très répandu et publié, comme on voit, *il y a cent soixante-douze ans.* Une partie des détails a été reproduite, en 1826, par moi, en le citant, et ses traits principaux sont épars, et, pour ainsi dire, semés dans le cours de la composition. Cependant, quelques-uns de ces traits, qui ne pouvaient y trouver place, furent à dessein laissés de côté, et ont été omis dans les réimpressions qui ont été faites de ce rapport. Il ne sera pas inutile de les reproduire ici. Ils complètent la peinture des caractères de ce livre, et montrent que j'ai été religieusement fidèle à l'histoire, et n'ai pas permis à l'imagination de se jouer hors du cercle tracé par la vérité.

« Nous avons vu le favori du plus grand et du plus juste des rois laisser sa tête sur l'échafaud, à l'âge de vingt-deux ans, mais avec une constance qui trouvera à peine sa pareille dans nos histoires. Nous avons vu un conseiller d'Estat mourir comme un saint, après un crime que les hommes ne peuvent pardonner avec justice. — Il n'y a personne au monde qui, sçachant leur conspiration contre l'Estat, ne les juge dignes de mort, et il y aura peu de gens qui, ayant connoissance de leur condition et de leurs belles qualités naturelles, ne plaignent leur malheur.

« Monsieur de Cinq-Mars arriva à Lyon le quatriesme septembre de la présente année 1642, sur les deux heures après midy, dans un carrosse traisné par quatre chevaux, dans lequel il y avoit quatre Gardes du corps, ayant le mousquet sur le bras, et entouré de gardes à pied au nombre de cent qui estoient à Monsieur le Cardinal-Duc. Devant marchoient deux cents cavaliers, la pluspart

Catalans, et estoient suivis de trois cents autres bien montez.

« Monsieur le Grand estoit vêtu de drap de Hollande, couleur de musc, tout couvert de dentelle d'or, avec un manteau d'escarlate à gros boutons d'argent à queue, lequel estant sur le pont du Rosne, avant que d'entrer dans la ville, demanda à Monsieur de Ceton, lieutenant des gardes écossoises, s'il agréoit qu'on fermast le carrosse ; ce qui luy fut refusé, et fut conduit par le pont Saint-Jean ; de là au Change ; et puis par la rue de Flandre jusques au pied du chasteau de Pierre-Encise, se montrant par les rues incessamment par l'une et l'autre portière, saluant tout le monde avec une face riante, sortant demy-corps du carrosse ; et mesme recogneut beaucoup de personnes qu'il salua, les appelant par leurs noms.

« Estant arrivé à Pierre-Encise, il fut assez surpris quand on luy dit qu'il falloit descendre, et monter à cheval par le dehors de la ville, pour atteindre le chasteau : Voicy donc la dernière que je feray, dit-il, s'estant imaginé qu'on avoit donné ordre de le conduire au bois de Vincennes. Il avoit souvent demandé aux gardes si on ne lui permettroit pas d'aller à la chasse quand il y seroit.

« Sa prison estoit au pied de la grande tour du chasteau, qui n'avoit pas d'autre vue que deux petites fenestres qui tomboient dans un petit jardin, au bas desquelles il y avoit corps de garde, dans la chambre aussi, où Monsieur de Ceton couchoit avec quatre gardes dans l'arrière-chambre, et à toutes les portes il en estoit de mesme.

« Monsieur le cardinal Bichy le fut visiter le lendemain cinquiesme, et luy demanda s'il lui agréoit qu'on luy envoyast quelqu'un avec qui il se pust divertir dans sa prison. Il respondit qu'il en seroit très-aise, mais qu'il ne méritoit pas que personne prist cette peine.

« En suite de quoy Monsieur le cardinal de Lyon fit appeler le Père Malavalete, jésuite auquel il donna commission de l'aller voir puisqu'il le désiroit : lequel y fut le 6 dès les cinq heures du matin, où il demeura jusques à huit heures. Il le trouva dans un lit de damas incarnat, incommodé, ce qui le rendoit fort pasle et débile. Le bon Père sceut si bien entrer dans son esprit, qu'il le demanda encore sur le soir, puis continua à le voir soir et matin pendant tous les jours de sa prison : lequel rendit compte puis après à Messieurs les Cardinaux-Ducs et de Lyon, et à Monsieur le Chancelier de tout ce qu'il lui avoit dit, et demeura ce mesme père longtemps en conférence avec Son Éminence Ducale encore qu'elle ne se laissoit voir pour lors à personne.

« Le septiesme, Monsieur le Chancelier fut visiter Monsieur de Cinq-Mars, et le traita fort civilement, lui disant qu'il n'avoit point sujet d'appréhender, mais bien d'espérer toute chose à son advantage, qu'il sçavoit bien qu'il avoit affaire à un bon juge, qui n'avoit garde d'estre mesconnoissant des faveurs qu'il avoit receues *de son bienfaiteur;* qu'il sçavoit très-bien que c'estoit par bontez et son pouvoir que le Roy ne l'avoit pas dépossédé de sa charge; que cette faveur estoit si grande qu'elle ne méritoit pas seulement un souvenir immortel, mais des reconnoissances infinies : et que c'estoit dans les occasions qu'il les y feroit paroistre. Le sujet de ce compliment estoit pris sur ce que Monsieur le Grand avoit adoucy une fois le Roy, qui estoit en grande colère contre Monsieur le Chancelier; mais la véritable raison de ces civilitez estoit la crainte qu'il avoit qu'il ne le refusast pour juge, et qu'il n'appelast au Parlement de Paris pour *estre délivré par le peuple qui l'aymoit passionnément.*

« Monsieur le Grand luy respondit que cette civilité le remplissoit de honte et de confusion; mais pourtant, dit-il, je voy bien que de la façon que l'on procède à mon affaire l'on en veut à ma vie; *c'est fait de moy, monsieur, le Roy m'a abandonné. Je ne me considère que comme une victime qu'on va immoler à la passion de mes ennemis et à la facilité du Roy.* A quoy Monsieur le Chancelier repartit que ses sentiments n'estoient pas justes, et qu'il en avoit des expériences toutes contraires. — Dieu le veuille, dit Monsieur le Grand, mais je ne le puis croire.

« Le 8, Monsieur le Chancelier l'alla voyr, accompagné de six maistres des requestes, de deux Présidents et de six Conseillers de Grenoble, duquel après l'avoir interrogé depuis les sept heures du matin jusques à deux heures de l'après midy, ils ne purent jamais rien tirer des cas à lui imposez. »

Ce rapport qui, ainsi que je l'ai dit, fut imprimé à la suite de la lettre de M. de Marca, donne encore ce trait curieux, qui atteste la présence d'esprit incroyable de M. de Thou :

« Après sa confession, il fut visité par le père Jean Terrasse, gardien du couvent de l'Observatoire de Saint-François de Tarascon, qui l'avoit visité et consolé durant sa prison de Tarascon. Il fut bien aise de le voir, il se promena avec lui quelque temps dans un entretien spirituel. Ce père estoit venu à l'occasion d'un vœu que M. de Thou avait fait à Tarascon pour sa délivrance, qui estoit de fonder une chapelle de trois cents livres de rente annuelle dans l'église des pères Cordeliers de cette ville de Tarascon ; il donna ordre pour cette fondation, voulant s'acquitter de son vœu, puisque Dieu, disoit-il, le délivroit non-seulement d'une prison de pierre, mais encore de la prison de son corps ; demanda de l'encre et du papier, et écrivit judicieusement cette belle inscription qu'il voulut estre mise en cette chapelle :

CHRISTO LIBERATORI,
VOTUM IN CARCERE PRO LIBERTATE
CONCEPTUM

FRAN. AUGUST. THUANUS
E CARCERE VITÆ JAM JAM
LIBERANDUS MERITO SOLVIT.

XII SEPTEMBR. M. D. C. XLII
CONFITEBOR TIBI, DOMINE, QUONIAM
EXAUDISTI ME, ET FACTUS ES MIHI
IN SALUTEM.

« Cette inscription fera admirer la présence et la netteté de son esprit, et fera avouer à ceux qui la considéreront que l'appréhension de la mort n'avait pas eu le pouvoir de lui causer aucun trouble. Il pria M. Thomé de faire compliment de sa part à M. le Cardinal de Lyon, et lui témoigna que s'il eust plu à Dieu de le sortir de ce péril, il avoit dessein de quitter le monde et de se donner entièrement au service de Dieu.

« Il écrivit deux lettres qui furent portées ouvertes à M. le Chancelier, et puis remises entre les mains de son confesseur pour les faire tenir ; ces lettres étant fermées, il dit : *Voilà la dernière pensée que je veux avoir pour le monde, partons au paradis.* Et dès lors il reprit sans interruption ses discours spirituels et se confessa une seconde fois. Il demandoit parfois si l'heure de partir pour aller au supplice approchoit, quand on le devoit lier, et prioit qu'on l'avertist quand l'exécuteur de la justice seroit là, afin de l'embrasser ; mais il ne le vit que sur l'échafaud. »

Sur la paraphrase que fit M. de Thou.

Le père Montbrun, confesseur de M. de Thou, est cité dans ce rapport, et donne ces détails :

M. de Thou, étant sur l'échafaud à genoux, récita

aussi le *Psaume* 115, et le paraphrasa en français presque tout du long, d'une voix assez haute et d'une action assez vigoureuse, avec une ferveur indicible, mêlée d'une sainte joie, incroyable à ceux qui ne l'auroient point vue. Voici la paraphase qu'il en fit, et que je voudrois pouvoir accompagner de l'action avec laquelle il la disoit; j'ai tâché de retenir ses propres paroles.

« *Credidi propter quod locutus sum*. Mon Dieu, *credidi*; je l'ai cru et je le crois fermement, que vous êtes mon créateur et mon bon père, que vous avez souffert pour moi, que vous m'avez racheté au prix de votre sang, vous m'avez ouvert le paradis. *Credidi*. Je vous demande, mon Dieu, un grain, un petit grain de cette foi vive, qui enflammoit les cœurs des premiers chrétiens : *Credidi, propter quod locutus sum*. Faites, mon Dieu, que je ne vous parle pas seulement des lèvres, mais que mon cœur s'accorde à toutes mes paroles, et que ma volonté ne démente point ma bouche : *Credidi*. Je ne vous adore pas, mon Dieu, de la langue : je ne suis pas assez éloquent; mais je vous adore d'esprit, oui, d'esprit, mon Dieu, je vous adore en esprit et en vérité! Ah! ah! *credidi*. Je me suis fié en vous, mon Dieu, je me suis abandonné à votre miséricorde après tant de grâces que vous m'avez faites, *propter quod locutus sum*; et, dans cette confiance, j'ai parlé, j'ai tout dit, je me suis accusé.

« *Ego autem humiliatus nimis*. Il est vrai, Seigneur, me voilà extrêmement humilié, mais non pas encore comme je le mérite. *Ego dixi in excessu meo : Omnis homo mendax.* Ah! qu'il n'est que trop vrai que tout ce monde n'est que mensonge, que folie, que vanité; ah! qu'il est vrai : *Omnis homo mendax! Quid retribuam Domini pro omnibus quæ retribuit mihi?* » Il répétoit ceci d'une grande véhémence : « *Calicem salutis accipiam*. Mon père, il faut boire courageusement ce calice de la mort; oui, et je le reçois d'un grand cœur, et je suis prêt à le boire tout entier.

« *Et nomen Domini invocabo*. Vous m'aiderez, mon père, à implorer l'assistance divine, afin qu'il plaise à

Dieu de fortifier ma foiblesse, et me donner du courage autant qu'il en faut pour avaler ce calice que le bon Dieu m'a préparé pour mon salut. »

Il passa les deux versets qui suivent dans ce *Psalme*, et s'écria d'une voix forte et animée : « *Dirupisti, Domine, vincula mea!* Ah! mon Dieu, que vous avez fait un grand coup! vous avez brisé ces liens qui me tenoient si fort attaché au monde! Il falloit une puissance divine pour m'en dégager. *Dirupisti, Domine, vincula mea!* » Voici les propres mots qu'il dit ici : « Que ceux qui m'ont amené ici m'ont fait un grand plaisir! que je leur ai d'obligations! Ah! qu'ils m'ont fait un grand bien, puisqu'ils m'ont tiré de de ce monde pour me loger dans le ciel. »

Ici son confesseur lui dit qu'il falloit tout oublier, qu'il ne falloit pas avoir de ressentiment contre eux. A cette parole il se tourna vers le père tout à genoux, comme il estoit, et d'une belle action : « Quoi! mon père, dit-il, des ressentiments? Ah! Dieu le sait, Dieu m'est témoin que je les aime de tout mon cœur, et qu'il n'y a dans mon âme aucune aversion pour qui que ce soit au monde. *Dirupisti, Domine, vincula mea; tibi sacrificabo hostiam laudis*. La voilà l'hostie. Seigneur (se montrant soi-même), la voilà cette hostie qui vous doit être maintenant immolée : *Tibi sacrificabo hostiam laudis et nomen Domini invocabo. Vota mea Domino reddam* (étendant les deux bras et la vue de tous côtés, d'un agréable mouvement, le visage enflammé) *in conspectu omnis populi ejus*. Oui, Seigneur, je veux vous rendre mes vœux, mon esprit, mon cœur, mon âme, ma vie, *in conspectu omnis populi ejus*, devant tout ce peuple, devant toute cette assemblée! *In atriis domus Domini in medio tui Jerusalem. In atriis domus Domini*. Nous y voici à l'entrée de la maison du Seigneur. Oui, c'est d'ici, c'est de Lyon, de Lyon qu'il faut monter là-haut (levant les bras vers le ciel). Lyon, que je t'ai bien plus d'obligation qu'au lieu de ma naissance, qui m'a seulement donné une vie misérable, et tu me donnes aujourd'hui une vie éternelle! *in medio tui Jerusalem*. Il est vrai que j'ai trop de passion pour cette mort. N'y a-t-il point de mal, mon père? dit-il plus bas en souriant, se tournant à côté vers le père. J'ai trop d'aise. N'y a-t-il point de vanité? Pour moi je n'en veux point. »

Détails du supplice de M. de Cinq-Mars.

(Fragment du même rapport.)

C'est une merveille incroyable qu'il ne témoigna jamais aucune peur, ni trouble, ni aucune émotion, ains parut toujours gai, assuré, inébranlable, et témoigna une si grande fermeté d'esprit, que tous ceux qui le virent en sont encore dans l'étonnement.

M. de Cinq-Mars, sans avoir les yeux bandés, posa *fort proprement* son col, dit le narrateur, sur le poteau, tenant le visage droit, tourné vers le devant de l'échafaud, et embrassant fortement de ses deux bras le poteau, il ferma les yeux et la bouche, et attendit le coup que l'exécuteur lui vint donner assez pesamment et lentement, et s'étant mis à gauche et tenant son couperet des deux mains. En recevant le coup, il poussa une voix forte, comme : Ah! qui fut étouffée dans son sang; il leva les genoux de dessus le bloc, comme pour se lever, et retomba dans la même assiette qu'il estoit. La tête comme n'estant pas entièrement séparée du corps par ce coup, l'exécuteur passa à sa droite par derrière, et, prenant la tête par les cheveux de la main droite, de la gauche il scia avec son couperet une partie de la trachée-artère et de la peau du cou, qui n'estoit pas coupée : après quoi il jeta la tête sur l'échafaud, qui de là bondit à terre, où l'on *remarqua soigneusement qu'elle fit encore un demi-tour et palpita assez longtemps*. Elle avoit le visage tourné vers les religieuses de Saint-Pierre, et le dessus de la tête vers l'échafaud, les yeux ouverts. Son corps demeura droit contre le poteau, qu'il tenoit toujours embrassé, tant que l'exécuteur le tira pour le dépouiller, ce qu'il fit, et puis le couvrit d'un drap et mit son manteau par-dessus; la tête ayant été rendue sur l'échafaud, elle fut mise auprès du corps, sous le même drap.

L'exécution de M. de Thou ressemble, comme celle de M. de Cinq-Mars, à un assassinat; la voici telle que la donne ce même journal, et plus horriblement minutieux que la lettre de Montrésor :

L'exécuteur vint pour lui bander les yeux avec le mouchoir; mais comme il lui faisoit fort mal, mettant les coins du mouchoir en bas, qui couvroient sa bouche, il le retroussa et s'accommoda mieux. Il adora le crucifix avant que de mettre la tête sur le poteau. Il baisa le sang de M. de Cinq-Mars qui y estoit resté. Après, il mit son col sur le poteau, qu'un frère jésuite avait torché de son mouchoir, parce qu'il estoit tout mouillé de sang, et demanda à ce frère s'il estoit bien, qui lui dit qu'il falloit qu'il avançast mieux sa tête sur le devant, ce qu'il fit. En même temps, l'exécuteur, s'apercevant que les cordons de sa chemise n'estoient point déliés et qu'ils lui tenoient le cou serré, lui porta la main au col pour les dénouer; ce qu'ayant senti, il demanda : « Qu'y a-t-il? faut-il encore oster la chemise? » et se disposoit déjà à l'oster. On lui dit que non, qu'il falloit seulement dénouer les cordons; ce qu'ayant fait il tira sa chemise pour découvrir son col et ses épaules, et, ayant mis sa tête sur le poteau, il prononça ses dernières paroles, qui furent : *Maria, mater gratiæ, mater misericordiæ...*, puis *In manus tuas...* et lors ses bras commencèrent à trembloter en attendant le coup, qui lui fut donné tout en haut du col, trop près de la tête, duquel coup son col n'étant coupé qu'à demi, le corps tomba du costé gauche du poteau, à la renverse, le visage contre le ciel, remuant les jambes et haussant foiblement les mains. Le bourreau le voulut renverser pour achever par où il avoit commencé; mais effrayé des cris que l'on faisoit contre lui, il lui donna trois ou quatre coups sur la gorge, et ainsi lui coupa la tête, qui demeura sur l'échafaud.

L'exécuteur, l'ayant dépouillé, porta son corps, couvert d'un drap, dans le carrosse qui les avaient amenés; puis il y mit aussi celui de M. de Cinq-Mars et leurs têtes, qui avoient encore toutes deux les yeux ouverts, particulièrement celle de M. de Thou, qui sembloit être vivante. De là, ils furent portés aux Feuillans, où M. de Cinq-Mars fut enterré devant le maître-autel, sous le balustre de ladite église, par la bonté et autorité de M. du Gay, trésorier de France en la généralité de Lyon. M. de Thou a été embaumé par le soin de madame sa sœur et mis dans un cercueil de plomb, pour être transporté en sa sépulture.

Telle fut la fin de ces deux personnes, qui, certes, doivent laisser à la postérité une autre mémoire que celle de leur mort. Je laisse à chacun d'en faire tel jugement qu'il lui plaira, et me contente de dire que ce nous est une grande leçon de l'inconstance des choses de ce monde et de la fragilité de notre nature.

Les dernières volontés de ces deux nobles jeunes gens nous sont demeurées par des lettres qu'ils écrivirent après la prononciation de leur arrêt. Celle de M. de Cinq-Mars à la maréchale d'Effiat, sa mère, peut paraître froide à quelques personnes, par la difficulté de se reporter à cette époque où, dans les plus graves circonstances, on s'attachait à contenir plus qu'à exprimer chaleureusement ses émotions, et où le grand monde, dans les écrits et les discours, fuyait le *pathétique* autant que nous le cherchons.

Lettre de M. le Grand à Mme sa mère, la marquise d'Effiat.

Madame ma très chère et très honorée mère, je vous escris, puisqu'il ne m'est plus permis de vous voir, pour vous conjurer, madame, de me rendre deux marques de votre dernière bonté : l'une, madame, en donnant à mon âme le plus de prières qu'il vous sera possible, ce qui sera pour mon salut; l'autre, soit que vous obteniez du Roy le bien que j'ai employé dans ma charge de grand-escuyer, et ce que j'en pouvois avoir d'autre part auparavant qu'il fust confisqué, ou soit que cette grâce ne vous soit pas accordée, que vous ayez assez de générosité pour satisfaire à mes créanciers. Tout ce qui dépend de la fortune est si peu de chose, que vous ne devez pas me refuser cette dernière supplication, que je vous fais pour le repos de mon âme. Croyez-moi, madame, en cela plutôt que vos sentiments s'ils répugnent en mon souhait, puisque, ne faisant plus un pas qui ne me conduise à la mort, je suis plus capable que qui que ce soit de juger de la valeur des choses du monde. Adieu, madame, et me pardonnez si je ne vous ay pas assez respectée au temps que j'ai vescu, et vous asseurez que je meurs,

Ma très chère et très honorée mère,
Votre très humble et très obéissant et très obligé fils et serviteur,

Henri d'Effiat de Cinq-Mars.

Le manuscrit original est à la Bibliothèque royale de Paris (manusc. n. 9327), écrit d'une main ferme et calme.

Sur la dernière lettre de M. François-Auguste de Thou.

On a vu que, laissé seul un moment dans sa prison, M. de Thou écrivit une lettre qui fut remise à son confesseur. « *Voilà*, disait-il, *la dernière pensée que je veux avoir pour ce monde.* » On a vu ses efforts pour se détacher de cette dernière pensée, et ce redoublement de prières ferventes qu'il prononce en se frappant la poitrine. Il prie Dieu d'avoir pitié de lui ; il repousse tout le monde ; il s'enveloppe déjà dans son linceul. Cette dernière pensée était déjà la plus cruelle qui puisse faire saigner le cœur d'un homme; c'était un dernier regard jeté sur une femme aimée ; c'était un adieu à sa maîtresse, la princesse de Guéménée. Le ton est grave, et le respect du rang ne s'y perd pas, non plus que celui de sa dignité personnelle et du moment solennel qui s'approche. J'ai retrouvé dernièrement cette lettre précieuse. (Bibliothèque royale de Paris, manuscrit n° 9276, page 223.) La voici :

Copie de la lettre de M. de Thou, escrite à Mme la princesse de Guéménée après la prononciation de l'arrest.

MADAME,

Je ne vous ay jamais eu de l'obligation en toute ma vie qu'aujourd'huy qu'estant près de la quitter, je la pers avec moins de peyne parce que vous *me l'avez* rendue assés malheureuse; j'espère que celle de l'autre monde sera bien différente pour moy de celle-cy, et que j'y trouveray des félicités autant pardessus l'imagination des hommes qu'elles doivent estre dans leur espérance : la mienne, madame, n'est fondée que sur la bonté de Dieu et le mérite de la passion de son Filz, seule capable d'effacer mes péchez dont j'estois redevable à sa justice, et qui sont à un tel excez qu'il n'y a rien qui les surpasse que celuy de sa miséricorde. Je vous demande pardon de tout mon cœur, madame, de toutes les choses que j'ay faictes qui vous ont pu desplaire et fais la mesme prière *à toutes les personnes que j'ay haïes à vostre occasion,* vous protestant, madame, qu'autant que la fidélité que je doibs à mon Dieu me le doit permettre je meurs *trop asseurément,* madame, votre très humble et très obéissant serviteur.

DE THOU.

De Lion, ce 12e septembre 1642.

Quel reproche amer et quel mélancolique retour sur sa vie! Si cette femme était digne de lui, comment reçut-elle une telle lettre sans en mourir? Fut-elle jamais consolée de mériter un tel adieu?

La vie de Mme la princesse de Guéménée ne permet guère de penser que ses rigueurs aient causé tant de tristesse et une douleur si profonde. Tallemant des Réaux dit, en plusieurs endroits, que M. de Thou était son amant. *On dit,* ajoute-t-il (t. I, p. 418), *qu'il lui écrivit après avoir été condamné.* C'est cette lettre qu'on vient de lire. Elle me semble écrite par un homme tel que le misanthrope de Molière, avec plus de pitié, et ces mots : *toutes les personnes que j'ai haïes à votre occasion,* ressemblent douloureusement à :

C'est que tout l'univers est bien reçu de vous.

Mais ne cherchons pas à devancer des peines que rien ne trahit, si ce n'est ce dernier soupir au pied de l'échafaud. Le souvenir de M. de Thou nous doit représenter une autre pensée et conduit à d'autres réflexions. Elles suivront la copie de ce traité avec l'Espagne, qui fait la base du procès criminel.

Articles du traité fait entre le Comte-Duc pour le Roy d'Espagne et monsieur de Fontrailles pour et au nom de MONSIEUR, *à Madrid, le 13 mars 1642, dont* MONSIEUR *fait mention dans sa déclaration du 7 juillet dudit an.* Au tome Ier des Mémoires de Fontrailles.

Le sieur de Fontrailles aiant esté envoié par monseigneur le duc d'Orléans vers le Roy d'Espagne avec lettres de Son Altesse pour Sa Majesté Catholique et monseigneur le Comte-Duc de San Lucar, datées de Paris, du 20 janvier, a proposé, en vertu du pouvoir à uy donné, que Son Altesse, désirant le bien général et particulier de la France, de voir la noblesse et le peuple de ce royaume délivrés des oppressions qu'ils souffrent depuis longtemps par une si sanglante guerre pour faire cesser la cause d'icelle, et pour establir une paix générale et raisonnable entre l'Empereur et les deux couronnes, au bénéfice de la chrestienté, prendroit volontiers les armes à cette fin si Sa Majesté Catholique y vouloit concourir de son costé avec les moyens possibles pour avancer leurs affaires. Et après avoir déclaré le particulier de sa commission en ce qui est des offres et demandes que font les seigneurs d'Orléans et ceux de son party, a esté accordé et conclu par ledit seigneur Comte-Duc pour leurs Majestez Impériale et Catholique, et au nom de Son Altesse par ledit sieur de Fontrailles, les articles suivants :

1. Comme le principal but de ce traité est de faire une juste paix entre les deux couronnes d'Espagne et de France, pour leur bien commun et de toute la chrestienté, ont déclaré unanimement qu'on ne prétend en cecy aucune chose contre le Roy très chrestien et au préjudice de ses Estats, ny contre les droits et authoritez de la Reine très chrestienne et régnante ; ainsi au contraire on aura soin de la maintenir en tout ce qui lui appartient.

2. Sa Majesté Catholique donnera 12,000 hommes de pied et 5,000 chevaux effectifs de vieilles troupes, le tout venant d'Allemagne, ou de l'Empire, ou de Sa Majesté Catholique. Que si par accident il manquoit de ce nombre 2,000 ou 3,000 hommes, on n'entend point pour cela qu'on ayt manqué à ce qui est accordé, attendu qu'on les fournira le plus tost qu'il sera possible.

3. Il est accordé que, dès le jour que monsieur le duc d'Orléans se trouvera dans la place de seureté où il dit estre en état de pouvoir lever des troupes, Sa Majesté Catholique luy baillera quatre cens mil escus comptant, payables au consentement de Son Altesse, pour estre emploiez en levées et autres frais utiles pour le bien commun.

4. Sa Majesté Catholique donnera le train d'artillerie avec les munitions de guerre propres à un corps d'armée, avec les vivres pour toutes les troupes, jusques à ce qu'elles soient entrées en France, là où Son Altesse entretiendra les siens, et Sa Majesté Catholique les autres, comme il sera spécifié plus bas.

5. Les places qui seront prises en France, soit par l'armée de Sa Majesté Catholique, ou celles de Son

Altesse, seront mises ès mains de Son Altesse et de ceux de son party.

6. Il sera donné audit seigneur d'Orléans douze mil escus par mois de pension, outre ce que Sa Majesté Catholique donne en Flandres à la duchesse d'Orléans sa femme.

7. Est arresté que cette armée et les troupes d'icelle obéiront absolument audit seigneur duc d'Orléans; et néanmoins, attendu que ladite armée est levée des deniers de Sa Majesté Catholique, les officiers d'icelle presteront le serment de fidélité à Son Altesse de servir aux fins du présent traité, et arrivant faute de Son Altesse, s'il y a quelque prince du sang de France dans le traité, il commandera en la manière qu'il avait esté arresté dans le traité fait avec monseigneur le comte de Soissons. Et en cas que l'archiduc Léopold ou autre personne, fils ou frère ou parent de Sa Majesté Catholique, vienne à estre gouverneur pour Sadite Majesté Catholique en Flandres, comme il sera là, par mesme moyen, général de ses armées et que Sa Majesté Catholique a tant de part en ce lieu : est accordé que le seigneur duc d'Orléans et ceux de son party de quelque qualité et condition qu'ils soient, aiant esgard à ces considérations, tiendront bonne correspondance avec ledit seigneur archiduc ou autre que dit est, et luy communiqueront tout ce qui se présentera, en recevant tous ensemble *les ordres de l'Empereur, de Sa Majesté Catholique,* tant pour ce qui concerne la guerre que pour les plaiges de cette armée, et tous les progrez.

8. Et d'autant que Son Altesse a deux personnes propres à estre mareschaux de camp en cette armée, que ledit sieur de Fontrailles déclarera après la conclusion du présent traité, Sa Majesté Catholique se charge d'obtenir de l'Empereur deux lettres-patentes de mareschaux de camp pour eux.

9. Il est accordé que Sa Majesté Catholique donnera quatre-vingt mil ducas de pension à répartir par mois aux seigneurs susdits.

10. Comme aussi on donnera dans trois mois cent mil livres pour pourvoir et munir la place que Son Altesse a pour sa seureté en France. Et si celuy qui baille la place n'est pas satisfait de cela, on baillera ladite somme contant, et de plus cinq cents quintaux de poudre et vingt-cinq mil livres par mois, pour l'entretien de la garnison.

11. Il est accordé de part et d'autre qu'il ne se fera point d'accommodement en général ny en particulier avec la couronne de France, si ce n'est d'un commun consentement, et qu'on rendra toutes les places et pays qu'on aura pris en France, sans se servir contre cela d'aucuns prétextes, toutefois et quantes que *la France rendra les places qu'elle a gagnées,* en quelque pays que ce soit, mesme celles qu'elle a *achetées et qui sont occupées par les armées qui ont serment à la France.* Et ledit seigneur duc d'Orléans et ceux de son party se déclarent dès maintenant pour *ennemis des Suédois et de tous autres ennemis de Leurs Majestez Impériale et Catholique* et de tous ceux qui leur donnent et donneront faveur, ayde et protection. Et pour les détruire, Son Altesse et ceux de son party donneront toutes les assistances possibles.

12. Il est convenu que les armées de Flandres, et celle que doit commander Son Altesse, ainsi que dit est, agiront de commune main à mesme fin, avec bonne correspondance.

13. On taschera de faire que les troupes soient prestes au plutost, et que ce soit à la fin de may : sur quoy Sa Majesté Catholique fera escrire au gouverneur de Luxembourg afin qu'il die à celuy qui luy portera un blanc signé de Son Altesse ou de quelqu'un des deux seigneurs, le temps auquel tout pourra estre en estat. Lequel blanc signé Son Altesse envoyera au plustot, afin de gagner temps si les choses sont pressées ; ou si elles ne le sont point encore lorsque la personne arrivera, elle s'en retournera à la place de seureté.

14. Sa Majesté Catholique donnera aux troupes de Son Altesse, un mois après qu'elles seront dans le service et

ensuite, *cent mil livres par mois,* pour leur entretien et pour les autres affaires de la guerre. Et Son Altesse aura agréable de déclarer après le nombre des hommes qu'il aura dans la place de seureté, et celuy de ses troupes s'il trouve bon ; demeurant dès maintenant accordé que les logemens et les contributions se distribueront également entre les deux armées.

15. L'argent qui se tirera du royaume de France sera à la disposition de Son Altesse, et sera départy également entre les deux armées, comme il est dit en l'article précédent, et est déclaré qu'on ne pourra imposer aucuns tributs que par l'ordre de Son Altesse.

16. Au cas que ledit seigneur duc d'Orléans soit obligé de sortir de France et qu'il entre dans la Franche-Comté ou autre part, Sa Majesté Catholique donnera ordre à ce que Son Altesse et les deux autres grands du party soient receus dans tous ses Estats, et pour les faire conduire de là dans la place de seureté.

17. D'autant que ledit seigneur duc d'Orléans désire un pouvoir de Sa Majesté Catholique pour donner la paix ou neutralité aux villes et provinces de France qui la demanderont, il y aura auprès de Son Altesse un ambassadeur de Sa Majesté avec plein pouvoir : Sa Majesté accorde à cela.

18. S'il arrive faute, ce que Dieu ne veuille, dudit seigneur duc d'Orléans, Sa Majesté Catholique promet de conserver *les mêmes pensions auxdits seigneurs, et à un seul d'eux si le parti subsiste,* ou qu'ils demeurent au service de Sa Majesté Catholique.

19. Ledit seigneur duc d'Orléans asseure, et en son nom ledit sieur de Fontrailles, qu'à mesme temps que Son Altesse se découvrira, il lui fera livrer une place des meilleures de France pour sa seureté, laquelle sera déclarée à la conclusion du présent traité ; et au cas qu'elle ne soit trouvée suffisante ledit traité demeurera nul, comme aussi ledit sieur de Fontrailles déclarera lesdits deux sei-

gneurs pour lesquels on demande pensions susdites dont Sa Majesté demeure d'accord.

20. Finalement est accordé que tout le contenu de ces articles sera approuvé et ratifié par Sa Majesté Catholique et ledit seigneur duc d'Orléans, en la manière ordinaire et accoustumée en semblables traitez. Le Comte-Duc le promet ainsi au nom de Sa Majesté, et ledit sieur de Fontrailles au nom de Son Altesse, s'obligeant respectivement à cela, comme de leur chef ils l'approuvent dès à présent, le ratifient et le signent. — A Madrid, le 13 mars 1642. Signé : Dom GASPAR DE GUZMAN, et, par supposition de nom : CLERMONT pour FONTRAILLES.

Nous GASTON, fils de France, frère unique du Roy, duc d'Orléans, certifions que le contenu cy-dessus est la vraie copie de l'original du traité que Fontrailles a passé en nostre nom avec monsieur le Comte-Duc de San Lucar. En tesmoin de quoy nous avons signé la présente de nostre main, et icelle fait signer par notre secrétaire.

Signé : GASTON.

A Villefranche, le 26 aoust 1642.

Et plus bas : GOULAS.

Contre-lettre.

D'autant que par le traité que j'ay signé aujourd'hu pour et au nom de Sa Majesté Catholique, je suis obligé de déclarer le nom des deux personnes qui sont comprises par Son Altesse dans ledit traité, et la place qu'elle a prise pour sa seureté, je déclare et asseure au nom de Son Altesse à monsieur le Comte-Duc, afin qu'il die à Sa Majesté Catholique, *que les deux personnes sont le seigneur duc de Bouillon,* et *le seigneur de Cinq-Mars, grand Escuyer* de France; et la place de seureté qui y est asseurée à Son Altesse *est Sedan, que ledit seigneur de Bouillon luy met entre les mains.* En foy de quoy j'ay signé cet escrit à Madrid, le 13 mars 1642. Signé, par supposition de nom : CLERMONT.

Nous GASTON, fils de France, frère unique du Roy, duc d'Orléans, reconnoissons que le contenu cy-dessus est la vraie copie de la déclaration que monsieur de Bouillon, monsieur le Grand et nous soubsignez avons donné pouvoir au sieur de Fontrailles de faire des noms de *ces sieurs de Bouillon et le Grand* à monsieur le *duc de San Lucar* après qu'il auroit passé le traitté avec lui, auquel traitté ils ne sont compris que sous le titre de *deux grands seigneurs de France.* En témoin de quoy nous avons signé la présente certification de nostre main, et icelle fait contresigner par notre secrétaire.

Signé : GASTON.

A Villefranche, le 29 aoust 1642.

Et plus bas : GOULAS.

Sur la non-révélation.

La vie de tout homme célèbre a un sens unique et précis, visible surtout, et dès le premier regard, pour ceux qui savent juger les grandes choses du passé, et qui, j'espère, est demeuré dans l'esprit des lecteurs attentifs du livre de *Cinq-Mars.* Le sang de François-Auguste de Thou a coulé au nom d'une idée sacrée, et qui demeurera telle tant que la *religion de l'honneur vivra parmi nous ; c'est l'impossibilité de la dénonciation sur les lèvres de l'homme de bien.*

Les hommes d'État de tous les temps qui ont

voulu acclimater la dénonciation en France y ont échoué jusqu'ici, à l'honneur de notre pays. C'est déjà une assez grande tache sur cette entreprise que le premier qui l'ait formée soit Louis XI, dont la bassesse était le caractère et la trahison le génie; mais cet arbre du mal qu'il planta au Plessis-lès-Tours ne porta point ses fruits empoisonnés; et l'on ne vit personne dénoncer un citoyen,

Et, sa tête à la main, demander son salaire.

Le salaire était cependant stipulé dans l'édit de Louis XI, et, pour que nulle autorité ne manque à l'examen d'une question aussi grave, j'en vais citer le point important.

Édit contre la non-révélation des crimes de lèze-majesté.

Loys, par la grace de Dieu, Roy de France : sçavoir faisons à tous présens et advenir que, comme par cy-devant maintes conjurations, conspirations damnables et pernicieuses entreprises ayant été faictes, conspirées et machinées, tant par grands personnages que par moyens et petits, à l'encontre d'aucuns nos progéniteurs Roys de France, et mesmement depuis notre advenement à la couronne :

Disons, déclarons, constituons et ordonnons par lettres, édict, ordonnance et constitution perpétuelle, irrévocable et durable à toujours, que toutes personnes quelconques qui dores en avant sçauront ou auront connaissance de quelques traités, machinations, conspirations et entreprises qui se fairont à l'encontre de notre personne, de notre très chère et amée compagne la Royne, de notre très cher et amé fils le Dauphin de Viennois, et de nos successeurs Roys et Roynes de France, et de leurs enfants, aussi à l'encontre de l'Estat et seureté de nous ou d'eux et de la chose publique de notre royaume, soient tenus et réputés criminels de lèze-majesté, et punis de semblable peine et de pareille punition que doivent estre les principaux aucteurs, conspirateurs et fauteurs et conducteurs desdits crimes, sans exception ni réservation de personnes quelconques, de quelque estat, condition, qualité, dignité, noblesse, seigneurie, prééminence ou prérogative que ce soit ou puisse estre, à cause de nostre sang ou autrement en quelque manière que ce soit, s'ils ne le revellent ou envoyent reveller à nous ou à nos principaux juges et officiers des pays où ils seront, le plustost que possible leur sera appris, qu'ils en auront eu connoissance; auquel cas et quant ainsy le revelleront ou envervront reveller, *ils ne seront en aucuns dangers des punitions desdits crimes; mais seront dignes de rémunération entre nous et la chose publique.* Toutesfois, en autre chose, nous voulons et entendons les anciennes lois, constitutions et ordonnances qui par nos prédécesseurs ou de droict sont introduites, et les usages qui d'ancienneté ont esté gardés et observés en notre royaume, demeurer à leur force et vertu sans aucunement y déroger par ces présentes. Si nous donnons et mandons à nos amés et féaux gens de notre grand conseil, gens de nos parlemens, et à nos autres justiciers, officiers et subjects qui à présent sont et qui seront pour le temps advenir et à chacun d'eux, sy comme à luy appartiendra, que cette présente notre loy, constitution et ordonnance ils facent publier par tous les lieux de leur pouvoir et juridiction accoutumés, de faire cris et proclamations publiques, les lire publiquement et enregistrer en leurs cours et auditoires, et, selon icelle loy et constitution, jugent, sententient et déterminent dores en avant, perpétuellement, sans quelconque difficulté, toutes les fois que les cas adviendront. Et afin que soit chose ferme et stable à toujours, nous avons fait mettre nôtre scel à cesdites présentes. Et pour ce que ces présentes l'on pourra avoir à besogner à plusieurs et divers lieux, nous voulons que au *vidimus* d'icelles fait soubs scel royal, foy soit adjoustée comme à ce présent original.

Donné au Plessis du Parc-lès-Tours, le vingt-deuxième jour de décembre mil quatre cent soixante-dix-sept, et de notre règne le dix-septième.

Sic signatum supra plicam :

Par le Roy en son conseil,

L. TEXIER.

Et est scriptum : Lecto, publicato, et registrato, Parisiis, in parlemento, decima quinta die novembris, anno millesimo quadragentesimo septuagesimo nono.

Certes, il est facile de comprendre que cet édit ait été rendu par Louis XI en 1477, c'est-à-dire lorsque le comte de la Marche, Jacques d'Armagnac, venait d'avoir la tête tranchée pour crime de lèse-majesté, et quand ses terres et ses biens immenses avaient été impudemment distribués à ses juges [1], héritage monstrueux et inouï depuis

---

1. Le seigneur de Beaujeu eut le comté de La Marche (l'arrêt avait été prononcé en son nom); le chevalier de Bonsile, le comté de Castres; Blosset, la vicomté Carlat; Louis de Graville, les villes de Nemours et de Pont-sur-Yonne; le seigneur de Lisle eut la vicomté de Murat, etc.; et l'on regrette de voir, parmi les autres noms de ceux qui

les Tibère et les Néron, et qui s'accomplissait pendant que l'on forçait les enfants du condamné à recevoir goutte à goutte le sang de leur père qui tombait de son échafaud sur leur front. Après ce coup fameux, il pouvait poursuivre et se croire en droit de mépriser assez la France pour lui jeter un tel édit et lui proposer de nouvelles infamies. Accoutumé qu'il était à faire un perpétuel marché des consciences, à beaux deniers comptants, n'allant jamais en avant qu'une bourse dans une main et une hache dans l'autre, il suivait le vieil axiome, qui n'est pas un grand effort de génie et que Machiavel a trop fait valoir, de placer les hommes entre l'espérance et la crainte. Louis XI jouait finement son jeu, mais enfin la France se releva et joua noblement le sien en lui montrant qu'elle avait d'autres hommes que son barbier. Malgré le mot de son invention, car il faut le lui restituer en toute loyauté, malgré la traduction adoucie de *dénonciation* par *révélation*, personne de propos délibéré ne sortit de chez soi pour aller répéter une confidence surprise dans l'abandon de l'amitié, échappée à la table ou au foyer. La vile ordonnance tomba en oubli jusqu'au jour où le cardinal de Richelieu donna le signal de sa résurrection. M. de Thou n'avait point d'échange de

eurent part à la proie, Philippe de Comines partageant avec Jean de Daillon les biens de Tournai et du Tournaisis, qui avaient appartenu à ce duc de Nemours qu'ils venaient de condamner à mort.

place forte à faire contre sa grâce, ainsi que M. de
Bouillon; et sa mort devait ajouter à la terreur
qu'inspirait celle de M. de Cinq-Mars ; s'il était
absous, ce serait au moins un censeur jeune et
vertueux que conserverait M. de Richelieu ; destiné à survivre au vieux ministre, il écrirait peut-
être comme son père une histoire du Cardinal, et
serait un juge à son tour, juge inflexible et irrité
par la mort de M. le Grand, son ami. M. de Richelieu pensait à tout, et ces motifs qui ne
m'échappent pas ne sauraient lui avoir échappé.
Oublions, pour plus d'impartialité, son mot sur
le président de Thou : « *Il a mis mon nom dans son
histoire, je mettrai le sien dans la mienne.* » Faisons-
lui la grâce de l'esprit de vengeance, il reste une
dureté inflexible[1], une mauvaise foi profonde et le
plus immoral égoïsme. La vie sévère de M. de
Thou, qui pouvait devenir utile à un État où tout
se corrompait, était importune et dangereuse au
ministre; il n'hésita pas : n'hésitons pas non plus
à juger cette justice. Il faut à tout prix connaître le
fond de ces *raisons d'État* si célébrées et dont on a
fait une sorte d'arche sainte impossible à toucher.
Les mauvaises actions nous laissent le germe des

---

1. Dupuy rapporte dans ses Mémoires que lorsque
l'exempt lui apporta la lettre du chancelier qui lui apprenait
l'arrêt :

« Et M. de Thou aussi ! dit le Cardinal avec un air de
satisfaction. M. le Chancelier m'a délivré d'un grand fardeau. Mais, Picaut, ils n'ont point de bourreau ! » — On
voit s'il pensait à tout.

mauvaises lois, et il n'est pas un passager ministre qui ne cherche à les faire poindre pour conserver la source de son pouvoir d'emprunt par amour de ce douteux éclat. Une chose peut, il est vrai, rassurer : c'est que toutes les fois qu'une pareille idée se porte au cerveau d'un homme politique, la gestation en est pesante et pénible, l'enfantement en serait probablement mortel, et l'avortement est un bonheur public.

Je ne pense pas qu'il se rencontre dans l'histoire un fait qui soit plus propre que le jugement d'Auguste de Thou à déposer contre cette fatale idée, en cas que le mauvais génie de la France voulût jamais que la proposition fût renouvelée d'une loi de non-révélation.

Comme rien n'inspire mieux les réponses les plus sûres et ne les présente avec de plus nettes expressions qu'un danger extrême chez un homme supérieur, je vois que dès l'abord M. de Thou alla au fond de la question de droit et de possibilité avec sa raison, et au fond de la question de sentiment et l'honneur avec son noble cœur; écoutons-le :

Le jour de sa confrontation avec M. de Cinq-Mars [1], il dit : « Qu'après avoir beaucoup considéré dans son esprit, sçavoir, s'il devoit déclarer au Roy (le voyant tous les jours au camp de Perpignan) la cognoissance qu'il avoit eue

[1]. Voir interrogatoire et confrontation (12 septembre 1642), Journal de M. le Cardinal-Duc, écrit de sa main (p. 190).

de ce traité, il résolut en luy-mesme pour plusieurs raisons de n'en point parler. 1º Il eût fallu se rendre délateur d'un crime d'Estat de MONSIEUR, frère unique du Roy, de Monsieur de Bouillon et de Monsieur le Grand, qui *estoient tous beaucoup plus puissants* et plus accrédités que luy, et qu'il y avoit certitude qu'il succomberoit en cette action, dont il *n'avoit aucune preuve* pour le vérifier. — Je n'aurois pu citer, dit-il, le tesmoignage de Fontrailles, qui estoit absent, et Monsieur le Grand auroit peut-être nié alors qu'il m'en eust parlé. J'aurois donc passé pour un calomniateur, et mon honneur, qui me sera toujours plus cher que ma propre vie, estoit perdu sans ressource. »

2º Pour ce qui regarde M. le Grand, il ajoute ces paroles déjà fidèlement rapportées (p. 408) et d'une beauté incomparable par leur simplicité antique, j'oserai presque dire évangélique :

« Il m'a cru son amy unique et fidèle, et je ne l'ai pas « voulu trahir. »

Quelle que puisse être l'entreprise secrète que l'on suppose, ou contre une tête couronnée, ou contre la constitution d'un État démocratique, ou contre les corps qui représentent une nation; quelle que soit la nature de l'exécution du complot, ou assassinat, ou expulsion à main armée, ou émeute du peuple, ou corruption ou soulèvement de troupes soldées, la situation sera la même entre le conjuré et celui qui aura reçu sa confidence. Sa première pensée sera la perte irréparable, éternelle, de son honneur et de son nom, soit comme calomniateur s'il ne donne pas de preuves, soit comme lâche délateur s'il les donne : puni dans le premier cas par des peines infamantes, puni dans le second par la vindicte publique, qui le montre du doigt tout souillé du sang de ses amis.

Ce premier motif de silence, lorsque M. de Thou daigna l'exprimer, je crois que ce fut pour se mettre à la portée des esprits qui le jugeaient et pour entrer dans le ton général du procès et dans les termes précis des lois, qui ne se supposent jamais faites que pour les âmes les plus basses, qu'elles circonscrivent et pressent par des barrières grossières et une nécessité inexorable et uniforme. Il démontre qu'il n'eût pas pu être délateur quand même il l'eût voulu. Il sous-entend : Si j'eusse été un infâme, je n'aurais pu accomplir même mon infamie; on ne m'eût pas cru. — Mais, après ce peu de mots sur l'impossibilité matérielle, il ajoute le motif de l'impossibilité morale, motif vrai et d'une vérité éternelle, immuable, que tous es cultes ont reconnue et sanctionnée, que tous les peuples ont mise en honneur :

Il m'a cru son amy.

Non seulement il ne l'a pas trahi, mais on remarquera que dans tous ses interrogatoires, ses confrontations avec M. de Bouillon et M. de Cinq-Mars, il ne nomme et ne compromet personne [1].

« Soudain que je fus seul avec M. de Thou, dit Fontrailles dans ses Mémoires, il me dit le voyage que je venois de

---

1. Voir l'interrogatoire et procès-verbaux instruits par M. le Chancelier, etc., 1642.

faire en Espagne, ce qui me surprit fort, car je croyois qu'il luy eust été célé, conformément à la délibération qui en avoit esté prise. — Quand je luy demanday comme quoy il l'avoit appris, il me déclara en confiance fort franchement qu'il le *sçavoit de la Royne* et qu'elle le tenoit de Monsieur.

« Je n'ignorois pas que Sa Majesté eust fort souhaité une cabale et y avoit contribué de tout son pouvoir 1. »

M. de Thou pouvait donc s'appuyer sur cette autorité; mais il sait qu'il fera persécuter la reine Anne d'Autriche, et il se tait. Il se tait aussi sur le Roi lui-même et ne daigne pas répéter ce qu'il a dit au Cardinal dans son entretien particulier. Il ne veut pas de la vie à ce prix.

Quant à M. de Cinq-Mars, il n'a qu'une raison à donner :

Il m'a cru son amy.

Quand même, au lieu d'être un ami éprouvé, il n'eût été qu'un homme uni à M. de Cinq-Mars par des relations passagères, *il l'a cru son ami, il a eu foi en lui, il ne l'a pas voulu trahir*. Tout est là.

Lorsque la religion chrétienne a institué la confession, elle a, je l'ai dit ailleurs, divinisé la confidence; comme on aurait pu se défier du confident, elle s'est hâtée de déclarer criminel et digne de la mort éternelle le prêtre qui révélerait l'aveu fait à son oreille. Il ne fallait pas moins que cela pour transformer tout à coup un étranger en ami,

---

1. Relation de M. de Fontrailles.

en frère, pour faire qu'un chrétien pût ouvrir son âme au premier venu, à l'inconnu qu'il ne reverra jamais, et dormir le soir en paix dans son lit, sûr de son secret comme s'il l'eût dit à Dieu.

Donc tout ce qu'a pu faire le confesseur, à l'aide de sa foi et de l'autorité de l'Église, a été d'arriver à être considéré par le pénitent comme un ami, de parvenir à faire naître ces épanchements salutaires, ces larmes sacrées, ces récits complets, ces abandons sans réserve que l'amitié grave et bonne avait seule le droit de recevoir avant la confession, l'amitié, la sainte amitié, qui rend en vertueux conseils ce qu'elle reçoit en coupables aveux.

Si donc le confesseur prétend à la tendresse de cœur, à la bonté suprême de l'ami, quel ami ne doit regarder comme le premier devoir l'infaillible sûreté du secret déposé en lui comme dans le tabernacle du confesseur?

Mais ce n'est pas seulement de l'ami ancien et éprouvé qu'il s'agit, c'est encore de tout homme traité en ami, de tout *premier venu* qui, la main dans la main, a reçu une confidence sérieuse. Le droit de l'hospitalité est aussi ancien que la famille et la race humaine : nulle tribu, nulle horde, si sauvage qu'elle soit, ne conçoit qu'il soit possible de livrer son hôte. Un secret est un hôte qui vient se cacher dans le cœur de l'honnête homme comme dans son inviolable asile. Quiconque le livre et le vend est hors de la loi des nations.

Ce serait une bien grande honte pour les pauvres règnes qui ne pourraient avoir un peu de durée qu'au prix de ces lois barbares, et se tenir debout qu'avec de si noirs appuis. Mais voulût-on en faire usage, on ne le pourrait pas. Il faudrait, pour que ce fût praticable, que la civilisation eût marché d'un pied et non de l'autre. Or, on est venu partout à une sorte de délicatesse générale de sentiment qui fait que telles actions publiques ne sont pas même proposables. On ne sait comment il se fait que telles choses, utiles il y a des siècles, ne se peuvent faire, ne se peuvent dire, ne se peuvent même nommer sérieusement par aucun homme vivant, et cela, sans que jamais on ne les ait abolies. Ce sont les véritables changements de mœurs qui forcent à naître les véritables et durables lois. Qui nous dira où est le pays si reculé qui oserait aujourd'hui donner à l'homme juge la dépouille de l'homme jugé? Toutes les lois ne sont pas de main humaine... La loi qui défend cet héritage sanglant n'a pas été écrite; elle est venue s'asseoir parmi nous. A ses côtés s'est posée celle qui dit : *Tu ne dénonceras pas,* et le plus humble journalier n'oserait, de nos jours, se placer à la table de son voisin s'il y avait manqué.

Pour moi, s'il fallait absolument aux hommes politiques quelques vieux ustensiles des temps barbares, j'aimerais mieux leur voir dérouiller, restaurer et mettre en scène et en usage les chevalets et les outils de la torture, car ils ne souilleraient du moins que le corps et non l'âme de la créature de Dieu. Ils feraient parler peut-être la chair souffrante; mais le cri des nerfs et des os sous la tenaille est moins vil que la froide vente d'une tête sur un comptoir, et il n'y a pas encore eu de nom qui ait été inscrit plus bas que le nom de JUDAS.

Oui, mieux vaut le danger d'un prince que la démoralisation de l'espèce entière. Mieux vaudrait la fin d'une dynastie et d'une forme de gouvernement, mieux vaudrait même celle d'une nation, car tout cela se remplace et peut renaître, que la mort de toute vertu parmi les hommes.

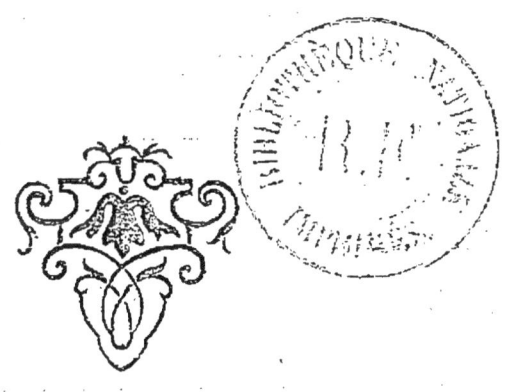

Monsieur,

L'honneur de l'ostre amitié m'est
si cher et si considerable que je
ne veux rien oublier pour me le
conserver et quoyque mes lettres
ne puissent vous porter que les
mesmes protestations des services
que je vous ay vouez, je trouue
tant de satisfaction a vous rendre
ces deuoirs que je ne puis m'em
pescher de me seruir de toutes
les occasions fauorables pour cela

Je me trouvoy parfaittement
heureux s'il s'en presentoit pour
confirmer par les effets les asseura-
ces que ie Vous ay toujours donnéés
qu'il n'y a personne au monde
qui soit plus veritablement
que moy

Monsieur

a St germain le 16 Jan   Vostre tres humble et tres affectionné
1640   serviteur
                         LOUIS

Monsieur
Monsieur le mare-
chal de Brezé.

TABLE

TABLE

	Pages.
CHAPITRE XVI. — La Confusion	1
— XVII. — La Toilette	15
— XVIII. — Le Secret	38
— XIX. — La Partie de chasse.	49
— XX. — La Lecture	90
— XXI. — Le Confessionnal	123
— XXII. — L'Orage	141
— XXIII. — L'Absence	165
— XXIV. — Le Travail	177
— XXV. — Les Prisonniers	221
— XXVI. — La Fête	268
Notes et documents historiques	299

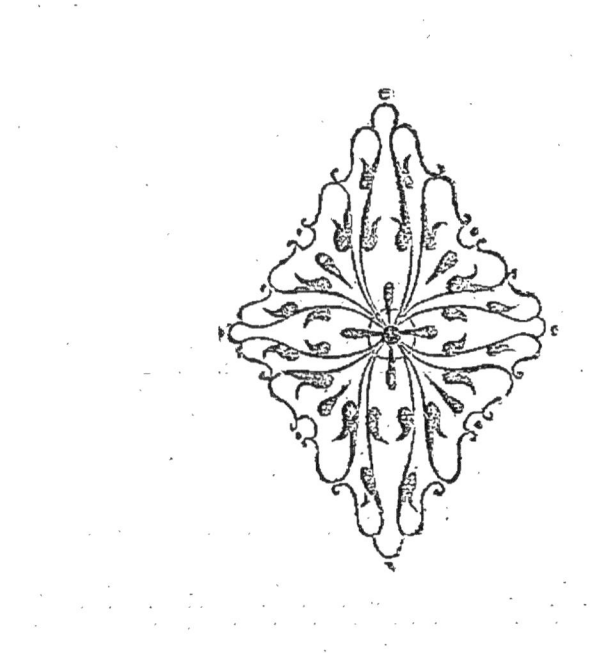

Achevé d'imprimer

Le premier décembre mil huit cent quatre-vingt-trois

PAR

CHARLES UNSINGER

POUR

ALPHONSE LEMERRE, ÉDITEUR

A PARIS

PETITE BIBLIOTHÈQUE LITTÉRAIRE
(AUTEURS CONTEMPORAINS)

Volumes petit in-12 (format des Elzévirs)
imprimés sur papier vélin teinté.

Chaque volume : 5 fr. et 6 fr.

Chaque ouvrage est orné d'un portrait gravé à l'eau-forte.

LEOPARDI. *Poésies et Œuvres morales.* Première traduction complète précédée d'un essai sur Leopardi, par F.-A. AULARD, professeur à la Faculté des lettres de Poitiers, 3 vol. Chaque vol. . . . . . . 6 fr.

LE LIVRE DES SONNETS, avec préface par CH. ASSELINEAU. 1 volume . . . . 6 fr.

XAVIER DE MAISTRE. *Voyage autour de ma chambre.* — *La Jeune Sibérienne.* — *Le Lépreux.* 1 vol. . . . 6 fr.

— *Fragments; Correspondance inédite*, avec une notice et des notes par M. EUG. RÉAUME. 2 vol. . . . 12 fr.

8 Eaux-fortes dessinées et gravées par DUPONT, pour illustrer les *Œuvres de Xavier de Maistre*. . . . 12 fr.

ALFRED DE MUSSET. *Œuvres*, 10 vol.; chaque vol. . . 6 fr.

42 Eaux-fortes, composées par H. PILLE et gravées par P. MONZIÈS pour illustrer les *Œuvres d'Alfred de Musset*. Publiées en quatre séries. Chaque série . 12 fr.

PAUL DE MUSSET. *Biographie d'Alfred de Musset.* 1 vol. 6 fr.

— — *Originaux du XVIIe siècle.* 2 vol. . . . 12 fr.

SAINTE-BEUVE. *Tableau de la poésie française au XVIe siècle.* 2 volumes . . . . 12 fr.

— — *Poésies complètes, Vie, poésies et pensées de Joseph Delorme.* — *Les Consolations.* — *Pensées d'août, notes et sonnets.* — *Un dernier Rêve.* — Notice par A. FRANCE. 2 vol. 12 fr.

ARMAND SILVESTRE. *Poésies (1866-1872) : Rimes neuves et vieilles.* — *Les Renaissances.* — *La Gloire du souvenir.* 1 volume . . . . 6 fr.

JOSÉPHIN SOULARY. *Œuvres poétiques (1855-1871).*

— — *Sonnets.* 1 volume. . . . . 6 fr.

— — *Poèmes et Poésies.* 1 volume . . . 6 fr.

SULLY PRUDHOMME. *Poésies (1865-1866) : Stances et Poèmes.* 1 volume . . . . 6 fr.

Poésies (1866-1872). 1 vol. . . . . . 6 fr.

Poésies (1872-1878). 1 vol. . . . . . 6 fr.

Poésies (1878-1879). 1 vol. . . . . . 6 fr.

ANDRÉ THEURIET. *Poésies (1860-1874) : Le Chemin des Bois.* — *Le Bleu et le Noir.* 1 vol. . . . . 6 fr.

Il est fait un tirage de cette collection sur papier de Hollande, sur papier Whatman et sur papier de Chine.

Paris. — Typ Ch. UNSINGER, 83, rue du Bac.

www.ingramcontent.com/pod-product-compliance
Lightning Source LLC
Chambersburg PA
CBHW070448170426
43201CB00010B/1253